神仙傳

葛洪稚川著
李民樹譯

明文堂

책 머리에

내가 《내편(內篇)》[1]을 저술할 때 신선(神仙)에 대해서 말한 것이 대략 20권이다. 이 때 제자 등승(滕升)이 나에게 묻기를,
 "선생님께서는 선인(仙人)이 될 수도 있고 죽지 않는 것을 배울 수도 있다고 말씀하셨는데, 그렇다면 옛날에 선도(仙道)를 터득한 자 중 과연 이러한 자가 실지로 있었습니까?"
했다. 이에 대하여 나는,
 "진(秦)나라 내부(大夫) 원창(院倉)이 기록한 바로는 수백 명이 있다고 했고 유향(劉向)이 기록한 것에는 70여 명[2]이 있다고 했다. 하지만 신선은 깊이 숨어 있는 사람이고 세속(世俗) 사람과는 유(類)를 달리하기 때문에 세상 사람이 아는 것은 천 명에 하나도 보지 못한 것이다. 그렇다면 영자(寧子)는 불 속에 들어가서 연기를 탔고, 마황(馬皇)[3]은 용(龍)의 보호를 받고 마중을 받았으며, 방회(方回)는 운모(雲母)를 먹고 몸을 변화시켰고, 적장(赤將)[4]은 꽃을 먹고 바람처럼 올라갔다 내려왔다 했으며, 연자(涓子)는 창출(蒼朮)을 먹고 선경(仙經)을 저술했고, 소부(嘯父)는 불에 의해서 영구히 세상을 떠났으며, 낙광(絡光)은 부추를 먹고 물 속에 빠졌고, 구생(仇生)은 송진을 먹고 불로(不老)의 몸이 되었으며, 공소(功疏)는 불에 돌을 달궈서 몸의 형체를 단련했고, 금고(琴高)는 탕수(碭水)에서 잉어를 탔으며, 계부(桂父)는 거북의 뇌(腦)를 써서 젊은 사람으로 돌아왔

고, 여궤(女几)는 나이 칠십에 얼굴빛이 더욱 좋아졌으며, 능양(綾陽)[5]은 높은 산에 올라 오석지(五石脂)를 땄고, 상구(商邱)[6]는 창포(菖蒲)를 씹고 불사(不死)의 몸이 되었으며, 우사(雨師)[7]는 오색의 돌을 달구어 하늘에 소속되었고, 자선(子先)은 우룡(雨龍)을 타고 선계(仙界)로 나갔으며, 주진(周晋)[8]은 후씨(緱氏)의 산에서 백학(白鶴)을 탔고, 헌원(軒轅)[9]은 정호(鼎湖)에서 용을 타고 하늘로 올라갔으며, 갈유(葛由)는 수산(綏山)에서 나무로 만든 양(羊)에 채찍질했고, 육통(陸通)은 탁로(橐盧)를 먹고 장생(長生)할 수가 있었으며, 소사(蕭史)는 봉을 타고 하늘을 날았고, 동방(東方)[10]은 도읍에서 의관(衣冠)을 벗어버리고 갔으며, 독자(犢子)는 자기 모습을 변하여 복숭아를 팔았고, 주주(主柱)는 단사(丹砂)를 먹고 날아다녔으며, 원구(阮邱)는 수산(睢山) 2개에 길이 살았고, 영씨(英氏)는 물고기를 타고 하늘에 올랐으며, 수양(脩羊)은 서악(西嶽)에 가서 돌을 팔고, 마단(馬丹)은 회오리바람을 타고 하늘로 갔으며, 녹옹(鹿翁)[11]은 험한 곳을 거쳐서 신천(神泉)을 마셨고, 원객(園客)은 오색의 나비가 되어 매미처럼 허물을 벗었다."

나는 이제 또 옛날의 선인(仙人) 중에 선경(仙經)이나 복식방(服食方)[12]의 책 및 백가(白家)의 서(書)에 보인 것, 또는 혹 선사(先師)에 말한 것, 숙유(宿儒)와 선학(先學)들의 말한 것을 모아 기록해서 10권을 만들어, 이를 통달한 지식이 있는 인사(人士)들에게 전하려 한다. 그러나 세속(世俗)에 묶여서 유미(幽微)한 일에 뜻을 쓰지 못하는 도배(徒輩)들에게는 억지로 보이려 하지 않는다.

유향(劉向)이 기술(記述)한 것은 지나치게 간략해서 홍미(興味) 있는 일마저도 쓰지 않았다고 생각된다. 그러나 이 책에서는 심묘(深妙)하고 기이(奇異)한 일을 모두 기록하지는 못했지만, 그 대요(大要)만은 씌어졌다고 생각된다. 유향(劉向)이 빠뜨린 것이 많은 것에 비교한다면 좀 나은 점이 있을 것이라고 혼자서 생각하는 바이다.

진(晋)나라 포박자(抱朴子) 갈홍(葛洪)[13]

치천(稚川)이 씀.

註
1) 內篇:《포박자(抱朴子)》내편(內篇)을 말함.
2) 70여 명:《포박자(抱朴子)》에 보면, 유향(劉向)이 《열선전(列仙傳)》을 짓는데, 스스로 진(秦)의 대부(大夫) 원창(院倉)의 책 중에서 빼내고 혹은 친히 본 것을 기록한 것이요 망언(妄言)은 아니라고 말했다.
3) 馬皇: 마사황(馬師皇).
4) 赤將: 적장자여(赤將子與).
5) 綾陽: 능양자명(綾陽子明).
6) 商邱: 상구자서(商邱子胥).
7) 雨師: 적송자(赤松子).
8) 周晋: 왕자교(王子喬).
9) 軒轅: 황제(黃帝).
10) 東方: 동방삭(東方朔).
11) 鹿翁: 녹피공(鹿皮公).
12) 服食方: 선약(仙藥)의 복용법(服用法)에 대하여 쓴 책.
13) 抱朴子葛洪: 진(晋)나라 구용(句容) 사람. 자는 치천(稚川), 자호(自號) 포박자(抱朴子). 젊어서부터 학문을 좋아하고 더욱 신선의 도양(導養)의 법을 좋아하여 연단술(鍊丹術)을 배웠다.《포박자(抱朴子)》·《신선전(神仙傳)》외에 많은 글을 저술했다.

神仙傳

차 례

책 머리에·葛洪稚川 ……… 3

1. 목욕하지 않은 백조와 물들이지 않은 까마귀

廣成子 ……………………………… 13
老　子 ……………………………… 15
彭　祖 ……………………………… 28
魏伯陽 ……………………………… 37

2. 天上은 人間界보다도 즐거운 곳인가

白石先生 …………………………… 43
黃初平 ……………………………… 45
王　遠 ……………………………… 48
伯山甫 ……………………………… 58
馬鳴生 ……………………………… 60
李八百 ……………………………… 62
李　阿 ……………………………… 65

3. 소나무 열매와 松柏나무의 진

河上公 ……………………………… 71

劉　根 …………………………………… 74
李仲甫 …………………………………… 82
李意期 …………………………………… 84
王　興 …………………………………… 86
趙　瞿 …………………………………… 88
王　遙 …………………………………… 91
李常在 …………………………………… 94

4. 자기가 밤길을 걸어 보지 않으면 길에 밤의 나그네가 있다는 것을 알지 못한다

劉　安 …………………………………… 99
陰長生 …………………………………… 109
張道陵 …………………………………… 115

5. 시체로 변한 대나무 지팡이

泰山老父 ………………………………… 125
巫　炎 …………………………………… 127
劉　憑 …………………………………… 130
欒　巴 …………………………………… 134
左　慈 …………………………………… 139
壺　公 …………………………………… 146
薊子訓 …………………………………… 152

6. 약값으로 받은 살구나무

李少君 …………………………………… 159

孔元方 ……………………………… 165
王　烈 ……………………………… 168
焦　先 ……………………………… 171
孫　登 ……………………………… 174
呂文敬 ……………………………… 177
沈　建 ……………………………… 181
董　奉 ……………………………… 183

7. 한 섬 술을 마시고 물 속에서 자다가 나오다

太玄女 ……………………………… 193
西河少女 …………………………… 195
程偉妻 ……………………………… 197
麻　姑 ……………………………… 199
樊夫人 ……………………………… 203
嚴　淸 ……………………………… 205
帛　和 ……………………………… 206
東陵聖母 …………………………… 208
葛　玄 ……………………………… 210

8. 立身의 길과 養生의 術

鳳　綱 ……………………………… 221
衞叔卿 ……………………………… 222
墨　子 ……………………………… 227
孫　博 ……………………………… 232
天門子 ……………………………… 234
玉　子 ……………………………… 236

沈　羲 ··· 239
陳安世 ··· 243
劉　政 ··· 247

9. 城郭은 옳은데 人民은 잘못되었네

茅　君 ··· 251
孔安國 ··· 254
尹　軌 ··· 257
介　象 ··· 260
蘇仙公 ··· 266
成仙公 ··· 271
郭　璞 ··· 276
尹　思 ··· 281

10. 北極의 星座에 輔星이 있다

沈文泰 ··· 285
皇　化 ··· 286
北極子 ··· 288
涉　正 ··· 289
李　修 ··· 291
柳　融 ··· 292
陳永伯 ··· 293
葛　越 ··· 294
董仲君 ··· 295
王仲都 ··· 296
離　明 ··· 298

劉　京 ……………………………… *300*
清平吉 ……………………………… *302*
黃山君 ……………………………… *303*
靈壽光 ……………………………… *304*
李　根 ……………………………… *305*
黃　敬 ……………………………… *308*
甘　始 ……………………………… *310*
平仲節 ……………………………… *311*
宮　嵩 ……………………………… *313*
王　眞 ……………………………… *315*
陳　長 ……………………………… *316*
班　孟 ……………………………… *317*
董子陽 ……………………………… *318*
東郭延 ……………………………… *319*
戴　孟 ……………………………… *320*
魯女生 ……………………………… *321*
陳子皇 ……………………………… *323*
封　衡 ……………………………… *324*

解　談 …… *327*

1
목욕하지 않은 백조와 물들이지 않은 까마귀

廣成子 / 老　子
彭　　祖 / 魏伯陽

 약을 백 번 먹는 것보다도 혼자 사는 것이 좋다. 아름다운 여색(女色)은 사람의 눈을 소경으로 만들고, 좋은 음악은 사람의 귀를 귀머거리로 만들매, 아름다운 음식은 사람의 입을 그르치는 것이다. 만일 그것이 적당하다는 정도(程度)에 절제(節制)가 되고, 욕망(欲望)의 개방(開放)과 억제(抑制)를 조정(調整)할 수 있다면 수명(壽命)을 감하는 일이 없이, 이익을 받는 것이 된다.

廣 成 子

광성자(廣成子)는 고대(古代)의 선인(仙人)이었다. 공동산(崆峒山)¹⁾ 위의 석실(石室) 속에서 살았다. 황제(黃帝)가 이 말을 듣고 찾아가서 지상(至上)의 도(道)의 요지(要旨)에 대해서 묻자 광성자(廣成子)가 대답하길,

"그대가 천하를 다스리게 되면서 새들은 제 계절(季節)이 되기도 전에 날아오고, 초목(草木)은 누른 잎이 되기 전에 흩어지게 되었소. 지상(至上)의 도(道)라는 것은 도저히 가르쳐 줄 것이 못 됩니다."

廣成子

황제(黃帝)는 그 곳을 물러가서 한가롭게 있기를 석 달 동안 한 뒤에 다시 찾아가서 만났다. 공손히 무릎을 꿇고 앞으로 나가 두 번 절하고 나서,

"원컨대 몸을 다스릴 도리에 대해서 가르쳐 주십시오."

하고 청했다.

여기에 대하여 광성자(廣成子)는,
"지극한 도(道)의 신수(神髓)는 멀고도 깊어서 볼 수도 들을 수도 없는 미묘(微妙)한 것이오. 정신을 안정(安靜)하게 보존함에 있어서 육체(肉體)도 스스로 바르게 될 것이오. 반드시 안정(安靜)하게, 청정(淸淨)하게, 육체를 피로하게 하지 말고 정신을 동요(動搖)시키지 않도록 마음 쓰지 않으면 안 되오. 이렇게 해야만 비로소 장생(長生)할 수가 있는 것이오. 마음의 내부(內部)는 신중(愼重)히 하고 외물(外物)과의 접촉을 아주 끊으시오. 지나치게 지혜를 너무 움직이는 것은 실패의 근본입니다. 나는 마음을 순일(純一)하게 보존함으로써 화락(和樂)의 경지(境地)에 몸을 두어 왔습니다. 이렇게 해서 이제 1,200세가 되지만, 지금까지 육체(肉體)가 쇠약해진다는 일은 없었습니다. 나의 도(道)를 얻는 자는 위로는 황제(黃帝)가 되고 도(道)를 잃으면 아래로 흙으로 화합니다. 장차 그들을 인도하여 무궁(無窮)의 문으로 들어가고, 무극(無極)의 들에 놀매, 일월(日月)과 같이 빛나고 천지(天地)와 함께 영구불변(永久不變)할 것이오. 그 때 남들은 모두 사멸(死滅)해도 나 하나만은 살아 남을 것입니다."
했다.

註

1) 崆峒山 : 공동산(空同山). 하남성(河南省) 임여현(臨汝縣) 서남쪽에 있는 산. 일설(一說)에는 실재(實在)하지 않는 우언상(寓言上)의 산이라고도 한다.

老 子

노자(老子)의 이름은 중이(重耳), 자(字)는 백양(伯陽). 초(楚)나라 고현(苦縣) 곡인리(曲仁里)[1] 사람이다.

그 어머니가 큰 유성(流星)에 감응(感應)해서 잉태했다. 하늘의 기운을 받은 것이지만, 이씨(李氏)의 집에 태어났기 때문에 이씨(李氏)를 성(姓)으로 했다.

일설(一說)에는 노자(老子)는 천지(天地)보다 먼저 났다고도 하고 혹은 하늘의 정기(精氣)를 받았으니 혹 신령(神

老 子

靈)일 것이라고 말하기도 한다. 또 일설(一說)에는 그 어머니가 잉태한 지 72년 만에 태어났다고 한다. 그는 날 때 어머니의 왼쪽 겨드랑이를 가르고 나왔으며 나면서부터 백발(白髮)이었기 때문에 노자(老子)라고 불렀다고 한다.

또 일설(一說)에는 그 어머니는 남편이 없고 노자(老子)라는 것은 어머니 쪽의 성(姓)이라고 한다. 또 일설(一說)에는, 노자

(老子)의 어머니가 마침 오얏나무 밑에 갔을 때 그를 낳았는데, 노자(老子)는 태어나면서부터 말을 하여 오얏나무를 가리키면서,
 "저것을 내 성(姓)으로 하라."
고 했다 한다.
 또 일설(一說)에는, 처음 삼황(三皇)[2] 때에는 현중법사(玄中法師)가 되었고 다음 삼황(三皇) 때에는 금궐제군(金闕帝君)이 되었다. 복희(伏羲) 때에는 울화자(鬱華子)가 되었고, 신농(神農) 때에는 구령노자(九靈老子)가 되었고, 축륭씨(祝融氏) 때에는 광수자(廣壽子)가 되었고, 황제(黃帝) 때에는 광성자(廣成子)가 되었고, 전욱씨(顓頊氏) 때에는 적정자(赤靜子)가 되었고, 제곡(帝嚳) 때에는 녹도자(綠圖子)가 되었고, 요(堯)임금 때에는 무성자(務成子)가 되었고, 순(舜)임금 때에는 윤수자(尹壽子)가 되었고, 하(夏)나라 우왕(禹王) 때는 진행자(眞行子)가 되었고, 은(殷)나라 탕왕(湯王) 때에는 석측자(錫則子)가 되었고, 주(周)나라 문왕(文王) 때에는 문읍 선생(文邑先生)이 되었다. 혹은 왕실(王室) 문고(文庫)의 사서(司書)가 되었다고도 한다.
 월(越)나라에서는 범려(范蠡)[3]가 되었고, 제(齊)나라에서는 치이자(鴟夷子)가 되었고, 오(吳)나라에서는 도주공(陶朱公)이 되었다고도 한다.
 이런 말들은 모두 잡서(雜書)에 나온 말로 신선(神仙)의 정당한 경전(經典)에는 나오지 않았으므로 전거(典據)로 삼을 수는 없다.
 갈치천(葛稚川)[4]은 말한다.
 "내 생각에 의하면 만일 노자(老子)가 하늘의 정기(靜氣)라면, 어떠한 세상에도 나타나지 않았을 리는 없다. 높은 이에게 굽히고 낮은 데에 벼슬하매 일락(逸樂)을 버리고 노고(勞苦)를 선택하며, 밝은 것을 등지고 흐린 데로 들어가매 하늘의 관위(官

位)를 버리고 인간(人間)의 관작(官爵)을 받는 일도 있었음에 틀림없다. 대체로 천지(天地)가 있으면 도술(道術)이 있다. 도술(道術)의 선비는 어느 세상에도 드물지 않았다. 그렇다면 복희(伏羲)로부터 하(夏)·은(殷)·주(周)의 삼대(三代)에 이르기까지의 사이에 도술(道術)에 의해서 유명(有名)하게 된 자는 대(代)마다 있었다. 그러므로 항상 한 사람의 노자(老子)가 아니면 안 된다는 일은 없다. 이들은 모두 후세(後世)의 학도(學徒)들이 기이(奇異)한 것을 좋아하여 노자(老子)를 공연히 훌륭하다고 떠받들려고 했기 때문에 이러한 전설(傳說)이 생긴 것이다. 진실(眞實)한 뜻에서 말하자면 노자(老子)는 가장 뛰어난 득도자(得道者)였다고 생각되기 때문에 결코 이류(異類)의 사람은 아니었던 것이다."

《사기(史記)》에 의하면 노자(老子)의 아들은 이름을 종(宗)이라 하고 위(魏)나라에 벼슬해서 장군(將軍)이 되고, 공(功)으로 인해서 단(段)에 봉해졌다. 이로부터 종(宗)의 아들이 왕(汪), 왕(汪)의 아들이 언(言), 언(言)의 현손(玄孫)이 하(瑕)인데, 그는 한(漢)나라에 벼슬했다. 하(瑕)의 아들 해(解)는 교서왕(膠西王)의 부육관(傅育官)이 되어 제(齊)나라에 벼슬했다고 했다.[5]

그렇다면 노자(老子)는 원래 인령(人靈)[6]이었던 것이다. 이것을 가지고 견식(見識)이 얕은 도사(道士)들이 노자(老子)를 신비화(神祕化)하려고 한 결과(結果), 후세(後世)의 학자(學者)들이 여기에 추수(追隨)해서 그것이 장차 장생(長生)의 도(道)는 배울 수 있는 것인데 그것을 믿을 수 없게 한다는 것을 눈치채지 못했다. 왜냐하면, 만일 노자(老子)가 득도자(得道者)라고 한다면 사람들은 반드시 이것을 향해서 노력(努力)하여 서로 다툴 것이다. 만일 그것이 신령(神靈)한 이류(異類)라고 한다면 배워서 얻을 수는 없기 때문이다.

어떠한 설(說)에 의하면 노자(老子)가 서관(西關)[7]을 지나려고 할 때 관(關)을 지키던 윤희(尹喜)가 그의 비범(非凡)함을 알고, 그를 문에 들어오게 해서 가는 길을 물었다. 이에 노자(老子)는 깜짝 놀라서 혀를 불쑥[聃然] 내밀어 보였다. 그런 후로 그를 노담(老聃)이라고 불렀다는 것인데 이것도 틀린 말이다. 지금《구변(九變)》[8]이나《원생십이화경(元生十二化經)》[9]을 살펴보면 노자(老子)가 아직 관(關)에 들어가기 전부터 본래 담(聃)이라는 이름을 썼던 것이다.

원래 노자(老子)는 가끔 이름이나 자(字)를 변경하고 있기 때문에 담(聃)이라는 이름 하나만이 아니었던 것이다. 왜냐하면《구궁(九宮)》이나《삼오경(三五經)》및《원진경(元辰經)》[10]에 의하면, 인간에게는 각각 액회(厄會)[11]라는 것이 있어서 그 때가 되어 만일 명자(名字)를 변강함에 의하여 천지의 기(氣)의 변화에 순응(順應)한다면, 수명(壽命)을 연장시키고 액(厄)에서 빠져나올 수가 있다고 한다.

지금 세상의 유도자(有道者)에도 그렇게 하고 있는 자가 많다. 노자(老子)가 주(周)나라에 있었던 것은 3백여 년이기 때문에 2백 년 사이에는 액회(厄會)는 반드시 한 번만이 아니었을 것이다. 그러한 이유로 이름이 좀 많았던 것에 지나지 않는 것이다.

노자(老子)의 올바른 사적(事蹟)을 알아보려면, 사서(史書)나 실록(實錄)을 주장으로 삼고 거기에 선경(仙經)과 비문(祕文)의 유(類)를 충분히 참조(參照)해야 할 것으로서 그 밖의 속설(俗說) 같은 것은 모두 허망(虛妄)한 것이 많다. 내〔葛洪〕가《서승(西昇)》[12]·《중태(中胎)》및《복명포(復命苞)》와《주도옥기(珠韜玉機)》·《금편내경(金篇內經)》등을 살펴보면 모두 이렇게 말하고 있다.

──노자(老子)는 얼굴빛이 황백색(黃白色)이요, 눈썹이 아름

답고, 이마는 넓고 귀는 길매, 눈은 크고 이빨은 모두 성기고, 입은 네모나고 입술이 두터웠다. 이마에는 열다섯 개의 큰 줄이 있어서 일각월현(日角月懸)¹³⁾의 상(相)으로서, 코는 순골쌍주(純骨双柱)¹⁴⁾, 귀에는 삼루문(三漏門)¹⁵⁾이 있고, 발은 이오(二五)¹⁶⁾를 밟고, 손은 십문(十文)¹⁷⁾을 쥐었다. 주(周)나라 문왕(文王) 때는 왕실(王室) 문고(文庫)의 사서관(司書官)이 되었고, 무왕(武王) 때에는 궁정(宮廷)의 비서관(祕書官)이 되었다. 너무도 장수(長壽)했기 때문에 세상 사람들은 그를 노자(老子)라고 했다고.

대체로 천명(天命)을 받을 만한 사람으로서 자기 스스로 신통력(神通力)과 미래(未來)를 꿰뚫어 보는 힘을 가졌다고 한다면, 하늘에서 받은 자질(資質)이 보통 사람과는 달랐을 것이므로 도(道)의 주인으로 삼아야 할 것이다. 그렇다면 능히 천신(天神)의 가호(加護)를 받아 허다한 선인(仙人)들에게 사사(師事) 받고 있는 것이다.

이리하여 그가 저술(著述)한 출세간(出世間)¹⁸⁾의 법, 즉 구단팔석(九丹八石)¹⁹⁾·금례금액(金醴金液)²⁰⁾으로부터 원기(元氣)와 정기(精氣)를 길러서 일을 지키고 몸 속의 제신(諸神)을 사념(思念)하고 호흡(呼吸)을 조정(調停)하며, 육체(肉體)를 연마(練磨)하고 재앙을 없애고 악(惡)을 피하며, 사귀(邪鬼)를 퇴치(退治)하고, 성(性)을 기를 오곡(五穀)을 먹지 않고 몸을 변화시켜 사매(邪魅)를 물리쳐 경계하고, 귀신을 역사(役使)시키는 등의 법과 같은 것 도합 930권과 또 여기에 영부(靈符)의 서(書) 70권은 모두 《노자본기경(老子本起經)》 속의 여러 편(篇)에 기록되어 있는 것이다.

그 목록(目錄)이 이루어진 뒤로 그 중에 셀 수 없이 많은 것은 모두 후세(後世)의 도사(道士)들이 맘대로 써서 보탠 것으로서,

참다운 경문(經文)은 아닌 것이다.
 노자(老子)는 염담무욕(恬淡無慾)해서 오로지 장생(長生)만을 힘쓴 사람이기 때문에, 주(周)나라에 있었던 기간(期間)은 길었는데도 불구하고 명성(名聲)이나 지위(地位)에 이동(異動)이 없었던 것은, 대개 화광동진(和光同塵)[21]하여 안으로 자연(自然)을 충실(充實)시키려 했기 때문이요, 도(道)를 성취시킨 뒤에 떠난 선인(仙人)이었던 것이다.
 공자(孔子)가 자진해서 그에게로 가서 예(禮)에 대하여 질문하려고, 미리 자공(子貢)을 보내어 그의 태도를 보고 오도록 한 일이 있었다. 자공(子貢)이 그를 찾아 가자 노자(老子)는 말했다.
 "그대의 스승인 구(丘)라는 사람이 3년 동안만 내 제자가 된다면 가르쳐 주어도 좋지."
 이윽고 공자(孔子)가 노자(老子)를 만났는데 이 때 노자(老子)는 말하기를,
 "양가(良賈)[22]는 깊이 감추어 두어 아무것도 없는 것과 같이 하고, 군자(君子)는 성덕(盛德)이 있어도 어리석은 자처럼 한다고 했소. 그대의 교만한 자부심과 넘쳐 흐르는 야심(野心)과 욕망(欲望)은 모두 그대에게 유익할 것이 없는 것이오."
했다.
 어느 날 공자(孔子)가 책을 읽고 있는데 노자(老子)가 무슨 책이냐고 물었다. 공자는 대답하기를,
 "역(易)입니다. 성인(聖人)들도 이것을 읽었습니다."
하자, 노자(老子)가 다시 말했다.
 "성인(聖人)이 읽었다는 것은 좋은 일이라 치고 그대가 이것을 읽는 것은 어떠한 뜻이 있어서인가? 그 요지(要旨)를 한 마디로 말한다면 어떠한 것인가?"
 여기에서 공자는 그 요지(要旨)를,

"인의(仁義)라는 것입니다."
하고 대답했다. 이 말을 듣자 노자(老子)는 말하기를,
"모기에게 물리면 밤새도록 잠을 자지 못하오. 이제 인의(仁義)라는 것이 귀찮게 인심(人心)을 어지럽히는 것은 혼란(混亂)이 이보다 더 큰 것이 없소. 대체로 백조(白鳥)는 매일 목욕을 하지 않아도 희고 까마귀는 매일 물들이지 않아도 검은 것이오. 하늘은 본래부터 높고 땅은 저절로 두터우며, 해와 달은 저절로 빛나고 별은 본래부터 빛이 있으며, 초목(草木)은 본래부터 종류를 달리하는 것이오. 그대도 도(道)라는 것만 닦아 간다면 장차는 거기에 도달할 수 있을 것이오. 그렇게 되면 인의(仁義)라는 것이 필요가 있겠소. 그것은 마치 큰 북을 치면서 양(羊)의 가는 곳을 찾는 것이 아니오. 그대에게는 반란자(叛亂者)의 소질(素質)이 있는 것이 아니오?"
어느 날 노자(老子)는 또 공자(孔子)에게 물었다.
"이제 그만 하면 도(道)가 깨우쳐졌소?"
공자가 대답했다.
"27년 동안이나 구해 왔지만 역시 깨우치지 못했습니다."
노자가 다시 물었다.
"도(道)가 남에게 바칠 수 있는 것이라면 사람들은 그것을 군주(君主)에게 바치지 않을 수 없을 것이오. 도(道)가 남에게 올릴 수 있는 것이면 그것을 부모에게 올리지 않을 수 없을 것이오. 도(道)가 남에게 설명(說明)할 수 있는 것이라면, 사람들은 그것을 형제들에게 말하지 않는 자가 없을 것이오. 도(道)가 남에게 전할 수 있는 것이라면 사람들은 그것을 자식들에게 전하지 않을 수 없을 것이오. 그렇지만 그것이 되지 않는다는 것은 딴 것이 아니고 내 중심(中心)에 주장이 없는 까닭에 도(道)가 있을 수 없기 때문이오."

했다. 공자(孔子)가 어느 날 말하기를,

"나는 시서(詩書)·예(禮)·악(樂)·춘추(春秋)를 연구하고, 선왕(先王)의 도(道)를 외우며, 주공(周公)·소공(召公)의 사적을 분명히 하여 70여 인의 군주(君主)에게 채용되어지라고 원한 사람이지만 채용되지 못했습니다. 타인(他人)은 진실로 설득(說得)시키기 어려운 일입니다."

하자 노자는 대답했다.

"대체로 육예(六藝)[23]라는 것은 선왕(先王)의 과거의 사적으로서 선왕(先王)이 말한 것은 아닐 것이오. 지금 그대가 닦은 것도 모두 과거(過去)의 사적(事蹟)에 근본한 것이오. 원래 사적이란 그것을 실천(實踐)하여 만들어낸 것, 그렇다면 사적(事蹟)에는 아무런 틀리는 일이 없을 것이 아니겠는가."

공자는 집으로 돌아와 3일 동안 아무 말도 하지 않았다. 이상하다고 생각한 자공(子貢)이 까닭을 묻자 공자는 이렇게 대답했다.

"딴 사람이 이를테면 새와 같은 마음가짐으로 있다고 하면, 나는 가령 활이나 화살이 된 셈으로 그것을 쏘아서 지금까지 화살이 미치지 않은 일이 한 번도 없었다. 또 사람이 사슴이 된 셈으로 있으며 나는 사냥개가 된 셈으로 그것을 쫓아가서 아직까지 잡아 먹지 못한 일도 없었다. 사람이 물고기가 된 셈으로 되어 있으면, 나는 낚시가 된 셈으로 이것을 물에 던져서 낚아올리지 못한 일도 없다. 하지만 구름을 타고 큰 하늘에 노는 용(龍)이 되고 보면 나도 쫓아갈 수가 없다. 이번에 나는 노자(老子)와 만났는데 그는 마치 용(龍)과 같은 것이 아닌가. 나는 입을 벌린 채, 혀도 내민 채, 오직 멍하니 머리가 변하여 자신(自身)의 소재(所在)마저도 알 수 없을 정도였다."

양자(陽子)라는 사람이 노자(老子)를 만났는데 노자(老子)가 말하기를,

"범이나 표범의 얼룩 무늬, 원숭이의 민첩함, 그것이 쏟아지는 원인(原因)이 되는 것이다."
했다. 양자(陽子)가,
"영명(英明)한 왕의 정치에 대하여 듣고 싶습니다."
하자 노자는 대답했다.
"영명(英明)한 왕의 정치라고 하는 것은 그 공업(功業)은 천하를 덮을 정도라 하더라도 그것이 자기의 힘으로 된 것이라고 생각지 않고 만물(萬物)을 감화시키면서 인민(人民)에게는 군주(君主)를 의뢰하게 하지 않는다. 덕(德)이 있어도 그 명성(名聲)을 말하는 일이 없고 누구에게나 알릴 지위(地位)에 있어도 악(惡)의 세계(世界)에 논다. 이러한 것이 아니겠는가."
했다.
　노자(老子)가 마침내 주(周)나라를 떠나서 서쪽으로 관(關)을 나가 곤륜산(崑崙山)[24]에 오르려 할 때 관(關)을 지키는 윤희(尹喜)[25]가 바람의 움직임을 점쳐서 신인(神人)이 이곳을 지나갈 것이라는 것을 알았다. 이에 40리나 되는 길을 청소(淸掃)하고 기다리고 있었다. 노자(老子)를 보는 즉시 바로 이 사람이라고 깨달았다. 노자는 나라 안에서는 누구에게도 도(道)를 가르쳐 준 일이 없었지만 윤희(尹喜)만은 도(道)를 얻을 수 있는 운명(運命)의 사람임을 알고서 관(關)에서 체재(滯在)하기로 했다.
　노자(老子)에게는 서갑(徐甲)이라고 부르는 하인(下人)이 있어 젊어서부터 노자 밑에서 일하고 하루에 백 문(白文)씩 주기로 약속하여 도합 720만 문(文)을 서갑(徐甲)에게 지불하지 못하게 되었다. 서갑(徐甲)은 관(關)을 나가서 여행(旅行)길에 떠나려는 노자(老子)를 만나서 곧 밀린 돈을 지불해 달라고 재촉했으나 노자는 지불해 주지 않았다. 할 수 없이 딴 사람에게 부탁하여 최촉장(催促狀)을 만들어 관소(關所)에 말해서 노자에게 말했다. 그러나 그 대리로 최촉(催促)을 한 사람도 서갑(徐甲)이 200여 년이나 노자(老子) 밑에서 일했다는 것을 알지 못했던 것이다. 다만 서갑(徐甲)이 받을 돈이 막대(莫大)할 것이라고 속으로 짐작하고 자기의 딸을 서갑의 아내로 주기로 약속했다. 서갑은 그 딸이 아름다운 것을 보고 몹시 기뻐하여 드디어 윤희(尹喜)에게 일이 성사되게 해달라고 부탁했다.

윤희(尹喜)는 이 부탁을 받고 놀라서 그 사람을 노자(老子)와 만나게 해주었다. 노자가 서갑(徐甲)에게 물었다.

"너는 훨씬 먼저 죽을 사람이었다. 옛날에 내가 너를 고용(雇用)한 것은 관위(官位)도 낮고 집도 가난하여 심부름꾼도 없기 때문이었다. 그렇기 때문에 태현청생부(太玄淸生符)[26]를 너에게 주었던 것으로 오늘까지 살아 있는 것도 그 때문이다. 네가 나에게 무슨 할 말이 있느냐. 나는 너에게 말했을 것이다. 안식국(安息國)[27]에 도착하면 황금(黃金)으로 그 품삯을 모두 너에게 지불해 준다고 말이다. 그것을 어찌해서 너는 기다리지 못하는 것이냐?"

했다.

이렇게 말하고 서갑(徐甲)의 입을 지면(地面)을 향하여 벌리게 하자, 바로 그 때 그 태현청생부(太玄淸生符)가 땅 위에 나타났다. 붉은 글씨가 지금 쓴 것처럼 아름다웠다. 그러자 서갑(徐甲)은 한 주먹의 해골(骸骨)로 화(化)하고 말았다. 윤희(尹喜)는 노자(老子)가 신인(神人)이라면 서갑(徐甲)을 도로 살려낼 수 있을 것이라고 생각하고 서갑을 위하여 머리를 조아리고 조명(助命)을 빌고, 노자(老子) 대신 자기가 돈을 내어 품삯을 지불해 주고 싶다고 부탁했다. 이 때 노자가 또 태현부(太玄符)를 던져 주자 서갑(徐甲)은 즉시 살아났다.

이에 윤희(尹喜)는 200만 문(文)을 서갑에게 주어 돌아가게 하고 한편 노자(老子)에 대해서는 제자(弟子)의 예(禮)를 취했다. 이리하여 노자는 자세히 장생(長生)에 대한 일을 윤희(尹喜)에게 전수(傳授)했다. 윤희(尹喜)가 다시 가르침을 청하자 노자는 오천언(五千言)을 입으로 말해 주었다. 윤희는 뒤에 이것을 필기(筆記)해서 《도덕경(道德經)》이라고 이름지었다. 윤희(尹喜)도 그 도(道)를 실천해서 그도 또한 선인(仙人)이 될 수가 있었다.

한(漢)의 두태후(竇太后)[28]는 노자(老子)의 가르침을 신봉(信奉)했기 때문에 효문제(孝文帝) 및 그 외척(外戚)인 두씨(竇氏) 일족(一族)도 모두 그것을 읽지 않을 수가 없어, 이를 읽은 사람은 모두 크게 이익을 얻었다. 까닭에 문제(文帝)·경제(景帝)의 시대(時代)에는 천하가 평온(平穩)했고 두씨(竇氏)도 삼대(三代)를 계속하여 그 영총(榮寵)을 보존할 수가 있었다. 태자부육관(太子傅育官)인 소광(疎廣) 부자(父子)[29]는 깊이 노자(老子)의 뜻을 알아서 공(功)이 이루어지면 몸이 물러간다는 의미를 이해하고 있었기 때문에 같은 날 벼슬에서 물러나 향리(鄕里)로 돌아갔고, 돈을 흩어서 널리 은혜를 베풀어 그 청귀(淸貴)함을 보존했다.

또 많은 은사(隱士)들은 노자(老子)의 도(道)에 따르는 자는 모두 외면(外面)의 영화(榮華)를 감하고 내면(內面)의 생명(生命)을 길렀기 때문에 위험(危險)이 많은 시세(時勢)에 몸을 그르치는 일이 없었다. 그 원류(源流)가 넓고도 멀고 윤택한 것이 이와 같이 양양(洋洋)한 것은 이야말로 천지에 의하여 정해진 만세(萬世)의 사표(師表)라고 말할 수 있지 않을까.

그렇다면 장주(莊周)[30] 등의 무리도 노자(老子)를 원조(元祖)로 하여 존경하지 않는 자는 없었던 것이다.

註―――――――――――――――――――――
1) 曲仁里: 춘추 시대(春秋時代) 진(陳)나라 땅. 뒤에 초(楚)에 소속되었

고 한대(漢代)에는 고현(苦縣)을 두었다. 노자(老子)는 바로 이 곡인리(曲仁里) 사람이었다고 한다.
2) 三皇 : 상고(上古)의 세 황제(皇帝). 여러 가지 말이 있어서 일정치 않다. 천황(天皇)・지황(地皇)・인황(仁皇)이라고도 하고, 신농(神農)・복희(伏義)・축륭(祝融)이라고도 한다.
3) 范蠡 : 월왕(越王) 구천(句踐)의 신하.《열선전(列仙傳)》에 보인다.
4) 葛稚川 :《신선전(神仙傳)》의 저자 갈홍(葛洪)의 자가 치천(稚川)임.
5) 膠西王 … :《사기(史記)》〈노장신한열전(老莊申韓列傳)〉에 보면, 노자(老子)의 아들의 이름은 종(宗), 그는 위(魏)의 장수가 되어 단간(段干)에 봉해졌다. 종(宗)의 아들은 주(注), 주(注)의 아들이 궁(宮), 궁(宮)의 현손(玄孫) 가(假)가 한(漢)의 효문제(孝文帝)에게 벼슬했고, 가(假)의 아들 해(解)가 교서왕(膠西王) 공(功)의 태부(太傅)가 되어 제(齊)나라에 살았다고 했다.
6) 人靈 : 노자(老子)를 가리켜 한 말이다.
7) 西關 : 서쪽의 관(關). 섬서(陝西)의 대산관(大散關)이라고도 하지만, 하남성(河南省)의 함곡관(函谷關)이 옳을 것이다.
8) 九變 :《포박자(抱朴子)》에서 말한 여러 도경(道經) 중의 구변경(九變經).
9) 元生十二化經 :《포박자(抱朴子)》에 십이화경(十二化經)이 있는데 모두 노자(老子)의 변화를 기록한 도경(道經)으로 보인다.
10) 元辰經 :《상청영보대법(上淸靈寶大法)》에 원진경(元辰經) 1부(部) 10만 권이라고 보인다.
11) 厄會 : 재액(災厄)을 만남. 액(厄)은 액운(厄運).
12) 西昇 : 서승경(西昇經). 도장(道藏) 속에 서승경(西昇經)과 서승경집주(西昇經集注)가 수록되어 있다.
13) 日角月懸 : 이마의 중앙의 뼈가 일월(日月)의 모양으로 불쑥 일어나 있는 고귀(高貴)한 상(相).
14) 純骨双柱 : 순(純)은 준(準). 코가 높은 것. 어느 글에는 '비골쌍주(鼻骨双柱)'로 되어 있기도 하다.
15) 三漏門 : 삼루(三漏)는 삼혈(三穴). 하(夏)의 우왕(禹王)도 세 개의 구멍이 있었다고 한다.
16) 二五 : 이(二)는 음양(陰陽). 오(五)는 행(行).

17) 十文 : 십간(十干)을 말하는 것인지 미상(未詳).
18) 出世間 : 원문에 '소출도세지법(所出度世之法)'이라 했는데, 도세(度世)는 속계(俗界)에서 해탈(解脫)된 신선이 되는 것.
19) 九丹八石 : 구단(九丹)은 단사(丹砂)로 만든 9종의 단약(丹藥). 즉 단화(丹華)·신부(神符)·신단(神丹)·환단(還丹)·이단(餌丹)·연단(鍊丹)·유단(柔丹)·한단(寒丹). 팔석(八石)은 유황(硫黃) 기타 각종의 광물(礦物)을 복용함.
20) 金醴金液 : 금액(金液)은 이물질(異物質)에서 황금(黃金)을 만드는 연금술(鍊金術). 예(醴)는 금을 술에 녹인 것.
21) 和光同塵 : 범속(凡俗) 속에 동화(同化)되는 것. 노자(老子)의 말에 '和其光, 同其塵'이라 했다.
22) 良賈 : 뛰어난 상인(商人)은 물건을 깊은 곳에 감추어 둔다. 현인(賢人)은 재능(才能)을 숨기고 남에게 자랑하지 않는다. 《사기(史記)》에 보면, '良賈深藏若虛, 君子盛德若愚'라 했다.
23) 六藝 : 예(禮)·악(樂)·사(射)·어(御)·서(書)·수(數)의 6종의 기예(技藝).
24) 崑崙山 : 서왕모(西王母)가 살았다고 전해지는 서역(西域)의 선산(仙山).
25) 尹喜 : 《열선전(列仙傳)》에 나오는 관령윤(關令尹)을 보라.
26) 太玄淸生符 : 영부(靈符)의 한 이름.
27) 安息國 : 페르시아의 옛 이름.
28) 竇太后 : 경제(景帝)의 어머니.
29) 疎廣父子 : 소광(疎廣)은 한(漢)나라 선제(宣帝)의 지절(地節) 3년에 황태자(皇太子)의 태부(太傅)에 임명된 학자. 그 형의 아들인 수(受)는 태자가령(太子家令)이 되었다.
30) 莊周 : 춘추 시대(春秋時代)의 사상가(思想家)인 장자(莊子). 《장자(莊子)》 52편(篇)을 지었다.

彭 祖

　팽조(彭祖)의 성(姓)은 전(錢)이고 본명(本名)은 갱(鏗), 제전욱(帝顓頊)의 현손(玄孫)이었다. 은(殷)의 말년에 이미 767세였으나 노쇠(老衰)하지는 않았다. 젊었을 때부터 안정(安靜)을 좋아하고 세상 일에 관계하지 않고, 명성(名聲)에 마음 쓰지 않고, 외관(外觀)을 장식하지 않고서 하는 일이란 오직 생(生)을 기르고 몸을 다스리는 일이었다.
　왕이 이 말을 듣고 대부(大夫)로 삼았으나 항상 병을 핑계로 한가하게 있고 정사에 관여하지 않았다. 보도(補導)의 술(術)[1]에 정통(精通)하여 육계(肉桂)·운모분(雲母粉)·미각산(麋角散)[2] 등을 복용(服用)하여 항상 젊게 보였다. 그러나 나면서부터 침착(沈着)하고 중후(重厚)해서 도(道)를 터득하고 있다는 것을 본인에게 들어 본 일도 없고 또 남을 의혹시키는 변화나 괴이(怪異)한 일을 하지도 않고 무위(無爲)로써 그 속을 알 수 없을 정도였다.
　젊었을 때부터 각지를 주유(周遊)하고 때로는 혼자서 어디론가 가는데 아낙도 그가 가는 곳을 알 수가 없고 그 행방(行方)을 찾아 나서도 도무지 만날 수가 없었다. 거마(車馬)가 있는데도 한번도 이것을 타지 않고 수백 일이나 수천 일이라도 식량(食糧)을 가지고 가지 않는다. 또 집에 돌아오면 의식(衣食)이 보통 사람과 다른 것이 없었다.
　언제나 숨을 모아서 복식 호흡(腹式呼吸)을 했을 뿐만 아니라,

이른 아침부터 점심때까지 정좌(正坐)를 계속하고, 눈을 닦고, 몸을 비비며, 입술을 핥고 침을 삼키며, 심호흡(深呼吸)하기를 수십회, 이러고 나서 일상(日常)의 동작(動作)으로 옮겼다. 피로하거나 기분(氣分)이 나빠질 때에는, 즉시 도인폐기(導引閉氣)[3]의 양생법(養生法)으로 그 환부(患部)를 치료하기도 했다.

신경(神經)이 전신(全身)에 빈틈없이 비쳐서 두부(頭部)로부터 모든 기관(器官), 내장(內臟)·수족(手足) 내지는 모발(毛髮)에 이르기까지 빠짐없이 끝까지 다 가고 그 기(氣)가 전신(全身)에 넘쳐 흐른다는 것을 깨닫게 되었다. 까닭에 코와 입을 거쳐서 열 개의 손가락 끝까지 미쳐서 장차는 몸이 편안해지는 것이었다. 왕이 스스로 가서 물었으나 아무것도 가르쳐 주지 않았다.

여러 가지 선물을 보내기를 전후 수만 금에 이르렀으나 그것을 모두 받아서 가난한 사람들에게 은혜를 베풀고 아무것도 남겨 두지 않았다.

이 때 채녀(采女)[4]라는 사람이 있었다. 이 사람도 또한 젊어서 도(道)를 얻어서 성(性)을 기르는 방법을 알고 있었다. 나이가 220세인데도 남이 보기에는 기껏해야 5~60으로 보였다. 왕은 이를 정중(鄭重)히 대접하고 후궁(後宮)에 금옥(金玉)으로 장식한 훌륭한 집을 지어서 살게 했다. 이에 이 채녀(采女)를 귀부인용(貴婦人用)의 마차(馬車)에 태워서 팽조(彭祖)에게 브내어, 도(道)에 대하여 질문(質問)하게 했다.

이리하여 인사가 끝나자 연년익수(延年益壽)의 법을 물었다. 여기에 대하여 팽조(彭祖)는,

"육체(肉體)를 가진 대로 승천(昇天)하여 선관(仙官)에게 도움을 받고 싶다면 반드시 금단(金丹)을 복용(服用)하지 않으면 안 된다. 원군태일(元君太一)[5]이 백일(白日)에 승천(昇天)할 수 있었던 것도 여기에 의한 것이다. 하지만 이 방법은 중대해서 왕

이 할 수 있는 것이 아니다. 그 다음 방법으로는 정력(精力)을 기르는 것, 약초(藥草)를 복용(服用)하는 것, 이것으로 장생(長生)할 수가 있다. 하지만 그것에 의해서 귀신을 부리거나 허공(虛空)을 날아다니는 일은 되지 않는다. 또 교접(交接)[6]의 방법을 체득(體得)하지 않고서는 아무리 약을 복용해도 유익할 것이 없다. 음양(陰陽)을 잘 기른다는 것의 의미를 알면 그 방법은 차츰 알게 되는 것으로서, 그것을 생각하거나 입으로 말하거나 하지 않을 뿐으로 새삼스럽게 이상히 여겨 물어 볼 것도 없는 것이다.

나는 아버지가 죽은 후에 태어나서 세 살 때에 어머니를 잃고, 견융(犬戎)[7]의 난리를 만나서 서역(西域)을 유랑(流浪)하기 백여 년. 그 동안에 젊은 나이로부터 정력(精力)이 없어져서, 49인의 아내와 54명의 아들을 잃었다. 자주 간난(艱難)과 불행을 당해서 건강(健康)을 해치고 피부(皮膚)도 광택(光澤)을 잃고, 혈기(血氣)도 말라갔다. 아마도 선인(仙人)은 되지 못하는 것이다.

나는 지식(知識)도 천박(淺薄)해서 남에게 말을 들어 볼 정도로 되지 못한다. 그 때 대완(大宛)[8]이라는 산에 청정 선생(青精先生)이라는 분이 있는데 나이가 일천 세라고 전해지지만 안색(顏色)은 동자(童子)와 같고 하루에 5백 리 이상을 걸으며, 1년 내내 먹지 않을 수도 있지만, 또 하루에 아홉 번 먹을 수도 있다. 이런 분에게야말로 참으로 도(道)를 물어 볼 것이다."

했다. 이에 채녀(采女)가,

"그 청정 선생(青精先生)이란 분은 어떠한 선인(仙人)입니까?"

하고 묻자 팽조(彭祖)는,

"득도자(得道子)라고 말할 수는 있어도 선인(仙人)은 아니다.

선인(仙人)이라는 것은 어떤 때는 구름 속으로 날아오르고, 날개가 없이도 난다. 혹은 용을 타고 구름을 타고서 천궁(天宮)으로 간다. 어떤 때는 조수(鳥獸)로 화하여 대공(大空)을 날아 돌기도 하고, 혹은 하수(河水)나 바다 속에 들어가기도 하고, 명산(名山)을 날아 돌기도 한다. 혹은 천연(天然)의 기(氣)를 먹고 영지(靈芝)를 먹는다. 어떤 때는 인간계(人間界)에 출입해도 아무도 눈치채지 못하고 몸을 숨겨서 아무에게도 보이지 않는다. 혹은 얼굴에 모양이 다른 골상(骨相)이 나타나고 몸에는 기묘(奇妙)한 털이 나기도 한다. 대체로 심산 벽원(深山僻遠)한 곳에 사는 것을 좋아해서 속물(俗物)과 사귀지 않는다.

그런데 이러한 선인(仙人)은 불사(不死)의 수명(壽命)을 가지고 있으면서 인정(人情)을 떠나서 영화쾌락(榮華快樂)을 멀리하여 마치 참새가 화하여 소라가 되는[9] 따위로 그 본연(本然)의 모양을 잃을 뿐 아니라, 다시 이형(異形)의 기(氣)를 받는 것이다. 내가 생각하는 바로는 이러한 것은 바람직하지 않다. 사람다운 도(道)는 맛있는 물건을 먹고, 가볍고 아름다운 옷을 입고, 음양(陰陽)을 통하고 관직(官職)에 나가지 않으면 안 된다. 근골(筋骨)이 튼튼하고, 얼굴빛에는 광택(光澤)이 있어 늙어도 쇠약하지 않고, 연년장수(延年長壽)하여 언제까지나 영구히 세상에 살아서, 한서풍우(寒暑風雨)에도 손상(損傷)을 입지 않고, 귀신이나 정령(精靈)에게도 범해지지 않고, 모든 흉기(凶器)와 악수(惡獸)도 가까이 오지 못하고, 희노(喜怒)의 정(情)이나 훼예포폄(毁譽褒貶)에도 누(累)를 받지 않는다. ──이러한 것이야말로 가장 귀중한 것이다.

사람이 사람으로서의 기(氣)를 받은 이상, 설사 방술(方術)은 알지 못하더라도 기(氣)를 기르는 것이 적절(適切)하다면 언제나 120세까지는 살 수 있다. 여기까지 살지 못하는 것은 조사

(早死)인 것이다. 다소라도 도를 안다면 240세까지는 산다. 그것은 배로 따지면 480세까지 살게 되는 것이다. 그리고 이 도리를 완전히 터득하면 장생 불사(長生不死)하게 된다. 다만 선인(仙人)은 되지 못할 뿐이다. 수명(壽命)을 길러 나가는 방법은 다만 그것을 덜지 않게 하기 위한 것뿐이다. 대체로 겨울은 따뜻하고 여름은 서늘하게 하여 사계(四季)의 조화(調和)를 그르치지 않는 것이 건강(健康)에 적합하게 된다. 미녀(美女)나 안일(安逸)과 오락(娛樂)에 대해서도 욕망(欲望)에 빠지지 말 것, 이런 것이 정신의 움직임을 좋게 하는 것이 된다. 거마(車馬)나 복장(服裝) 등의 체재(體裁)에 있어서도 족(足)하다는 것을 알아서 그 이상의 것을 구하지 않는 것, 그것이 내 뜻을 전일(專一)하게 하는 방법이다. 쾌락한 음악(音樂)에 의해서 이목(耳目)을 즐겁게 하고 그것이 마음을 좋게 인도할 수가 있다.

이것은 모두 수명(壽命)을 기르는 방법이지만 이것을 적의(適宜)하게 조정(調整)하지 못하면 도리어 이것이 병을 불러온다.

옛날의 달인(達人)은 하급(下級)의 사람이 사물(事物)의 가감(加減)이라는 것을 분별하지 못하여, 여기에 어두워서 후퇴(後退)가 되지 않았다는 것을 두려워하여 그 근원(根源)을 끊으려 했고, 상급(上級)의 선비라면 침상(寢床)을 따로 하고 중급(中級)의 선비라면 자리요를 따로 하라고 정해진 것이다. 약을 백 번 먹는 것보다도 혼자 사는 것이 좋다.

아름다운 여색(女色)은 사람의 눈을 소경으로 만들고 좋은 음악은 사람의 귀를 귀머거리로 만들매, 아름다운 음식은 사람의 입을 그르치는 것이다. 만일 그것이 적당하다는 정도(程度)에 절제(節制)가 되고 욕망(欲望)의 개방(開放)과 억제(抑制)를 조정(調整)할 수 있다면 수명(壽命)을 감하는 일이 없이 이익을 받는 것이 된다.
 대체로 이러한 유(類)의 일은 비유하면 물이나 불과 같은 것으로서 지나치게 써서 정도(程度)를 지나면 도리어 해가 되는 것이다. 이리하여 피의 순환을 그르쳐서 혈기(血氣)가 부족하게 되고, 육체(肉體)의 생리(生理)도 공소(空疎)하게 되고, 뇌수(腦髓)도 충실(充實)하지 않아서 육체가 먼저 병들게 된다. 또 그 까닭에 외물(外物)에게도 범해지게 된다. 그것은 곧 주색(酒色)에 의하여 정기(精氣)를 냉각(冷却)시키는 데서 야기(惹起)되는 것이다.
 만일 근본이 충실(充實)하다면 병에 걸릴 까닭이 없다. 대체로 지나친 고로(苦勞)나 무리한 기억(記憶)은 인간에게 해가 있다. 우수(憂愁)나 비애(悲哀)도 해가 있다. 노여워해서 마음이 안정되지 않는 것도 해가 있다. 조마조마하게 원하고 구하는 것도 해가 있다. 지나치게 번뇌(煩惱)하는 것도 해가 있다. 한난(寒暖)이 불순(不順)한 것도 해가 있다. 음양(陰陽)의 부조화(不調和)에도 해가 있다.
 이와 같이 유해(有害)한 것이 수없이 많은데 오직 방사(房事)만을 경계하는 것은 잘못 생각한 것이 아닐까? 남자와 여자가 서로 완성(完成)시킨다. 그것은 하늘과 땅에 의해서 서로가 생성(生成)하는 것과 같은 것이다. 그것은 정신과 기력(氣力)이 양성(養成)되어 조화(調和)를 잃는 일이 없도록 시키는 도(道)인 것이다. 천지(天地)는 교접(交接)의 도(道)에 의하기 때문에 종말(終末)의 기한이 없고 사람은 교접(交接)의 도(道)를 그르치기 때문에 장차는 몸을 해치는 때도 있다. 각종의 해가 되는 것을 피하고, 음양(陰陽)의 술(術)을 체득(體得)할 수 있으면, 이야말로 불사(不死)의 법이라는 것이다. 천지(天地)는 낮에는 나누어졌다가 밤에는 합한다.

1년에 360회(回) 만나서 정기(精氣)가 화합(和合)한다. 이리하여 무한(無限)하게 만물을 생산(生產)해 나간다. 사람도 능히 이것을 본받는다면 장생(長生)할 수 있을 것이다.

그 다음으로는 복기(服氣)의 법이 있다. 그 법을 알 수 있으면 사기(邪氣)도 스며들지 못한다. 이것이 몸을 다스리는 근본인 것이다. 이 밖에도 토납도인(吐納導引)[10]의 술(術)이나 체내(體內)의 모든 신(神)을 생각하는 것[11], 또는 함영수형(含影守形) 등 1,700여 조목이 있다. 또 사계(四季)마다 그 방향을 행하여 자기 자신을 책망하고 잘못을 사과하거나 일찍 일어나고 일찍 자는 방법도 있다. 이것은 모두 참다운 도(道)는 아니지만, 초학자(初學者)에게 가르쳐서 그 몸을 바르게 하는 데에는 좋다.

인간은 정기(精氣)를 받아 육체(肉體)를 기르고 복기 연형(服氣煉形)의 법에 의해서 수양(修養)한다면 체내(體內)의 많은 신(神)들도 스스로 그 진(眞)을 지킨다. 그렇지 않은 경우에는 영양(營養)이 모두 말라서 신(神)들도 도망해 잃어서 아무리 생각한대도 머물러 주지 않는다. 도(道)를 행하는 그 근본에 힘쓰지 않고 말단(末端)만을 쫓는다.

지상(至上)의 말을 가르쳐도 믿을 수가 없고 간요(肝要)한 글을 읽어도 그것을 천박(淺薄)하다고 생각하고 너무도 신봉(信奉)하지 않고, 저 태청북신중경(太淸北神中經)[12]만을 읽고 있다. 그러한 일을 해서 스스로 몸이 지쳐서 죽음에 이르기까지 아무런 효과(效果)도 없는 것은 참으로 슬픈 일이다.

또 인생의 속사(俗事)가 번잡하다고 해서 일찍부터 세상을 버리고 홀로 산 속이나 동굴(洞窟)에 숨어 사는 자도 있으나 이 사람에게 도(道)를 가르쳐 주어도 결국은 실행이 되지 않는다. 이러한 것은 어진 사람의 본의(本意)라고는 말할 수 없는 것이다. 다만 방중(房中)에서는 정기(精氣)를 허비하지 말고, 사려(思慮)를 조절하며, 음식을 적의(適宜)하게 먹는다. 이것만으로도 도(道)를 체득(體得)할 수가 있는 것이다.

　나의 죽은 스승이 처음 저술한 구도(九都), 절해(節解), 지교(指敎), 도형(韜形), 은수(隱守), 무위(無爲), 개명(開明), 사극(四極), 구령(九靈) 등의 제경(諸經) 등 도합 1만3천 장(章), 이것을 처음 입문하는 사람을 위해서 보여 주는 바이다."

이에 채녀(采女)는 상세(詳細)히 그 요령(要領)을 전수(傳授)받고 이것을 은왕(殷王)에게 가르쳤다. 왕은 이것을 시험해서 효과(效果)가 있었다. 이리하여 왕은 팽조(彭祖)의 술(術)을 계승했으나, 이것을 비밀히 해야겠다고 생각하여 국내(國內)에 포고(布告)하여 팽조(彭祖)의 도(道)를 전하는 자가 있으면 죽이기로 했다. 또 팽조(彭祖)까지도 죽여 전승(傳承)을 끊으려 했다. 그러나 팽조는 이것을 알고 나라를 떠나 행방(行方)을 알 수 없었다.

　그 후 70여 년 후에 사막(沙漠) 서쪽에서 그를 본 사람이 있다는 소문이 있었다. 왕은 팽조(彭祖)의 술(術)을 끝까지 실행하지는 않았으나 그래도 300세의 수(壽)를 얻고서도 기력(氣力)이 장건(壯健)해서 50세쯤으로 보였다. 그러나 정(鄭)나라에서 미녀(美女)를 얻어 음란에 빠졌기 때문에 도(道)를 잃어서 왕은 죽고 말았다.

"팽조(彭祖)의 도(道)를 전하는 자는 사람을 죽인다."
는 등의 말을 세간에서 말하는 것은 왕이 이것을 금한 것에 유래(由來)하는 것이다.

　뒤에 황산군(黃山君)¹³⁾이란 자가 있어서 팽조(彭祖)의 술(術)을 전하여 수백 세가 되었는데도 오히려 싱싱하게 젊었다. 팽조(彭祖)가 없어졌기 때문에 그 말을 모아서 《팽조경(彭祖經)》이라 했다.

註
1) 補導의 術 : 보도(補導)는 보정도인(補精導引)의 뜻. 도인(導引)은 근육(筋肉)을 굴신(屈伸)시키는 운동.
2) 麋角散 : 미(麋)는 사슴의 일종. 그 수놈에서 난 뿔을 분말(粉末)로 만든 약.
3) 導引閉氣 : 심호흡(深呼吸).
4) 采女 : 한대(漢代)에 민간에서 채용(採用)된 궁녀(宮女)를 말함. 여기에서는 여선(女仙)을 말함.
5) 元君太一 : 《포박자(抱朴子)》에서는 태을원군(太乙元君)이라고 한 옛 신선.
6) 交接 : 남녀의 교구(交構). 소위 방중술(房中術).
7) 犬戎 : 섬서성(陝西省) 북쪽 지방에 있었던 고대(古代)의 서방(西方)의 이민족(異民族). 서융(西戎)·곤이(昆夷)라고도 한다.
8) 大宛 : 서역 지방(西域地方)에 있었던 나라의 이름. 한(漢)나라 무제(武帝) 때 장건(張騫)이 사람을 보내어 양마(良馬)가 난다는 것을 전했다.
9) 참새가 화하여… : 딴 물건으로 변하여 그 본성(本性)을 잃는 것의 비유. 《예기(禮記)》 월령(月令)과 《국어(國語)》 언어(言語)에 보인다.
10) 吐納導引 : 토납(吐納)은 복기(服氣)와 같다.
11) 體內諸神… : 인체 내(人體內)의 오장육부(五臟六腑), 그 밖의 각 부(各部)에는 저마다의 신(神)이 머물고 있어 도합 3만6천 개의 신(神)이 있다고 한다. 이것을 생각하여 신(神)을 안정시키는 것을 사신(思神)이라고 한다.
12) 太淸北神中經 : 《포박자(抱朴子)》에 보면 채탄(蔡誕)이라는 자가 가업(家業)을 버리고 주야로 《황정경(黃庭經)》, 《태청중경(太淸中經)》 등의 불급한 책을 읽었다고 말하고 있다.
13) 黃山君 : 그의 전기(傳記)가 따로 있다.

魏伯陽

위백양(魏伯陽)은 오(吳)나라 사람이다. 본래 귀한 집안에서 태어났으나 나면서부터 도술(道術)을 즐겨 익혔을 뿐만 아니라 후에 제자(弟子) 세 사람과 함께 입산(入山)해서 신단(神丹)을 만들었다. 그러나 단약(丹藥)은 완성했어도 제자들의 마음가짐은 아직도 충분히 열심이지 않은 것을 알고, 이것을 시험해 보리라 생각하고,

"단약(丹藥)은 완성되었지만, 우선 개에게 먹여 시험해 보자. 이것을 먹고 만일 개가 효험을 얻는다면 그 다음에 사람이 먹어도 된다. 그러나 만일 개가 죽는다면 사람이 먹어서는 안 된다."

했다.

이렇게 말하고 개에게 먹였더니 개는 즉사(卽死)하고 말았다. 이에 백양(伯陽)은 제자들에게 말했다.
　했다.

魏伯陽

"단약(丹藥)을 만드는 데 있어 한갓 완성시킬 것만 생각했다. 하지만 이제 약은 완성했지만 개가 이것을 먹고 죽었다는 것은 필경 아직 신명(神明)의 뜻에 맞지 않는 것이라고 생각된다. 먹으면 필시 개와 마찬가지로 될 것이니 어찌하면 좋겠는가?"
제자들이,
"선생님은 약을 잡수실 셈이십니까?"
하자, 백양(伯陽)은 대답했다.
"나는 세상을 등져 집을 버리고 산 속으로 들어왔다. 도(道)는 깨닫지 못했어도 다시 돌아간다는 것은 부끄러운 일이다. 죽거나 살거나 어찌 되었던 나는 먹어 볼 것이다."
이렇게 말하고 단약(丹藥)을 먹었더니 약을 입에 넣자마자 즉사(即死)했다.
제자들은 서로 얼굴을 마주 보면서,
"단약(丹藥)을 만들어 장생(長生)을 원했다고 하는데 이것을 먹고 즉사(即死)하다니 이를 어찌하면 좋단 말인가?"
했다. 그런데 그 중에 제자 한 사람만은,
"선생님은 비범(非凡)한 분이었다. 약을 먹고 죽은 것도 무슨 생각이 있어서인지도 모른다."
하고, 단약(丹藥)을 한 알 먹었더니 그 역시 죽고 말았다. 남은 제자 두 사람은,
"단약(丹藥)을 손에 넣는 것도 장생(長生)을 원하기 때문이다. 지금 이것을 먹고 죽은 이상, 앞으로 이것을 쓸 수는 없다. 이런 약을 먹지 않아도 어차피 앞으로 수십 년은 이 세상에 살 수 있을 것이 아닌가?"
하고 마침내 그 약을 먹지 않고 함께 산에서 내려와 죽은 백양(伯陽)과 그 제자를 위하여 관재(棺材)를 구하려 했다.
한편 두 사람의 제자가 떠난 뒤에 백양(伯陽)은 즉시 깨어나서

자기가 먹은 단약(丹藥)을 죽은 제자와 개의 입에 넣어 주었더니 모두 살아났다. 그 제자의 성(姓)은 우(虞)인데 드디어 두 사람 모두 선인(仙人)이 되었다. 산에서 내려오는 도중(途中)에 산 속의 나무꾼을 만나서 고향 사람에게 보내는 인사 편지를 전해 달라고 부탁했다. 약을 먹지 않은 두 사람의 제자는 이것을 보고 비로소 후회했던 것이다.

백양(伯陽)은 《참동계오행상류(參同契五行相類)》[1] 3권을 썼다. 여기에 말한 것은 주역(周易)인데 실지로는 효(爻)[2]의 상(象)에 의탁해서 단약(丹藥)을 만드는 뜻을 말한 것이다. 그러나 세상의 유자(儒者)들이 신단(神丹)에 대한 것은 알지 못하고 흔히 음양(陰陽)에 대한 것이라 생각하고 주석(註釋)하는 것은 전혀 그 본지(本旨)를 그르친 것이다.

註

1) 參同契五行相類 : 《주역(周易)》에 의해서 쓰여졌기 때문에 《참동계오행상류(參同契五行相類)》라고도 일컬어지는데 고래(古來)로 각종의 주해서(註解書)가 만들어졌다.

2) 爻 : 역(易)은 음효(陰爻) -- 와 양효(陽爻) — 를 조합(組合)하여 육효(六爻)를 가지고 일괘(一卦)를 만들고 그 조합(組合)의 변화에 의하여 팔괘(八卦)가 되고 이것이 다시 변화해서 64괘(卦)가 된다.

2
天上은 人間界보다도 즐거운 곳인가

白石先生/黃初平
王　遠/伯山甫/馬鳴生
李八百/李　阿

 "나는 선인(仙人)이오. 그대에게 뜻이 있다고 보았기에 일부러 시험해 본 것이오. 그대는 참으로 가르친 보람이 있소. 이제부터 그대에게 승선(昇仙)의 비결(祕訣)을 제수하겠소."
 하고, 즉시 공방 내외와 종기를 핥아 준 세 사람의 하녀(下女)에게 팔백(八百)이 목욕한 술에 목욕을 시켰더니, 이내 모두 젊어지고 얼굴빛도 아름다워졌다.

白石先生

　　백석 선생(白石先生)[1]은 중황장인(中黃丈人)의 제자였다. 팽조(彭祖)의 시대에는 이미 2천 세가 넘었었다. 승천(昇天)의 도(道)는 수행(修行)하려고 하지도 않고 다만 불사(不死)의 법만을 골라서 인간계(人間界)의 쾌락(快樂)을 잃지 않으려 했다. 그가 수행(修行)의 근거로 삼은 것은 정히 교접(交接)의 도(道)를 주장으로 삼고 금액(金液)[2]의 약을 최상(最上)으로 삼는 것이었다.

白石先生

　　처음에는 가난했기 때문에 약을 손에 넣을 수가 없었다. 이에 양(羊)과 돼지를 길러서 1년여 동안 검약(儉約)해서 만금(萬金)을 저축하여 마음놓고 약을 듬뿍 사서 먹었다. 언제나 흰 돌을 불에 구워 주식(主食)으로 삼았다. 백석산(白石山)[3]에 가서 살았기 때문에 당시 사람들은 그를 백석선생(白石先生)이라고 불렀다. 건육(乾肉)을 먹고 술을 마시는 때도 있고 또 곡식을 먹는 일도 있었다.

하루에 3, 4백 리(里)를 걷고 그 안색(顔色)은 40대(代) 사람으로 보였다. 신(神)에게 참배(參拜)하고 제사지내는 것도 좋아하고 또 유현(幽玄)한 선경(仙經)이나 태소전(太素傳)[4] 등을 즐겨 읽기도 했다.

팽조(彭祖)가,

"어찌해서 승천(昇天)의 약을 먹지 않는가?"

하고 묻자,

"천상(天上)은 인간계(人間界)보다도 즐거운 곳인가? 노사(老死)라는 것만 없다면 그것으로 만족이다. 천상(天上)에는 존귀(尊貴)한 신(神)이 많다던가, 또 여기에 제사지내야 한다면 인간계(人間界)보다도 훨씬 고통스러울 것이다."

하고 대답했다. 이에 당시 사람들은 백석 선생(白石先生)을 은둔선인(隱遁仙人)이라고도 불렀다. 그 까닭은 어떻게 해서든지 하늘에 올라가 선관(仙官)이 되겠다는 악착스러운 일도 없고 말하자면 영달(榮達)을 구하지 않는 사람과 같았기 때문이었다.

註

1) 白石先生 : 백석생(白石生), 또는 백석자(白石子)라고도 한다.
2) 金液 : 연금술(鍊金術)에 의해서 황금(黃金)을 액화(液化)한 약물(藥物).
3) 白石山 : 백석산(白石山)이란 산은 여러 곳에 있다. 백석(白石)을 먹은 일에 대해서는 《진고(眞誥)》에 보면, 옛날 백석자(白石子)란 사람이 돌을 양식으로 삼았기 때문에 세상에서 이 사람을 백선생(白先生)이라 했는데, 이가 지인(至人)이라고 했다.
4) 太素傳 : 《진고(眞誥)》에 보면 "《태소전(太素傳)》은 도서(道書)이다."라고 했다.

黃初平

황초평(黃初平)[1]은 단계(丹溪) 사람이다. 나이 15세 때 집에서는 그에게 양(羊)을 치도록 했다. 한 도사(道士)가 그의 솔직(率直)한 것을 보고 금화산(金華山)[2] 석실(石室)로 데리고 갔는데 그 후 40여 년 동안 집 일은 생각하지 않았다. 그의 형 초기(初起)라는 자가 산에 가서 초평(初平)을 찾았으나 몇 해가 걸려도 발견할 수 없었다. 그 후 시중(市中)에서 한 도사(道士)를 만났으므로 초기(初起)는 그 사람을 불러서 물어 보았다.

黃初平

"나에게는 아우가 하나 있어서 이름을 초평(初平)이라고 하는데, 양을 지키라고 했더니 실종(失踪)한 지가 지금 40여 년이 되었는데도 생사(生死)와 소재(所在)를 알 수가 없습니다. 바라건대 도사(道士)께서 알아봐 주십시오."
하자 도사(道士)는,

"금화산(金華山)에 양치는 사람이 하나 있는데 성(姓)은 황(黃)이요, 자(字)는 초평(初平). 당신 아우임에 틀림없을 것이오."

초기(初起)는 이 말을 듣고 이내 도사(道士)를 따라가서 아우를 찾아 드디어 재회(再會)할 수가 있었다. 희비(喜悲)가 뒤섞인 여러 가지 이야기가 끝나자 초평(初平)에게 양이 있느냐고 물었다. 이에 초평(初平)은,

"저기 산 동쪽에 있습니다."

하고 대답했다. 이에 초기(初起)는 가서 둘러보았으나 보이지 않았다. 다만 흰 돌밖에 보이지 않았기 때문에 그대로 돌아왔다.

"산 동쪽에 양은 없더라."

하고 초평(初平)에게 말하자,

"분명히 양은 있습니다. 다만 형님의 눈에 보이지 않았을 뿐입니다."

한다. 이리하여 초평(初平)은 초기(初起)와 함께 가 보게 되었다. 이 때 초평(初平)은,

"양들아! 일어서라!"

하고 소리치자 흰 돌은 모두 변하여 수만 마리의 양이 되었다. 초기(初起)가,

"너는 선도(仙道)를 터득했기 때문에 이런 일이 되는 것이다. 나도 배울 수가 있겠느냐?"

하자,

"다만 선도(仙道)에 열중(熱中)하기만 하면 장차 터득할 수 있는 것입니다."

하고 대답했다.

이리하여 초기(初起)도 처자(妻子)를 버리고 그곳으로 가서 초평(初平)에게 배우면서 송지(松脂)와 복령(茯苓)[3]을 복용(服用)

했다. 이렇게 하여 5백 세가 되자, 앉으면 모습이 보이고 서면 모습이 사라진다는 술(術)⁴⁾을 터득하여 대낮에 걸어가도 그림자가 비치지 않게 되었다. 그러면서도 안색(顔色)은 동자(童子)와 같았다. 그 뒤에 두 사람이 함께 고향으로 돌아가 보았으나 친족(親族)들은 거의 다 죽어 없어졌기 때문에 다시 산으로 돌아갔다.

초평(初平)은 이름을 고쳐 적송자(赤松子)⁵⁾라 하고 초기(初起)는 이름을 고쳐 노반(魯班)⁶⁾이 되었다. 그 뒤로 이 약을 먹고 선도(仙道)를 얻은 자가 수십 명이나 되었다.

註
1) 黃初平 : 황(黃)은 다른 글에는 황(皇)으로 되어 있다.
2) 金華山 : 절강성(浙江省) 금화현(金華縣) 북방에 있는데, 장산(長山) 또는 상산(常山)이라고도 한다.
3) 茯苓 : 소나무 뿌리에 생기는 균(菌)의 일종.
4) 앉으면… : 일종의 은형법(隱形法)으로 장각(張角)이나 유근(柳根) 등이 이 술(術)을 썼다고 《포박자(抱朴子)》에 나와 있다.
5) 赤松子 :《이선전(利仙傳)》에 나옴.
6) 魯班 :《묵자(墨子)》에 나오는 공수반(公輸般).

王 遠

王 遠

왕원(王遠). 자(字)는 방평(方平), 동해(東海)[1] 사람이다. 효렴(孝廉)[2]으로 뽑혀 낭중(郎中)[3]벼슬에 올랐다가 얼마 안 되어 중산대부(中散大夫)[4]의 직책이 더해졌다.

학문은 오경(五經)[5]에 통하고 그 중에서도 천문(天文), 도참(圖讖)[6], 하도낙서(河圖洛書)[7] 등의 요지(要旨)에 밝아서 천하 성쇠(成衰)의 시기를 미리 알고 전국(全國)의 길흉(吉凶)에 대해서도 마치 손바닥 위의 물건을 보는 것과 같았다. 그러나 뒤에 산 속에 숨어 도(道)를 수행(修行)하여 도(道)를 체득(體得)했다.

한(漢)나라 효환제(孝桓帝)[8]가 이 말을 듣고 여러 번 불렀으나 산에서 나오려 하지 않았다. 이에 지방관(地方官)에 임명하여 억지로 수레에 태워 가지고 서울로 데려오게 했다. 그러나 왕원(王遠)은 엎드린 채로 입을 다물고 묻는 말에 대답하지 않았다. 그리고는 궁문(宮門)에 4백여 글자의 글을 썼는데 그것은 모두 장래(將來)의 일을 말한 것이었다. 그러나 효환제(孝桓帝)는 몹시 노해서 그 글을 깎아 버렸다. 하지만 밖에서 글씨를 깎았는데도 이내 속에서 글씨가 나타났다. 먹이 모두 나무 속까지 배어 있어서 깎으면 깎을수록 똑똑히 보이는 것이었다.

왕원(王遠)에게는 자손이 없어서 향리(鄕里) 사람들이 번갈아 와서 그의 심부름을 했다. 이에 같은 군(郡)의 장관(長官) 진탐(陳耽)9)이 왕원(王遠)을 위해서 수행(修行)의 방을 지어 주고 아침 저녁으로 예배(禮拜)했으나 다만 행복(幸福)을 달라고 원할 뿐으로 도(道)를 배운다는 말은 한 번도 하는 일이 없었다.

왕원(王遠)이 진(陳)의 집에서 산 지 40여 년 사이에 진(陳)의 집에서는 병이나 초상 같은 것은 한 번도 없었고 심부름꾼까지 모두 마찬가지였으며 가축(家畜)은 번식하고 농작물(農作物)도 갑절이나 많게 수확되었다.

어느 날 왕원(王遠)은 진탐(陳耽)에게 말했다.

"내가 떠날 시기가 되었으니 언제까지나 머물러 있을 수가 없소. 내일 낮에 출발하겠소."

그런데 그가 약속한 시간이 되자 왕원(王遠)은 죽었다. 진탐(陳耽)은 그가 선인(仙人)이 된 것이라 생각하고 유해(遺骸)를 옮기려고도 하지 않고 다만 울면서,

"선생(先生)은 나를 버리고 가셨습니다. 나는 누구에게 의지해야 되겠습니까?"

하고 탄식했다. 관(棺)을 준비해서 향(香)을 피우고 침상(寢牀) 앞에 놓고 복장(服裝)을 정돈해 주었다. 그러나 3일이 되는 날 밤이 되자 유체(遺體)가 갑자기 보이지 않았다. 의관(衣冠)과 복장(服裝)은 벗어 놓은 채로 마치 뱀이 껍질을 벗은 것과 같았다. 왕원(王遠)이 죽은 지 백여 일이 되자 진탐(陳耽)도 역시 죽었다.

진탐(陳耽)은 왕원(王遠)의 도(道)를 터득하여 선인(仙人)이 되었다고도 했고 또는 진탐(陳耽)의 죽을 때가 박두해서 그를 버리고 떠난 것이라고도 말했다.

한편 왕원(王遠)은 동쪽의 괄창산(括蒼山)[10]으로 들어가려고 오(吳)나라 땅으로 들어가 서문(暑門)[11]의 채경(蔡經)의 집에 머물렀다. 채경(蔡經)이란 사람은 평민(平民)에 지나지 않았지만 선인(仙人)이 될 수 있는 골상(骨相)을 가지고 있었다. 왕원(王遠)은 이것을 알았기 때문에 그 집에 머물렀던 것이다. 그는 채경(蔡經)에게 말했다.

"그대의 생명(生命)은 선인(仙人)이 될 수도 있는데 이것은 그대를 선계(仙界)의 일꾼으로 추천하고 싶어서요. 그러나 젊어서부터 도(道)를 알지 못했기 때문에 지금도 정기(精氣)는 적고 살이 많아서 승천(昇天)할 수도 없게 되었소. 시해(屍解)[12]를 하지 않으면 안 되지만 그것은 개구멍을 빠져 나가는 것과 같소."

이렇게 말하고 요령(要領)을 설명해 준 다음 채경(蔡經)을 남기고 가 버렸다.

그 뒤에 채경(蔡經)은 몸에 불처럼 열(熱)이 났다. 냉수를 끼얹어 달라고 말하므로 집사람들이 모두 나가서 물을 길어다가 끼얹었지만 마치 불타는 돌에 붓는 것과 같았다. 이러한 상태(狀態)가 사흘 동안 계속되자 파리하고 쇠약해져서 뼈만 남았다. 이에 방으로 들어가 자기 스스로 이불을 덮자 갑자기 형체가 사라졌다. 그리고 이불 속을 보니 다만 가죽뿐으로 머리도 발도 그대로 남아 있어서 마치 매미가 껍질을 벗은 것과 같았다.

이렇게 형체가 사라진 지 10여 년이 지나서 불쑥 집으로 돌아왔는데 용색(容色)이 원기(元氣)가 넘치고 머리털도 검게 되어 있었다. 그는,

"7월 7일에는 왕 선생(王先生)께서 오실 터이니 그 날은 맛있는 음식을 만들어 놓고 대접할 사람도 준비하지 않으면 안 된다."고 집안 사람들에게 일렀다.

그 날이 되자 채경(蔡經)의 집에서는 식기(食器)를 빌려다가 많은 술과 안주를 장만하여 뜰에 늘어놓았다. 이 날 과연 왕원(王遠)이 찾아왔다. 그가 도착하기 전에 먼저 꽹과리 소리와 인마(人馬)의 소리가 들렸으므로 인근 사람은 모두 놀랐으나 그의 소재(所在)는 전혀 알지 못했다.

채경(蔡經)의 집에 도착하자 온 집안 사람은 모두 왕원(王遠)을 보니 왕원(王遠)은 원유관(遠遊冠)[13]을 쓰고 붉은빛의 웃옷에 범의 머리를 장식한 대대(大帶), 오색(五色)의 끈[14]을 달고 칼을 차고 있다. 얼굴빛은 누렇고 입가에 수염도 조금 나 있는 중년의 사람이다.

우차(羽車)[15]를 타고 다섯 필의 용(龍)이 끌고 있는데, 용의 색깔은 제각각 다르다. 지휘하는 깃대나 긴 깃발이 앞뒤에 나간다. 그 의장(儀仗)은 빛나기만 하여 마치 대장군(大將軍)이었다. 12인의 대장(隊長)은 모두가 납(蠟)으로 그 입을 봉하고 있다. 극악대(劇樂隊)는 모두 용을 타고 하늘에서 내려와서 뜰에 모였다. 시종관(侍從官)은 모두 키가 한 길이 넘고 길은 통하지 않았다. 그가 도착하자 시종(侍從)은 모두 모습이 사라져서 어디 있는지 알 수가 없고 오직 왕원(王遠) 혼자서 앉아 있는 것이 보였다.

얼마 안 되어 채경(蔡經)의 양친(兩親)과 형제를 만나 보았다. 그러고 나서 사람을 보내 마고(麻姑)를 부르게 했다. 마고(麻姑)란 어떤 사람인지 아무도 모른다.

'왕방평(王方平)은 삼가 아룁니다. 오랫동안 민간(民間)에 묻혀 있다가 이제 이곳에 와 있사오니 마고(麻姑)께서는 잠시 오셔서 이야기하심이 어떠십니까?'

하는 인사 편지였다.

얼마 안 되어 회답이 왔는데 심부름꾼의 모습은 보이지 않고 다만 답장의 내용만이 들렸다.

'마고(麻姑)는 회답을 드립니다. 한 번 뵙지도 못한 채 어느새 5백여 년이나 되었습니다. 존비(尊卑)의 차서도 있고 하여 찾아 뵙는 소식도 없었습니다. 귀신(貴信)을 받아 보니 이곳에 오신 것 같아 곧 가서 뵙겠습니다. 지난번엔 봉래산(蓬萊山)에 가신다는 말씀이 있어서 가 뵈오려 했사오나 이제야 잠시 가서 뵙겠습니다.'

이러고 나서 2각(刻)쯤 지나자 마고(麻姑)가 도착했다는 소식이 왔다. 도착할 때에도 역시 인마(人馬)의 소리가 들렸다. 이윽고 마고가 도착했는데, 시종(侍從)은 왕원(王遠) 때의 절반쯤이었다. 마고(麻姑)가 오자 채경(蔡經)도 온 집안 사람이 나와서 인사를 했다. 그는 18, 9세쯤 되어 보이는 아름다운 여인이었고, 머리에는 쪽을 썼으며 나머지 머리는 늘어뜨려 허리에까지 드리워졌다. 치마는 무늬가 있고 금을 칠한 것은 아니나 광채(光彩)가 눈이 부셔서 형용할 수가 없다. 어느 것이나 이 세상에는 없는 것이었다.

방으로 들어서서 왕원(王遠)에게 절을 하자 왕원도 일어서서 답례(答禮)를 했다. 좌석이 정해지자 각각 준비한 맛있는 음식을 상대방에게 대접했다. 그것은 모두 황금 접시와 옥 술잔 등 여러 가지였다. 음식도 모두 각종의 꽃으로써 향기가 밖에까지 풍겨왔다. 건육(乾肉)을 쪼개어 먹으면서,

遠遊冠

"이것은 기린(麒麟)의 건육(乾肉)"

이라고 말했다.

마고(麻姑)가 이러한 술회(述懷)를 했다.

"만나 뵈온 이후 벌써 동해(東海)가 세 번이나 상전(桑田)으로 변하는 것을 이 눈으로 보았습니다. 저번에 봉래(蓬萊)에 갔습니다만 이제 물은 전에 볼 때보다도 절반은 줄었습니다. 앞으로는 또 육지(陸地)가 되는 것이 아니겠습니까?"

왕원(王遠)도 탄식했다.

"바다 속의 길에도 먼지가 있다던가, 성인(聖人)이 모두 우러러본다는 것이오."

마고(麻姑)는 채경(蔡經)의 어머니와 아내 등을 만나기를 희망했다. 당시 채경(蔡經)의 아우의 아내는 출산(出産)한 지 얼마 되지 않았다. 마고(麻姑)는 그를 만나 본 다음 이 사실을 알고,

"아! 잠시 기다리시오. 이리로 오지 마시오."

하고 쌀을 조금 가져오게 했다. 그 쌀을 손에 쥐더니 땅에 뿌렸다. 쌀로 그 더러운 깃을 씻는나는 것이다. 그러나 그 쌀을 보고 있는 동안 단사(丹砂)가 되어 버렸다. 왕원(王遠)은 웃으면서,

"마고(麻姑)께서는 아주 젊으시오. 나는 나이를 먹어서 이제 이러한 재빠른 변화를 하고 싶지도 않습니다."

했다.

왕원(王遠)은 채경(蔡經)의 집사람을 보고,

"나는 그대들에게 좋은 술을 주고 싶소. 이 술은 천궁(天宮)의 주방(廚房)[16]에서 나온 것인데 맛도 향기롭소. 속인(俗人)이 마실 것은 아니고 이것을 마시면 창자가 타 버릴지도 모르니 지금은 물을 타서 마시기로 합시다."

하고, 한 말의 물을 한 되의 술에 타서 채경(蔡經)의 집사람에게 주었다. 그런데 한 사람이 한 되쯤 마시자 모두 취하고 말았다. 장차 술이 다 되자 왕원(王遠)은 좌우 사람에게 명하여,

"부족하면 더 가져오라."

했다. 그리고 돈 천 냥을 꺼내 주며 여항(余杭)¹⁷⁾의 늙은 할미에게서 사 오도록 했다. 얼마 안 되어 보고(報告)가 있었는데 기름 먹인 포대에 가득히 술 닷 말쯤을 구했다고 한다. 그러면서 여항(余杭)의 늙은 할미가 하는 말이라 하여,
"지상(地上)의 술로는 입에 맞지 않을 것이라."
는 회답이었다.
 마고(麻姑)의 손톱은 새의 발톱과 같았다. 채경(蔡經)은 이것을 보고,
 '등이 몹시 가려울 때 그 손톱으로 등을 긁으면 참 좋은 기분일 것이다.'
라고 속으로 생각했다. 그러나 왕원(王遠)은 순전히 채경(蔡經)의 심중(心中)을 알아차리고 즉시 지시(指示)하여 채경(蔡經)을 잡아다가 매를 때리게 했다. 그러면서,
 "마고(麻姑)님은 신인(神人)이다. 그대는 무엇 때문에 그 손톱으로 등 긁을 것을 급히 생각했는가?"
했다. 그러나 채경(蔡經)의 등을 때리는 것은 보여도 매를 가진 사람은 아무에게도 보이지 않았다. 왕원(王遠)은,
 "내 매는 여간해서 맞아 보지 못한다."
고 채경(蔡經)에게 말했다.
 채경(蔡經)의 가까운 이웃에 진(陳)이라는 성(姓)의 사람이 있었다. 이름은 전해지지 않지만 일찍이 현(縣)의 관리를 하다가 지금은 그만두었다. 그 사람이 채경(蔡經)의 집에 신인(神人)이 와 있다는 말을 듣고 꼭 뵙게 해 달라고 부탁했다. 이에 왕원(王遠)이 그를 불러서 이야기해 보니 그 사람은 채경(蔡經)과 마찬가지로 왕원(王遠)의 밑에서 심부름하겠다는 희망(希望)이었다.
 왕원(王遠)은,
 "잠시 해를 향해서 서 있으라."

고 말하고, 등뒤에서 이를 보고 있다가 얼마 후에,

"음! 그대는 마음이 불순(不純)하기 때문에 도저히 선도(仙道)를 가르칠 수가 없다. 그대는 지상(地上)의 주인이 될 직책을 제수받을 것이다."

하고, 돌아갈 때 호부(護符) 한 통과 어음 한 장을 조그만 상자에 넣어서 진(陳)에게 주고 그에게 말했다.

"이것으로 그대를 선인(仙人)으로 만들 수는 없지만 그대의 수명(壽命)을 보존하여 1백 세를 넘길 수는 있고, 재앙을 막고 병을 고칠 수는 있다. 수명(壽命)이 남는 것과 죄과(罪過)가 없는 것은 그대가 이 호부(護符)를 가지고 그 집으로 나가는 것이 좋다. 병은 곧 나을 것이다. 만일 제사를 지내야 할 사귀(邪鬼) 때문에 병의 빌미가 되겠거든 이 호부(護符)를 몸에 붙이고 어음으로 관리들에게 지령(指令)하여 그 귀신을 쫓아 버리는 것이 좋다. 그대는 쓰는 빙법을 알고 있기 때문에, 그 시기에 응해서 맘대로 처리할 수가 있을 것이다."

이에 진(陳)은 그 호부(護符)에 의해서 병을 고치고 그 효험을 남에게 보여 주어 그 신봉자(信奉者)가 된 사람이 수백 호(戶)에 오르고 그도 110세의 수(壽)로 죽었다. 그가 죽은 후에 호부(護符)를 써 보았으나 이미 효험이 나타나지 않았다. 이리하여 왕원(王遠)이 간 뒤에 채경(蔡經)의 집에서 준비한 술과 안주가 수백 명분이나 있었는데 이것이 모두 없어졌다.

채경(蔡經)의 부모가,

"왕 선생(王先生)은 어떠한 신인(神人)이며 지금은 어디에 살고 있는가?"

하고 채경(蔡經)에게 묻자 채경은 대답했다.

"언제나 곤륜산(崑崙山)에 있으면서 나부산(羅浮山)[18]과 괄창산(括蒼山) 등의 산들을 왕래합니다. 어느 산에나 궁전(宮殿)이 있어서 천계(天界)의 관리의 사무를 보고 계십니다. 하루에도 천상(天上)을 왕복하기를 십수 회. 지상(地上)의 오악(五嶽)[19]에서 하는 사람의 생사(生死)에 관한 일도 모두 맨 처음에 왕 선생(王先生)에게 보고됩니다. 왕 선생(王先生)이 외출할 때에는 백관(百官)을 모두 수행(隨行)시킬 뿐만 아니라 누른빛의 기린(麒麟) 한 마리에 타고 십수 명의 시종(侍從)을 데리고 갈 뿐인 때도 있습니다. 여행(旅行)할 때에는 산림(山林)을 아래에 보고, 항상 지상(地上) 수백 길의 곳을 갑니다. 가는 곳마다 산과 바다의 신(神)들이 모두 와서 봉영(奉迎)하고 배알(拜謁)합니다."

그 후 수십 년 후에 채경(蔡經)이 또 한 때 집에 돌아왔다. 와서 보니 왕원(王遠)이 진씨(陳氏)에게 보낸 편지가 있었다. 그 필적(筆蹟)은 참으로 활달자재(豁達自在)해서 큼직한 글씨였다. 이전에는 왕방평(王方平), 이름이 원(遠)이라는 것을 아는 사람이 없었으나 이로부터 잘 알려지게 되었다.

진씨(陳氏)의 집에는 지금에 이르기까지 대대(代代)로 왕원(王遠)이 썼다는 편지를 전하고 있고 또 호부(護符)와 어음을 조그만 상자에 넣어서 보존하고 있다.

註
1) 東海 : 산동성(山東省) 동남부(東南部)의 해변 일대(海邊一帶)의 땅. 동해군(東海郡).
2) 孝廉 : 부모에게 효도하고 청렴한 인물을 각지에서 추천하게 하여 이것을 효렴(孝廉)이라고 했다. 한(漢)나라 낙제(諾帝) 때 시작된 제도(制度).
3) 郞中 : 한(漢)나라 때의 벼슬 이름. 시종관(侍從官).
4) 中散大夫 : 궁중(宮中)의 논의(論議)를 맡은 관원.
5) 五經 : 다섯 가지 경서(經書). 즉, 《시(詩)》·《서(書)》·《역(易)》·《예(禮)》·《춘추(春秋)》.

6) 圖讖:《하도낙서(河圖洛書)》등에 의해서 예언(豫言)・서응(瑞應)을 설명한 방술(方術).
7) 河圖洛書: 하도(河圖)는 복희(伏羲) 때 황하(黃河)에서 용마(龍馬)가 지고 나왔다는 그림. 역(易)의 괘(卦)의 기원(起源)이라고 전한다. 낙서(洛書)는 우왕(禹王) 때 낙수(洛水)에서 나온 거북의 등에 써 있었다는 글. 홍범(洪範)의 근원이라고 전한다.
8) 孝桓帝: 후한(後漢)의 환제(桓帝).
9) 陳耽: 후한(後漢) 영제(靈帝) 때 사도(司徒)를 지낸 동해(東海) 사람. 충정(忠正)으로 이름이 있었다.
10) 括蒼山: 절강성(浙江省) 선거현(仙居縣) 동남쪽에 있는 산.
11) 暑門: 강소성(江蘇省) 오현성(吳縣城) 서남쪽의 문.
12) 屍解: 시체(屍體)를 남긴 혼(魂)이 승선(昇仙)하는 것. 또는 시체가 한꺼번에 관(棺) 속에서 없어져 신선이 되는 것.
13) 遠遊冠: 관(冠)의 일종으로 왕족(王族)이 쓰던 것.
14) 오색의 끈: 인수(印綬). 관직(官職)을 나타내는 수술.
15) 羽車: 비취(翡翠)의 깃으로 지붕을 장식한 귀인용(貴人用) 수레.
16) 廚房: 천주(天廚). 천선(天仙)의 궁전(宮殿)의 주방(廚房).
17) 余杭: 여항현(余杭縣). 절강성(浙江省) 항주(杭州)의 옛 이름.
18) 羅浮山: 광동성(廣東省) 증성현(增城縣) 동쪽의 명산(名山).
19) 五嶽: 동악 태산(東嶽泰山)・서악 화산(西嶽華山)・남악 형산(南嶽衡山)・북악 항산(北嶽恒山)・중악 숭산(中嶽嵩山). 이러한 산의 악신(嶽神)이 인간의 연수(年壽)와 운명(運命)을 관리(管理)한다고 믿었다.

伯山甫

 백산보(伯山甫)는 옹주(雍州)[1] 사람이다. 화산(華山) 속에 숨어서 먹고 입는 일에만 마음을 쓰고 또 때로는 고향에 귀성(歸省) 가는 일도 있었다. 이렇게 2백 년이 지났는데도 나이를 먹지 않았다. 그러기에 옆집에 가서는 그 사람의 조상 이래의 선악(善惡)과 공죄(功罪)를 따지는 일을 마치 눈가에 보는 듯이 했다. 또 미래(未來)의 길흉(吉凶)까지도 미리 알아서 그의 예언(豫言)은 실증(實證)되지 않는 일이 없었다.
 조카며느리가 나이가 많아서 병이 들었는데 그에게 약을 주었다. 그 며느리는 그 때 이미 70세가 되었는데도 완전히 젊어져서 얼굴빛도 복숭아꽃과 같이 되었다.
 한(漢)나라 무제(武帝)가 하동(河東)[2]에 사람을 보냈을 때의 일이다. 성서(城西)에서 언뜻 보니, 한 사람의 젊은 여자가 한 늙은이를 지팡이로 때리고 있었다. 늙은이는 엎드려 무릎을 꿇은 채 매를 맞고 있었다. 심부름꾼이 이상히 여겨서 물어 보자 젊은 여인은 대답한다.
 "이 노인은 사실 내 아들입니다. 옛날 우리 백부 백산보(伯山甫)께서 나에게 신약(神藥)을 전수(傳授)해 주셨습니다. 나는 그 약을 아들에게도 먹이려고 했지만 아무리 해도 듣지를 않습니다. 그 결과 지금 보면 저렇게 늙었으니 나만큼도 살지 못하게 되었군요. 그래서 지금 매를 때리고 있는 것입니다."

심부름꾼이 그 여인과 아들의 나이를 물었더니,
"내 나이는 지금 130세, 아들은 71세입니다."
하고 대답한다. 그 뒤에 그 여인은 화산(華山)으로 들어갔다.

註
1) 雍州 : 섬서(陝西)·감숙성(甘肅省)에 걸친 땅.
2) 河東 : 황하(黃河) 동쪽 산서(山西) 땅.

馬鳴生

마명생(馬鳴生)¹⁾은 임치(臨淄)²⁾ 사람이다. 본성(本姓)은 화(和), 자(字)는 군현(君賢)이다. 젊었을 때 현(縣)의 천한 관리로 있었으나 도둑에게 잡혀서 그 때 빈사(瀕死)의 중상(重傷)을 입어 일시 인사불성(人事不省)이 되기도 했다. 그 때 한 신인(神人)이 약을 주어 구원해서 의식(意識)을 되찾았다.

그러나 명생(鳴生)은 답례(答禮)를 할 길도 없어서 드디어 직업을 버리고 그 신인(神人)의 종자(從者)가 되었다. 처음에는 다만 몸의 상처(傷處)에 대한 치료법(治療法)만을 배웠으나 그 뒤에는 장생(長生)의 도(道)가 있다는 것을 알고 어디까지나 좇아가게 되었다. 신인(神人)을 위하여 책행담을 등에 지고 서쪽으로는 여궤산(女几山)³⁾, 북쪽으로는 현구(玄丘), 남쪽은 여강(廬江)⁴⁾에 이르기까지 천하를 주유(周遊)하여 오랫동안 애썼다.

그러는 동안 《태양신단경(太陽神丹經)》세 권을 받아 가지고 귀국(歸國)하는 대로 산 속으로 들어가 약을 조제(調劑)해서 먹었다. 그러나 승천(昇天) 같은 것은 기대(期待)도 하지 않았으나, 다만 그 효과(效果)가 반분(半分) 정도인 약을 먹어서 지선(地仙)⁵⁾이 되었다.

끝까지 인간계(人間界)에 살았으나 기껏해야 3년쯤이면 사는 곳을 옮겼다. 당시 사람들은 그가 선인(仙人)이라는 것을 알지 못했다. 집도 짓고, 심부름꾼이나 거마(車馬)도 가져서 모든 일이 세상 사람과 같았다.

  이와 같은 식으로 전국 각지를 편력(遍歷)하기 5백여 년. 많은 사람에게 얼굴도 알려졌으나 모두 그가 나이를 먹지 않는 것을 이상히 여겼다. 얼마 후 대낮에 승천(昇天)했다.

註───────────────────────────
1) 馬鳴生 : 명(鳴)이 명(明)으로 되어 있는 곳도 있다.
2) 臨淄 : 산동성(山東省) 임치현(臨淄縣).
3) 女几山 : 하남성(河南省) 의양현(宜陽縣) 서쪽의 산.
4) 廬江 : 안휘성(安徽省) 여강현(廬江縣) 서쪽 지방.
5) 地仙 : 천선(天仙) 다음가는 선인(仙人)으로 비행(飛行)하고 승천(昇天) 하기까지의 신통력(神通力)은 없고, 다만 약을 먹고 명산(名山)에 살아서 불로(不老)의 선인(仙人)이 된 사람을 말함.

李八百

李八百

이팔백(李八百)은 촉(蜀)[1] 땅 사람이다. 본명(本名)은 알 수 없다. 각 세대(世代)에 걸쳐 모습을 보였기 때문에 당시 사람이 그의 나이를 8백 세로 세어 이것으로 팔백(八百)이라고 통칭(通稱)했던 것이다. 산림(山林)에 숨어서 살기도 하고 시중(市中)으로 나가서 살기도 했다.

한중(漢中)[2]의 당공방씨(唐公昉氏)[3]가 수행(修行)의 뜻을 가지고 있어도 좋은 스승을 만나지 못한 것을 알고 팔백(八百)은 그에게 도(道)를 가르쳐 주기 위하여 우선 그 마음을 시험해 보려고 그에게로 가서 품팔이가 되었다. 그러나 공방(公昉)은 그 내용을 알지 못했다. 팔백(八百)의 일하는 것이나 마음가짐은 딴 일꾼과는 전혀 달랐다. 그래서 공방(公昉)은 특별히 관심을 가지고 보고 있었다. 이 때 팔백(八百)은 일부러 아픈 체하고 자리에 누웠다. 몸이 약해져서 금세 죽을 것 같으므로 공방(公昉)은 즉시 의사를 데려다가 약을 지어 먹이고, 10만금(萬金)을 써도 아깝게 여기지 않을 만큼 몹시 우려(憂慮)를 금치 못하는 태도였다.
　팔백(八百)은 다음에는 악성(惡性) 피부병(皮膚病)이 되었다. 전신(全身)에 종기가 나서 고름과 악취(惡臭)가 나서 도저히 사람이 가까이 갈 수가 없었다. 이에 공방(公昉)은 눈물을 흘리면서 말했다.
　"네가 우리집에 와서 여러 해 동안 잘 일해 왔다. 중병(重病)에 걸리면 의사를 불러 이를 고치려고 돈도 아끼지 않았는데 그래도 고칠 수가 없으니 대체 어찌하면 좋겠느냐?"
　팔백(八百)은 대답했다.
　"내 종기는 고치기 어려워서 혹시 사람이 핥아 주면 나을지도 모릅니다."
　이에 공방(公昉)은 세 사람의 하녀(下女)에게 명하여 종기를 핥게 했더니, 팔백(八百)은 말하기를,
　"하녀(下女)들이 핥는 것으로는 낫지 않습니다. 만일 주인어른께서 핥아 주시면 반드시 나을 것입니다."
한다. 이에 공방(公昉)이 종기를 핥았으나 그래도 효과가 없자, 이번에는 공방(公昉)의 부인이 핥으면 낫는다고 했다. 이리하여 공방(公昉)의 부인을 시켜 종기를 핥게 했다.
　이윽고 팔백(八百)은,
　"내 종기도 많이 나아졌습니다. 여기에 다시 상등(上等)의 술 30석(石)에 몸을 씻으면 완쾌(完快)할 것입니다."
했다. 공방(公昉)이 큰 통에 술을 준비시키자 팔백(八百)은 일어나서 술통으로 들어가 목욕을 하고 나자 종기는 깨끗이 낫고 몸에서 윤기(潤氣)가 나서 종기의 흔적을 찾아볼 수가 없었다.
　이윽고 팔백(八百)은 공방(公昉)에게 말했다.
　"나는 선인(仙人)이오. 그대에게 뜻이 있다고 보았기에 일부러

시험해 본 것이오. 그대는 참으로 가르친 보람이 있소. 이제부터 그대에게 승선(昇仙)의 비결(秘訣)을 제수하겠소."
하고 즉시 공방(公昉) 내외와 종기를 핥아 준 세 사람의 하녀(下女)에게 팔백(八百)이 목욕한 술에 목욕을 시켰더니 이내 모두 젊어지고 얼굴빛도 아름다워졌다. 이리하여 단경(丹經)[4] 한 권을 공방(公昉)에게 주었다.

공방(公昉)은 운태산(雲台山)[5]에 들어가 약을 만들어 먹고 선인(仙人)이 되었다.

註
1) 蜀 : 사천성(四川省)의 땅.
2) 漢中 : 섬서성(陝西省) 남정현(南鄭縣).
3) 唐公昉氏 :《진선통감(眞仙通鑑)》에 의하면 당공방(唐公昉)은 흥원부(興元府) 사람이다. 이팔백(李八百)의 선주(仙酒)를 마시고 뒤에 날아 올라갔다. 지금 두산관(斗山觀)이 있는데 이것이 그 유적(遺跡)이라고 했다.
4) 丹經 : 선단(仙丹) 만드는 법을 기록한 책.
5) 雲台山 : 사천성(四川省) 창계현(倉溪縣). 장도릉(張道陵)이 선도(仙道)를 배웠다는 산.

李 阿

이아(李阿)는 촉(蜀) 사람. 대대(代代)로 모습을 보여서 나이를 먹지 않았다. 언제나 성도(成都)[1] 시장에서 물건을 구걸해서 얻은 물건을 모두 가난한 사람에게 나누어 주고 있었다. 그리고 밤에는 모습을 감추었다가 아침이면 돌아왔다. 시중(市中) 사람들은 누구 한 사람 그가 살고 있는 곳을 아는 자는 없었다.

이아(李阿)에게 가서 무슨 일을 물어도 아무 말도 하지 않았다. 오직 이아(李阿)의 안색

李 阿

(顏色)을 살펴보아서 몹시 유쾌(愉快)한 표정을 하고 있으면 자기가 알려고 한 일은 모두 길(吉)하고, 만일 어두운 표정을 하고 있으면 모두 흉(凶)하고, 만일 빙글빙글 웃고 있으면 몹시 반가운 일이 있었다. 그와 반대로 혹시 탄식을 하고 있는 때는 큰 걱정거리가 생기는 것이었다. 이와 같은 요령(要領)으로 그를 찾으면 대개의 일을 알게 되었다.

고강(古强)이라는 사람이 있었다. 이아(李阿)가 비범(非凡)한 사람일 것이라고 생각하여 항상 그의 신변(身邊) 가까이에 붙어 있다가 어느 날 집으로 돌아가는 이아(李阿)의 뒤를 따라가 보니 그가 머무는 곳은 청성산(靑城山)² 산 속이었다.

고강(古强)은 그 뒤에도 또 이아(李阿)의 뒤를 따라가 보리라고 생각했으나 자기는 아직 방술(方術)을 터득하지 못했기 때문에 범이나 이리를 만날까 봐 두려워서 아무도 모르게 자기 아버지의 큰 칼을 가지고 갔다. 그러나 이아(李阿)는 이것을 보고 고강(古强)을 꾸짖었다.

"너는 나를 따라오면서 어찌해서 범을 두려워하느냐."
하고 칼을 빼앗아 돌을 치니 칼은 부러져 부숴졌다. 고강(古强)은 칼이 부러진 것을 걱정하여 아침이 되자 이아(李阿)를 따라서 나왔다. 이아(李阿)가,

"너는 칼이 부러진 것을 걱정하고 있는 것이 아니냐?"
하고 묻자, 고강(古强)은 아버지에게 꾸중들을 것을 걱정하고 있다고 대답했다. 이에 이아(李阿)가 칼을 쥐고 왼손으로 땅을 치자 칼은 다시 본래의 모양으로 되었다.

고강(古强)은 이아(李阿)를 따라서 성도(成都)로 돌아왔다. 오는 도중(途中)에 사납게 달리는 수레에 치어서 이아(李阿)는 두 다리가 부러져 그 자리에서 즉사(卽死)했다. 고강(古强)은 두려운 생각이 나서 시체를 지키고 있었는데 이아(李阿)는 얼마 안 되어 일어나서 손으로 다리를 문지르자 다시 평상(平常)대로 돌아왔다.

고강(古强)은 당시 18세, 이아(李阿)는 50세쯤으로 보였다. 그 후에 고강(古强)이 80여 세가 되었는데도 이아(李阿)는 하나도 변함이 없었다. 그 후에 곤륜산(崑崙山)에서 부름을 받았으므로 가지 않으면 안 된다 하고 그대로 돌아오지 않았다.³

註─────
1) 成都 : 사천성(四川省) 성도현(成都縣).
2) 靑城山 : 사천성(四川省) 관현(灌縣) 서남쪽에 있는 산으로서, 도교(道敎)에서는 제오동천(第五洞天)으로 꼽히고 도사(道士) 장도릉(張道陵)도 이 산에서 수행(修行)했다고 전해진다.
3) 돌아오지 않았다 : 《진선통감(眞仙通鑑)》에 의하면 옛날 이아진인(李阿眞人)이 여기에서 수련(修鍊)했고 그 뒤에 촉주(蜀州) 신진(新津)에서 상승(上昇)했다고 했다.

암여우도 손을 든 방중약(房中藥)──방중명약(房中名藥)

과거에 급제한 어떤 사나이가 잘못 암여우에게 홀려 허구한 날 교정(交情)한 끝에 점점 여위어 갔다. 그는 암여우를 쫓으려고 부적을 써 보기도 하고 주술(呪術)을 하기도 했으나 효과가 없었다.

고향으로 도망치면 괜찮을 것으로 생각한 그는 벼슬을 내놓고 귀향길에 올랐으나 암여우는 계속해서 따라왔다. 쫓을 방법이 없는 선비는 실로 난감했다.

그러던 중, 선비가 어느 동네에 이르자 방울을 울리며 걸어가는 약장수가 있었다. 선비가 그를 불러 놓고 물어 보니 약장수는 여우를 퇴치할 수 있다며 곧 약을 지어 주었는데 그 약이 방중약이었다.

"이 약을 먹고 곧 암여우와 잠자리에 들도록 하시오."

약장수가 말했다. 선비는 겁이 났지만 그가 시키는 대로 하자, 효과는 만점이었다. 내로라 하는 암여우도 그만 입을 벌리고,

"그만, 그만, ……그만하세요."

라며 울기 시작했다. 됐다고 생각한 선비는 못 들은 척하고 점점 더 비술(秘術)을 구사하면서 진격했다. 암여우는 몸을 빼어 도망치려고 했지만 도망치지 못했다. 그러기를 한참 만에 암여우는 지쳤는지 꼼짝 않고 있었다. 자세히 살펴보니 암여우는 죽어 있었다.

《요재지이(聊齋志異)》 권 2, 복호(伏狐)에 있는 이야기이다.

3
소나무 열매와 松柏나무의 진

河上公/劉　根
李仲甫/李意期/王　興
趙　瞿/王　遙/李常在

　어느날 밤 잠자고 있는데, 갑자기 거울 같은 빛이 보였다. 옆의 사람에게 물어 봐도 자기들은 그런 빛이 보이지 않는다고 한다. 그 후 어느날 방안의 구석도 없이 밝아지고, 밤에도 글씨를 쓸 수가 있었다. 다시 얼굴 앞에 두 사람이 나타났다. 3척(尺)쯤 되는 미녀(美女)였다……이렇게 인간계에 있기를 3백여 년, 얼굴빛은 항상 동자(童子)와 같았으나, 그 후 산에 들어간 채 행방을 알 수 없었다.

河上公

하상공(河上公)은 그의 성(姓)도 자(字)도 알려지지 않았다. 한(漢)의 문제(文帝)[1] 때 하상공(河上公)은 황하(黃河) 기슭에 초암(草庵)을 짓고 살았다. 문제(文帝)가 《노자경(老子經)》을 애독(愛讀)하여 왕족(王族)이나 여러 대신(大臣)들에게 명하여 모두 이것을 읽게 했으나 풀지 못할 점이 여러 가지 있어 당시 이것을 설명(說明)할 수 있는 자가 하나도 없었다. 그러나 하상공(河上公)이 《노자경(老子經)》의 뜻을 잘 해석한다는 평판(評判)을 들은 황제(黃帝)는 사자(使者)를 보내어 해결하지 못한 점에 대해서 질문했다. 그러나 하상공(河上公)은,

"도덕(道德)이란 고귀(高貴)한 것입니다. 원방(遠方)에서 질문할 것이 아닙니다."

했다. 이에 제(帝)는 초암(草庵)에 거동하여 스스로 물어보게 되었다.

"온 하늘 아래가 왕의 땅이 아닌 것이 없고 온 나라 땅이 왕의 신하 아닌 자가 없다.[2] 그 영역(領域) 안에서 네 가지 큰 것 중에 제왕(帝王)이 그 하나로 꼽힌다. 그대는 도(道)가 있는 사람이라고 말은 해도 역시 짐(朕)의 백성임에 틀림없다. 그런데 몸을 굽히지도 않으니 무슨 방자한 짓이냐?"

이 말을 듣고 하상공(河上公)은 손을 두드리더니 앉은 채로 뛰어서 서서(徐徐)히 허공(虛空)으로 올라갔다. 지상(地上)에서 두

어 길이나 되는 곳에서 아래를 내려다보면서 대답했다.
"어리석은 늙은이는 위로는 하늘에 닿지도 못하고, 가운데로는 사람들과 섞이지도 못하고, 아래로는 땅에서 살지도 못하는 몸이오니 신민(臣民)이 될 수도 없습니다."
이에 제(帝)는 수레에서 내려 예(禮)를 하고 말했다.
"짐(朕)은 부덕(不德)하지만 조종(祖宗)의 제업(帝業)을 계승(繼承)하고 있다. 재주는 없고 책임은 무거우니 그 견디지 못함을 근심하는 터이다. 정치는 서투르지만 마음으로는 도(道)를 존경하고 있다. 다만 우매(愚昧)하기 때문에 터득하지 못하는 것이 많다. 바라건대 귀공(貴公)의 교시(敎示)를 얻고 싶다."
이에 하상공(河上公)은 제(帝)에게《소서(素書)》[3] 두 권을 주었다.
"이것을 잘 연구하시면 경(經)의 의문도 모두 풀 수 있을 것이니 많은 말이 필요 없습니다. 이 우로(愚老)가 이 경(經)을 주해(注解)하기 시작하여 이제 1천7백여 년이 되었는데 그 동안 대체로 세 사람에게 전수(傳授)했으니 폐하(陛下)까지 네 사람이 되는 셈입니다. 아무에게나 보여서는 안 됩니다."
하더니 금시에 모습이 사라지면서 운무(雲霧)가 자욱하고 어둡게 천지(天地)가 마주 붙는다. 제(帝)는 몹시 이것을 귀(貴)하게 여겼다.
문제(文帝)는 노자(老子)의 말을 좋아했지만 세상 사람은 그 모든 것을 다 통할 수는 없는 것이었다. 그러기에 신인(神人)이 특별히 내려와서 가르쳐 준 것이었으나 문제(文帝)가 마음 속으로 믿지 않을까 두려워서 일부러 신변(神變)을 보인 것이라고 말하는 자도 있었다. 이른바,
"성인(聖人)은 상심(常心)이 없고 백성의 마음을 마음으로 한다."

는 것이 아니겠는가?

註
1) 文帝 : 경제(景帝)로 나온 곳도 있다.
2) 온 하늘… : 천하 모두가 왕토(王土) 왕신(王臣)이라는 뜻.
3) 素書 : 황석공(黃石公)이 지었다고 전해지는 도덕(道德)과 인의(仁義)에 대하여 말한 것.

국화수(菊花水)는 장수약(長壽藥)——국화(菊花)

하남성(河南省) 역현(驛縣)의 산 속에 골짜기가 있고, 이 골짜기에는 언제나 물이 흐르고 있는데 그 물은 굉장히 달았다. 골짜기 상류 양 기슭에는 감국(甘菊)이 나 있었는데 예로부터 그 꽃이 골짜기의 물 속에 떨어졌으므로 어느 사이엔가 그 물이 달게 되었다는 것이다.

이 골짜기 근방에 살고 있던 사람들은 이 물을 마시거나, 이 물을 떠다가 밥을 지어 먹었는데 모두 장수했다. 그들은 일찍 죽는 사람이 80~90세요, 장수하는 사람은 140~150세를 살았다. 그 이유를 조사해 보니 젊어서 죽지 않는 것은 국화수 덕택이었다는 것이다. 이 사실을 알게 된 하남성 장관들은 하나같이 휘하 관원들에게 명하여 매월 이 골짜기 물을 40석(石)씩 길어오게 했고 그것을 마셨다. 그로 인하여 하남성 장관이 된 사람들은 감기조차 앓는 사람이 없었다. 그러나 그 골짜기 근방에 사는 사람들처럼 장수하지는 못했다고 한다.

《포박자(抱朴子)》 권11에 있는 이야기이다. 국화는 한방약의 일종인데, 특히 재미있는 것은 요곡(謠曲) 《침자동(枕慈童)》(觀世式으로는 《菊慈童》)의 줄거리가 이 이야기를 제재(題材)로 삼고 있다는 점이다. 그 줄거리를 보면 위(魏)나라 문제(文帝)의 명령으로 골짜기 상류를 찾아나서는 것으로 되어 있다. 한편 국화주(菊花酒)를 마시며 장수하기를 바라는 것은 이 이야기에서 근거한다.

劉 根

　유근(劉根)의 자(字)는 군안(君安)으로 경조(京兆) 땅 장안(長安)[1] 사람이다. 젊었을 때 오경(五經)[2]에 정통(精通)하고, 한(漢)의 효성제(孝成帝) 수화(綏和) 2년[3]에 효렴(孝廉)에 뽑히고, 낭중(郎中)에 임명되었으나 뒤에 세상을 버리고 선도(仙道)를 배워 숭고산(嵩高山)[4]에 숨었다. 이곳은 험한 단애 절벽(斷崖絕壁)의 위여서 바로 아래로 5천여 길을 내려다 보는 곳이었다.
　여름이나 겨울에도 옷을 입지 않고, 몸의 털이 길어서 1, 2척이나 되었다. 안색(顏色)은 14, 5세의 사람과 같았으나 눈은 깊게 패이고, 짙은 수염은 모두 누른빛으로 길이가 3, 4치(寸)나 되었다. 같이 앉아 있노라면 때로는 갑자기 높은 관(冠)에 검은 옷을 입은 모양으로 변하는 수가 있어서 언제 옷을 갈아 입었는지 아무도 눈치채지 못했다.
　태수(太守)인 형씨(衡氏)[5]가 스스로 말한 바에 의하면, 그 선조(先祖)로서 유근(劉根)과 같은 나이였던 사람이 왕망(王莽)[6]의 때에 자주 사자(使者)를 보내어 유근(劉根)을 부르려 했으나 유근(劉根)은 절대로 가려고 하지 않았다. 형씨(衡氏)가 관청의 속관(屬官)인 왕진(王珍)이란 자를 보내어 기거(起居)를 물었을 때도, 유근(劉根)은 회답을 하지 않았다.
　이에 다시 관청의 총무부장(總務部長) 조공(趙公)을 산에 보내어 경의(敬意)를 표했다. 이 때도 유근(劉根)은 오직 태수(太守)

에게 잘 부탁한다고 말했을 뿐, 딴 말은 아무 말도 하지 않았다.

뒤에 영천(領川)의 태수(太守) 고씨(高氏)가 부임(赴任)해 왔다. 군내(郡內)에 역질(疫疾)이 번져서 주민(住民)의 절반이 죽어갔다. 태수(太守)의 집에서도 가족이 모두 병에 걸렸다. 이에 고씨(高氏)는 또 왕진(王珍)을 유근(劉根)에게 보내어 역질을 물리칠 법을 가르쳐달라고 부탁했다. 이 때 왕진(王珍)은 머리를 조아리고 장관(長官)의 말을 전하자 유근(劉根)은 아래와 같이 말했다.

"태세(太歲)7)의 방위(方位)에 해당하는 장소를 석 자 깊이로 파고 여기에 모래를 채우고 거기에 술을 붓는 것이 좋다."

고씨(高氏)가 그 말대로 해보았더니 환자(患者)는 모두 완쾌(完快)되어 드디어 역질(疫疾)도 없어졌다. 이 방법은 언제나 써도 효과(效果)가 있었다.

그 뒤에 태수(太守) 장씨(張氏)8)가 유근(劉根)을 요인(妖人)9)으로 보고 관리(官吏)를 보내어 유근(劉根)을 불러다가 이를 처형(處刑)하게 했다. 관청 안 사람들이 일제히 태수(太守)에게 간(諫)했으나 태수(太守)는 이를 받아들이지 않았다. 이에 관리들은 그 정보(情報)를 유근(劉根)에게 알려 도망가라고 했다. 그러나 유근(劉根)은 이를 듣지 않고 태수(太守)의 사자(使者)가 와서 나오기를 요구하자 유근(劉根)은 이렇게 말했다.

"장태수(張太守)는 나를 어찌하려고 부르는 것인가? 곧 가서 뵙겠네. 만일 내가 나가지 않으면 나를 불러오지 못했다 해서 그대들이 꾸지람을 들을 것이 아닌가?"

이렇게 하여 당일 유근(劉根)은 관청에 나갔다. 그 때에 마침 사람들이 자리에 가득했다. 태수(太守)는 50여 명의 사람에게 무기(武器)와 포승(捕繩)을 가지고 서 있게 했다. 유근(劉根)은 태연한 얼굴이었다. 태수(太守)는 사나운 소리로 유근(劉根)에게 물었다.
 "그대는 어떠한 도술(道術)을 터득했는가? 귀신을 불러올 수 있는가?"
 "불러올 수 있고말고요."
 "할 수 있다면 즉시 귀신을 잡아 가지고 관청으로 데리고 오도록 하라. 그렇지 못하면 그대는 주륙(誅戮)을 받을 것이다."
 여기에서 유근(劉根)은,
 "귀신을 불러오는 것은 아주 쉬운 일입니다."
하고 필연(筆硯)을 가져오게 해서 한 통의 주문(呪文)을 썼다. 이 때 즉시 금속(金屬)을 울리는 소리가 문 밖에서 들리는데 그 소리는 몹시 청징(淸澄)해서 듣는 사람들이 모두 숙연(肅然)해지고 손님들도 몸을 떨고 있다. 조금 있자니 대청 남쪽 벽이 갑자기 두어 길이나 열리면서, 갑주(甲冑) 차림의 병사(兵士) 4, 5백 명이 나타나서 적의(赤衣)의 군사 수십 명을 불러내어 칼을 들고 한 채의 수레를 끌고 깨진 벽으로 쑥 들어오더니 벽은 전 모양으로 회복되었다.
 유근(劉根)이 수레 위에 있는 귀신들에게 명령을 내리자 적의(赤衣)의 군사들은 수레를 덮었던 것을 열었다. 거기에는 노옹(老翁)과 노파(老婆)가 노끈으로 손을 뒤로 묶인 채 대청 앞에 머리를 내밀었다. 태수(太守)가 자세히 보니 그것은 태수의 죽은 부모였다. 태수는 놀라서 눈물을 흘리고 어쩔 줄을 몰랐다. 이윽고 그 노인들은 태수(太守)를 꾸짖었다.
 "내가 살아있는 동안 너는 아직 관청의 직위도 오르지 않아서 너의 봉록(俸祿)으로는 효량(孝養)을 다하지도 못한 채 나는 죽었다. 그런데 너는 무슨 까닭으로 존귀(尊貴)하신 신선의 노여움을 사서 우리를 잡아다가 이렇게 괴로움을 주게 하느냐? 너는 무슨 낯으로 세상에 서려느냐?"

이에 태수(太守)는 뜰에서 내려가 유근(劉根)에게 머리를 조아리면서 자기의 잘못을 인정하고 제발 고인(故人)들을 석방해달라고 간청했다. 유근(劉根)은 5백 명의 군사에게 명하여 잡아온 사람을 놓아 보냈다. 수레가 나가자 남쪽 벽이 열렸고 뒤따라가는 수레가 모두 나가자 벽은 전 모양으로 되돌아왔다. 이윽고 수레가 보이지 않게 되자 유근(劉根)의 모습도 사라졌다.

태수(太守)는 멍하니 넋이 나간 것 같아 어쩐지 제정신이 아니었다. 그 아내는 금시에 실신(失神)했다가 잠시 후에 의식(意識)을 되찾았으나,

"먼저 잡혀온 분을 만났더니 몹시 성을 내면서, 너는 어찌해서 높으신 신선의 화를 내게 하여 우리를 잡아 오게 했느냐. 장차 너를 죽이러 갈 것이라고 하셨다."

고 중얼거리고 있었다. 그 후 1개월 쯤되어 태수(太守)의 내외와 그 아들까지 모두 죽었다.

관청의 속관(屬官)인 왕진(王珍)은 몇 번이나 유근(劉根)을 만났는데, 그가 기분(氣分)이 좋을 때를 타서 엎드려 머리를 조아리고, 유근(劉根)이 선도(仙道)를 배운 내력을 알고 싶다고 부탁하자 그는 다음과 같이 말하는 것이었다.

"나는 옛날에 산 속에 숨어서 여러 가지로 생각을 한 사람이다. 그 뒤에 화음산(華陰山)[10]에 갔을 때 백록(白鹿)의 수레를 탄 사람을 만났다. 그는 10여 인의 종자(從者)와 좌우에 옥녀(玉女)[11]가 4인, 손에는 털로 만든 의장(儀仗)을 가지고 있는데 어느 사람이나 모두 나이는 15, 6세였다. 이에 나는 머리를 조아리면서 한 말씀을 해달라고 청했다. 그러나 그 신인(神人)은 나에게 이렇게 말했다. '너는 한중(韓衆)[12]이라는 사람이 있는 것을 아느냐?' 이에 나는, '그런 분이 있다는 것은 확실히 들었습니다.' 하고 대답했더니 그 신인(神人)은, '그 사람이 바로 나

다.'라고 말했다. 그래서 나는 내 몸에 대한 것을 말했다.

'저는 젊어서부터 도(道)를 좋아하고 있었으나 아직 좋은 스승을 만나지 못했습니다. 방술(方術)의 책도 제법 공부하면서 그 글과 같이 시험도 해보았으나 거의 효험이 없었습니다. 이로 보면 나에게는 선인(仙人)이 될 운명(運命)이 없는 것인지도 모르겠습니다. 그러다가 오늘 다행히도 귀하(貴下)를 만나게 된 것은 그야말로 내가 꿈에도 항상 숙원(宿願)하던 바입니다. 원컨대 불쌍히 여기시어 그 요결(要訣)을 가르쳐 주십시오.' 하고 청했지만, 신인(神人)은 가르쳐 주려고 하지 않았다.

이에 나는 눈물을 흘리고 머리를 조아리면서 거듭 간청했다. 이 때 신인(神人)이 말했다. '자! 거기 앉으라. 이제부터 너에게 말해 주리라. 너에게는 선골(仙骨)이 있기 때문에 나를 만나게 된 것이다. 지금의 너는 골(髓)도 충분하지 못하고 피도 따뜻하지 못하고 정기(精氣)도 부족하고 근육(筋肉)도 쇠약해 있다. 그러니 약을 먹고 기(氣)를 행해도 효과가 없다. 기어이 장생(長生)하려고 하면 무엇보다도 병을 고쳐야 한다. 12년쯤 되면 선약(仙藥)을 먹어도 좋을 것이다. 대체로 선도(仙道)에는 하늘에 오르고 구름을 밟는 것도 있지만 오악(五嶽)을 유행(遊行)하는 것도 있다. 복식(服食)하여 죽지 않는 것도 있지만 시해(屍解)[13]하여 신선이 되는 것도 있다.

대체로 선도(仙道)를 닦는 데에는 요컨대 복약(服藥)에 있다. 약에도 상하(上下)가 있고 선(仙)에도 두어 가지 단계(段階)가 있다. 방중(房中)[14]의 일 및 행기(行氣)·도인(導引)·신약(神藥)을 모르고서는 선인(仙人)이 될 수 없다. 약의 상(上)에는 구전환단(九轉還丹)[15]과 태을금액(太乙金液)[16]이 있다. 이것을 먹으면 시간이 걸리지 않고 모두 그 자리에서 일어나 승천(昇天)한다. 그리고 그 다음으로는 운모(雲母)·유황

(硫黃) 따위가 있다. 즉시 구름에 뜨고 용을 타는 것까지는 되지 못하더라도 귀신을 부리고 변화 장생(長生)하는 것은 될 수 있을 것이다. 또 그 다음으로는 초목(草木)의 모든 약으로 백병(百病)을 잘 다스려서 정기(精氣)를 보충하여 젊음을 보존하고, 오곡(五穀)을 끊고 정기(精氣)를 더할 수가 있다. 그러나 사람을 죽지 않게 할 수는 없다. 상(上)인 경우에는 수백 세를 살 수가 있고 하(下)가 되어도 주어진 천수(天壽)는 누릴 수가 있지만 언제까지나 그것에 의뢰하고 있을 것은 아니다.' 했다.

나는 머리를 조아리고 '오늘 가르침을 받게 된 것은 그야말로 천명(天命)이라고 생각합니다.' 하자 신인(神人)은, 장생(長生)하려고 하면 우선 삼시(三尸)[17]를 버릴 것이니 삼시(三尸)가 가버리면 의지(意志)가 정해지고 기욕(嗜慾)도 없어질 것이라고 하며 신방(神方) 오편(五偏)[18]을 주었다.

그리고 말하기를 '몸 속에 숨어 있는 삼시(三尸)가 항상 매월 15일과 초하루, 그믐날에 하늘로 올라가 인간(人間)의 죄과(罪過)를 말하면 사명신(司命神)[19]이 그 사람의 수명(壽命)을 빼앗아 장수(長壽)할 수 없게 한다. 인신(人身) 속의 신(神)은 사람을 살리려 하지만 삼시(三尸)는 사람이 죽는 것을 좋아한다. 사람이 죽으면 신(神)은 흩어져서 무형(無形) 속의 귀신이 된다. 여기에 제사를 지내면 향응(饗應)을 누릴 수가 있기 때문에 사람의 죽음을 원하는 것이다. 꿈 속에 악인(惡人)과 싸우는 것은 그야말로 삼시(三尸)와 신(神)이 서로 싸우는 것이다.' 했다.

이에 나는 그 말을 좇아서 약을 지어서 먹고 드디어 선인(仙人)이 될 수 있었던 것이다."

왕진(王珍)이 또 매양 본 것으로는 유근(劉根)이 영부(靈符)를 다 쓰고 나서 어떤 사람을 불러내면 그 사람은 그것을 받아 가졌다. 혹은 유근(劉根)이 질문(質問)하면, 어떤 자가 응답(應答)하거나 또는 매 때리는 소리가 나거나, 이 소리가 가끔 귀에 들리기는 해도 그 모습은 전혀 보이지 않고 또는 땅 위에 때때로 피 흔적이 있기도 해서 전혀 짐작도 되지 않는 일이 많았다.

유근(劉根)은 왕진(王珍)에게 정신통일(精神統一)과 행기(行氣)에 의하여 몸 안의 신(神)을 안정시키는 방법이나 삼강 육기(三綱六紀)[20]를 지키고 죄과(罪過)를 사과하여 상천(上天)에 이름을 고하는 법[21]을 가르쳤다. 유근(劉根)은 그 뒤에 계두산(鷄頭山)[22]에 들어가서 선인(仙人)이 되었다.

註)

1) 長安 : 서안시(西安市)의 옛 이름.
2) 五經 : 왕원(王遠)의 주(註)에 나왔음.
3) 綏和 2년 : 성제(成帝)의 말년(末年).
4) 崇高山 : 숭산(崇山)과 같음. 하남성(河南省) 등봉현(登封縣).
5) 衡氏 : 未詳.
6) 王莽 : 전한(前漢)의 평제(平帝) 말년부터 권세를 떨치고 드디어 제위(帝位)를 빼앗고 국호(國號)를 신(新)이라고 했다.
7) 太歲 : 목성(木星). 12년 만에 하늘을 일주(一周)한다. 뒤에는 술수가(術數家)에 의하여 흉성(凶星)이라고 생각하게 되었다.
8) 張氏 : 《후한서(後漢書)》에서는 태수(太守) 사기(史祈)라 하여 같이 유근(劉根)을 환문(煥問)한 일을 전하고 있다.
9) 妖人 : 위법(違法)의 요술(妖術)을 행해서 사람을 의혹시키는 사람.
10) 華陰山 : 화산(華山). 섬서성(陝西省) 화음현(華陰縣)에 있는 산.
11) 玉女 : 선녀(仙女) · 신녀(神女)를 말함.
12) 韓衆 : 한주(韓州) 덕양현(德陽縣) 사람으로 천진황인(天眞黃人)에게 도(道)를 배워 금서옥자(金書玉字)를 받아 백일 승천(白日昇天)했다고 한다.
13) 屍解 : 왕원(王遠)의 주(註)에 나와 있음.
14) 房中 : 남녀 교접(交接)의 양생법(養生法). 방중술(房中術).

15) 九轉還丹 : 단사(丹砂)를 정련(精鍊)해서 얻은 구단(九丹) 중의 일종.
16) 太乙金液 : 황금(黃金)을 딴 약물(藥物)과 합하여 액화(液化)한 것.
17) 三尸 : 삼시충(三尸虫). 도가(道家)에서 이르는 사람의 뱃속에 있는 세 마리의 벌레. 경신(庚申)날 밤에 나와서 사람의 음사(陰事)를 천제(天帝)에게 고발한다고 함.
18) 神方五偏 : 삼시구제(三尸驅除)에 대한 것을 쓴 약방(藥方)의 책.
19) 司命神 : 사람의 수명(壽命)의 증감(增減)을 맡은 신(神).
20) 三綱六紀 : 육기(六紀)는 제부(諸父)·형제(兄弟)·족인(族人)·제구(諸舅)·사장(師長)·붕우(朋友) 사이의 도덕률(道德律)을 말함.
21) 罪過… : 자기의 죄과(罪過)를 손으로 써서 천지수(天地水)의 세 관원에게 바쳐서 사죄(赦罪)를 비는 의식(儀式).
22) 鷄頭山 : 하남성(河南省) 신양현(信陽縣) 남쪽의 계족산(鷄足山).

李仲甫

　　이중보(李仲甫)는 풍읍(豊邑)¹⁾ 중익리(中益里)²⁾ 사람이다. 젊었을 때 왕군(王君)³⁾에게 나가서 도(道)를 배워서 수단(水丹)을 먹고 효과가 있었고 겸해서 둔갑(遁甲)⁴⁾을 행하여 보결은형(步訣隱形)⁵⁾에도 능했다. 처음에는 백일 동안쯤 모습을 감추고 1년 동안은 모습을 나타내고 있었으나 후에는 계속해서 모습을 감춘 그대로였다. 소리만은 들려 사람과 대화(對話)하고 음식도 평상시(平常時) 그대로였지만 다만 형체만이 보이지 않는 것이었다.
　　장(張)이라는 성(姓)의 서생(書生)이 있어 제자가 되어 은형술(隱形術)을 배웠다. 중보(仲甫)는,
　　"그대는 성질이 급해서 가르쳐 주어도 잘 되지 않을 것이다."
했으나, 장(張)은 끝까지 버티면서 수십만 금(金)을 써서 주식(酒食)을 바쳤으나 아무런 얻는 것이 없었다. 장(張)은 그것을 마음 속에 품고 비수(匕首)를 품속에 간직하고 나갔다. 우선 중보(仲甫)와 이야기를 해서 그 소리가 나는 곳을 찾아서 뛰어들어 비수(匕首)를 빼가지고 우(右)로 좌(左)로 휘둘렀다. 그러나 중보(仲甫)는 의젓이 책상 앞에 앉아 웃으면서,
　　"세상에는 그대와 같은 바보도 있는가? 수행(修行)을 하다가 성공하지 못했다 해서 사람을 죽이려 하다니? 나를 어떻게 죽인단 말인가. 나는 죽이려고만 하면 확실히 그대를 죽일 수가 있다. 그러나 책망할 가치도 없는 그대를 그대로 용서해 주겠다."

하고, 개 한 마리를 데려오게 하여 서생(書生)의 앞에 앉히게 했다.

"내가 개를 죽일 수 있는지 없는지를 잘 보고 있으라."

하더니, 개는 거기에 오자마자 머리를 땅에 떨어뜨리고 배가 찢어져 있었다. 이에 서생(書生)을 꾸짖어,

"나는 그대를 이 개와 같이 할 수도 있다."

서생(書生)은 땅에 머리를 조아릴 뿐이었다. 이리하여 결국 서생(書生)을 용서해 주었다.

중보(仲甫)와 잘 아는 사람이 5백여 리나 떨어진 곳에 살고 있는데, 언제나 새그물을 쳐서 벌이를 하고 있었다. 어느 날 아침 그물을 치고 한 마리의 새를 잡았다. 그런데 자세히 보니 그것은 중보(仲甫)였다. 인사를 하고 헤어졌는데 중보(仲甫)는 그 날 이미 집에 돌아가 있었다.

인간계(人間界)에 살기를 3백여 년, 뒤에 서악산(西嶽山)[6]에 들어간 채 다시 돌아오지 않았다.

註

1) 豊邑 : 한(漢)의 풍현(豊縣). 강소(江蘇) 서주(徐州)의 땅.
2) 中益里 : 풍현(豊縣) 안에 있는 지명(地名)인 듯.
3) 王君 : 청허진인(淸虛眞人) 왕포(王褒)를 말하는 것인지 미상.
4) 遁甲 : 한대(漢代) 방술(方術)의 한 가지로 기문둔갑(奇門遁甲)이라고도 한다.
5) 步訣隱形 : 우보(禹步)를 밟고 주문(呪文)을 외워 형체를 숨기는 법.
6) 西嶽山 : 서악(西嶽) 화산(華山)을 말함.

李意期

　　이의기(李意期)는 본래 촉(蜀) 사람이었는데 대대(代代)로 그 모습을 나타냈다. 한(漢)나라 문제(文帝) 때의 사람으로 처자(妻子)는 없었다. 먼 지방에 나와서 빨리 목적지(目的地)에 도착하고 싶어하는 자가 있으면, 의기(意期)는 그 사람에게 호부(護符)를 써서 주고 또 양쪽 겨드랑이 아래에 붉은 글씨를 써 주면 천리 길도 그 날로 왕복할 수가 있었다.

　　사방의 국토(國土)에 대한 일이나 궁전(宮殿)과 시가(市街)에 대한 일에 대해서 이야기한 적이 있었는데 그것은 아무도 견문(見聞)한 일이 없는 것이어서 설명(說明)할 수가 없다. 이 때 의기(意期)는 흙을 움켜 그 형상을 만들었다. 아주 조금이지만 그 안에 있는 물건은 말한 그대로여서 모두 금시에 사라졌다.

　　어디로 가는 것인지 방향도 알 수 없는데 1년쯤 되면 돌아왔다. 이렇게 걸식(乞食)해서 물건을 얻으면 즉시 가난한 사람에게 나누어 주었다. 도성(都城) 한 모퉁이에 토굴(土窟)을 파고 살면서, 여름이나 겨울 할 것 없이 항상 홑옷 한 장뿐이었다. 술을 조금 마시고 건육(乾肉)과 대추·밤 따위를 먹고 있었다.

　　유현덕(劉玄德)[1]이 오(吳)나라를 치려고 할 때 관우(關羽)[2]의 죽음을 알려왔다. 이에 사자(使者)가 의기(意期)를 맞으러 왔다. 의기(意期)가 도착하자 몹시 정중(鄭重)하게 대접하면서 오(吳)나라 토벌(討伐)에 대한 길흉(吉凶)에 대하여 물었다. 그러나 의기

(意期)는 물음에는 대답하지 않고 종이를 달라 해서 거기에 병마(兵馬)와 무기(武器) 십수만 개를 그리더니 그것을 한 장 한 장 집어서 찢었다. 그러고 나서 혀를 차더니 이번에는 한 사람의 큰 인물(人物)을 그리더니 땅을 파고 그것을 묻어버리고는 휑하니 돌아가 버렸다.

유비(劉備)는 기분이 몹시 나빴으나 과연 그 싸움에서 오(吳)나라 군사에게 패해 10여 만의 군세(軍勢) 중에 겨우 수백 명밖에 돌아올 수가 없었고 무기(武器)와 병량(兵糧)도 거의 다 없어졌다. 현덕(玄德)은 몹시 노하여 영안궁(永安宮)[3]에서 죽었다.

의기(意期)는 몹시 말이 적어 누가 질문(質問)을 해도 대개는 대답을 하지 않았다. 촉(蜀)나라 사람은 무엇이나 걱정거리가 있으면 가서 물었지만 길흉(吉凶) 간에 결정된 증거가 있으면 그 안색(顏色)으로 이것을 판단하여 만일 유쾌스러운 빛이면 선(善), 슬픈 빛이면 악(惡)이었디.

뒤에 낭야(琅琊)의 산 속으로 들어간 채 한 번도 모습을 나타내는 일이 없었다.

註

1) 劉玄德 : 삼국 시대(三國時代) 촉(蜀)의 선주(先主) 유비(劉備). 현덕(玄德)은 그의 자(字).
2) 關羽 : 촉(蜀)의 장군 관운장(關雲長). 형주(荊州)를 지키고 있을 때 오(吳)나라 손권(孫權)이 여몽(呂蒙)을 시켜 형주를 습격하여 관우(關羽)를 죽였다.
3) 永安宮 : 사천성(四川省) 제성현(諸城縣) 동남쪽의 산. 진시황(秦始皇)과 한무제(漢武帝)가 동순(東巡)하여 이 산에 올랐다.

王 興

　　왕흥(王興)은 양성(陽城)[1] 사람이다. 호곡(壺谷) 속에 살았는데 다만 하나의 평민(平民)이었다. 서적(書籍)도 알지 못했고 선도(仙道)를 배울 생각도 없었다.
　　한(漢)의 무제(武帝)가 숭산(嵩山)[2]에 올라 대우석실(大愚石室)[3]에 신전(神殿)을 세우고 동중서(董仲舒)[4]와 동방삭(東方朔)[5] 등에게 명하여 결재(潔齊)하고 신(神)에게 기도드리게 했다. 밤이 되자 갑자기 선인(仙人)이 나타났다. 키는 두 길이요, 귀는 머리보다 위에 나왔고 아래는 어깨에까지 늘어졌었다. 무제(武帝)가 그에게 예(禮)를 하고 묻자 선인(仙人)은 대답했다.
　　"나는 구의산(九嶷山)[6]의 신(神)이다. 중악(中嶽)의 돌 위에 있는 창포(菖浦)는 일촌 구절(一寸九節)인데 이것을 먹으면 장생(長生)할 수 있다고 해서 그것을 캐러 왔다."
　　말을 마치고 나자 갑자기 선인(仙人)의 모습이 사라졌다.
　　무제(武帝)가 시신(侍臣)을 돌아다보면서,
　　"저 사람은 도(道)를 배우고 약을 먹는 사람이 아니요, 반드시 중악(中嶽)의 신(神)이 짐(朕)에게 가르쳐 준 것임에 틀림이 없다."
　　하고 이내 창포(菖浦)를 캐어 먹었으나 2년이 지나서 무제(武帝)는 불쾌한 것을 느껴서 드디어 이를 중지했다. 당시 시종(侍從)의 관리들도 복용(服用)한 자가 많았으나 길게 계속한 자는 없었다.

그러나 왕흥(王興)만은 선인(仙人)이 무제(武帝)에게 창포(菖蒲)를 먹으라고 가르쳐 주었다는 말을 듣고 이것을 계속 캐어 먹어 드디어 장생(長生)할 수가 있었다. 가까운 이웃의 사람들은 노소(老少)가 없이 모두 대대(代代)로 그를 보았다고 말하고 있으나 언제인지 행방(行方)을 모르게 되었다.

註

1) 陽城 : 하남성(河南省) 등봉현(登封縣) 동남쪽에 양성현(陽城縣)이 있고, 또 그 동북쪽에 양성산(陽城山)이 있다.
2) 嵩山 : 하남성(河南省) 등봉현(登封縣)의 중악(中嶽) 숭산(嵩山). 무제(武帝)는 원봉(元封) 원년에 숭산(嵩山)에 올라갔었다.
3) 大愚石室 :《한서(漢書)》위소(韋昭)의 주(注)에, "숭고산(嵩高山)에 태실(太室)·소실(少室)의 산이 있고 산에 석실(石室)이 있어서 이렇게 이름 지은 것이다." 했다.
4) 董仲舒 : 무제(武帝) 때의 학자. 춘추번로(春秋繁露)를 지었다.
5) 東方朔 :《열선전(列仙傳)》에 보임.
6) 九嶷山 : 구의산(九疑山)으로도 쓴다. 호남성(湖南省) 영원현(寧遠縣) 남쪽에 있다. 옛날 순(舜)을 장사지낸 곳이라고 전해진다.

趙　瞿

　　조구(趙瞿)¹⁾의 자(字)는 자영(子榮), 상당(上黨)²⁾ 사람이다. 나병(癩病)에 걸려서 빈사(瀕死)의 중태(重態)가 되었다. 그 집 사람에게 이렇게 말한 자가 있었다.
　　"살아 있는 동안에 버리는 것이 좋겠다. 만일 집에서 죽는 날에는 자손 대대(代代)로 그 병에 걸리게 된다."
　　이에 그 집 사람은 1년 동안의 식량을 준비해 산 속으로 데리고 갔다. 그러나 범이나 이리에게 먹힐 걱정이 있으므로 밖에서 나무로 우리를 쳐서 보호했다. 조구(趙瞿)는 너무 슬프고 탄식스러워 밤낮으로 울음을 계속했다.
　　이렇게 1백여 일이 지난 어느 날 밤 언뜻 보니 석실(石室) 앞에 세 사람이 나타나더니,
　　"너는 무엇하는 놈이냐?"
하고 조구(趙瞿)에게 물었다. 이렇게 깊은 산 속은 사람이 다닐 곳이 아니니 이것은 반드시 귀신이 틀림없다고 조구(趙瞿)는 생각하고, 자기 신상(身上)의 일을 말하고 머리를 조아리면서 살려달라고 애걸했다. 그러자 그 사람들은 나무로 만든 울타리를 통과하는데 마치 구름과 같이 자유자재로 지나쳤다. 그들은 조구(趙瞿)를 보고,
　　"어떻게 해서든지 병을 고치려거든 약을 먹지 않으면 안 되는데 먹을 수가 있겠느냐?"

하고 물었다.
 "보기 흉한 모습으로 죄송합니다만, 이러한 업병(業病)에 걸려 몸은 버림을 받고 내일 죽을지 오늘 죽을지 모르는 목숨입니다. 그러하오니 비록 발을 잘리고 코를 꿰는 한이 있더라도 그것으로 살 수만 있다면 약을 먹는 것쯤이야 하지 못할 까닭이 있겠습니까."
하고 조구(趙瞿)가 대답하자, 신인(神人)은 소나무 열매와 송백 (松柏) 나무의 진을 각각 5되씩 주면서,
 "이것으로 병을 고칠 뿐만 아니라 장생(長生)도 될 것이다. 절반만 먹어도 병이 나을 것이지만 낫더라도 먹는 것을 중지해서는 안 된다."
하고 주의시켰다.
 조구(趙瞿)는 그 약을 다 먹기 전에 병이 완전히 나아서 건강하게 되었으므로 집으로 돌아왔다. 그러나 집 사람은 이것을 처음에는 유령(幽靈)으로 알았다가 자세한 말을 듣고 모두 크게 기뻐했다. 이리하여 다시 약을 먹기를 2년, 안색(顔色)도 점점 젊어지고 피부도 윤기가 나고 나는 듯이 달릴 수도 있었다. 70여 세에 꿩과 토끼 따위를 먹고 그 뼈까지 완전히 씹어먹고, 무거운 짐을 져도 절대로 피로하지 않았다.
 170세 때, 어느 날 밤 잠자고 있는데 집 틈에서 갑자기 거울 같은 빛이 보였다. 옆의 사람에게 물어 봐도 자기들은 그런 빛이 보이지 않는다고 했다. 그 후 어느 날 방안 구석구석이 밝아지고, 밤에도 글씨를 쓸 수가 있었다. 다시 얼굴 앞에 두 사람이 나타났다. 키가 3척(尺)쯤 되는 미녀(美女)였다. 모양은 단정(端正)하지만 다만 귀가 작았다. 그것이 코 위에서 노는 것이었다. 그러는 중에 두 사람의 여인은 점점 커져서 보통 사람만큼 되자 이제는 얼굴에는 나타나지 않게 되고 앞으로 나가는 것이었다. 이리하여

항상 음악소리가 들려와 몹시 유쾌했다.
 이렇게 인간계(人間界)에 있기를 3백여 년, 얼굴빛은 항상 동자(童子)와 같았으나 그 후 산[3]에 들어간 채 행방(行方)을 알 수 없었다.

註
1) 趙瞿 : 딴 글에는 구(瞿)를 적(翟)으로 쓰고 있다.
2) 上黨 : 한대(漢代)의 상당군(上黨郡), 산서성(山西省) 장치현(長治縣) 땅.
3) 山 : 《진선통감(眞仙通鑑)》에는 포독산(抱犢山)이라고 했다.

王 遙

　왕요(王遙)의 자(字)는 백요(伯遙), 파양(鄱陽)¹⁾ 사람이다. 아내는 있지만 아들은 없었다. 병 고치는 데 묘법(妙法)을 얻어서, 어떠한 병이라도 낫지 않는 자가 없었다. 그것은 신(神)을 제사지내는 것도 아니고 부수(符水)²⁾나 침(鍼)이나 약품(藥品)을 쓰는 것도 아니었다. 그 치료하는 방법은 다만 8척의 무명을 땅 위에 깔고 마시지 않고 먹지 않고 그대로 앉아 있을 뿐이었다.
　그렇게 하면 이내 병이 나아서 일어나 가는 것이었다. 마물(魔物)에 걸렸을 때에는, 왕요(王遙)가 땅 위에 감옥을 그리고 마물(魔物)을 불러내면 그것들은 모두 정체(正體)를 나타내고 감옥으로 들어가고 만다. 또 그것들이 여우나 살쾡이, 악어나 뱀 같은 것일 때에는 칼로 베어서 이것을 태워 버리면 병인(病人)은 금시에 치료가 되는 것이었다.
　왕요(王遙)는 길이 두어 치(寸)가 되는 대나무로 만든 상자를 가지고 있었다. 전(錢)이라는 성(姓)을 가진 한 제자는 수십 년 동안 왕요(王遙)가 그 상자를 여는 것을 보지 못했다. 어느 날 밤 큰 비가 내려서 천지가 캄캄하게 되었다. 왕요(王遙)는 전(錢)을 시켜 아홉 마디가 있는 지팡이로 그 상자를 들게 하고 전(錢)을 데리고 밖으로 나와서 비를 맞고 걸었다. 그러나 왕요(王遙)와 제자는 옷이 하나도 젖지 않았고 그들이 걷는 길도 지금까지 가 보지 못하던 길이었다. 그런데 두 개의 횃불이 앞에서 인도하고 갔다. 30리쯤 갔다고 생각되는데 조그만 산에 올라가 석실(石室)로 들어갔다. 방안에는 두 사람이 있었다.

왕요(王遙)가 도착하자 제자가 가지고 간 상자를 내려서 열어 보았다. 그 속에는 피리의 혀 다섯 개가 있는 피리 세 개가 있었다. 왕요(王遙)가 스스로 그 하나를 불고 두 개를 방안에 있는 두 사람에게 주어 세 사람이 앉아서 이것을 불었다. 조금 있다가 왕요(王遙)는 그들과 작별하고 세 개의 피리를 상자에 넣어 전(錢)에게 이것을 지게 했다. 방안에 있던 두 사람은 밖에까지 나와 전송하면서,

"그대는 더 일찍 오셨어야 할 것인데 왜 언제까지나 속계(俗界)에 계십니까?"

하자, 왕요(王遙)는,

"머지 않아 올 것입니다."

했다.

왕요(王遙)가 집으로 돌아온 지 1백 일쯤 되어 또 비가 내렸다. 그날 밤 왕요(王遙)는 갑자기 찬란한 옷차림을 갖추었다. 전부터 베로 짠 홑옷과 갈포(葛布)의 두건(頭巾)을 가지고 있으면서도 이제 50여 년 동안 한 번도 입어 본 일이 없었는데 그날 밤에는 이것을 모두 내다 입었다. 그 아내가,

"나를 두고 가시는 것입니까?"

하고 묻자,

"잠시 갔다 올 것이오."

했다. 이에 아내는 울음을 터뜨리고,

"조금만 더 여기 계셔 주세요."

했으나,

"금시에 돌아올 것인데."

하고는 자기 스스로 상자를 들고 나가더니 영영 돌아오지 않았다.

그 후 30여 년에 제자가 마제산(馬蹄山)³⁾ 속에서 왕요(王遙)를 만났으나 안색(顏色)이 더욱 젊어 보였다. 그는 지선(地仙)⁴⁾이었던 것이다.

註

1) 鄱陽 : 강서성(江西省) 파양현(鄱陽縣).
2) 符水 : 호부(護符)를 써서 물에 주문(呪文)을 외워 병을 고치는 방법.
3) 馬蹄山 : 강서성(江西省) 안복현(安福縣)에 있는 산.
4) 地仙 : 승천(昇天)하지 않고 불사(不死)를 얻은 선인(仙人). 천선(天仙)의 대(對).

이상한 솔방울 —— 복이(服餌), 간송(簡松)

악전(偓佺)이란 노인이 있었다. 그는 산 속에 들어가 약초를 뜯어 생계를 유지해 오고 있었다. 그런데 이 노인은 무슨 이유에서인지 보통 식사를 일체 들지 않고 솔방울만 좋아하며 그것을 상식(常食)하고 있었다. 그는 또 걷는 속도가 굉장히 빨라서 마치 나는 듯했다. 그러므로 달리는 말(馬)도 능히 따라잡을 수 있었다.

어느 때 그는 자기가 상식하고 있는 솔방울을 요황제(堯皇帝)에게 바쳤는데, 요황제는 워낙 바빠서 그것을 먹을 틈이 없었다. 그 결과 요황제는 장수할 수 없게 되었다고 한다. 그 당시 사람들로 이 노인에게 솔방울을 얻어 먹은 사람들은 모두 2백~3백 세까지 장수했었다. 그 소나무는 간송(簡松)이라고 하는 소나무였다.

《열선전(列仙傳)》 권상(卷上), 악전(偓佺)에 있는 이야기이다.

오곡(五穀)을 먹지 않고 풀이나 나무 열매를 또는 그것으로 만든 약을 먹고 마시며 장수하는 방법을 도교(道教)에서는 복식(服食), 복이(服餌)라고 한다. 이 이야기는 그 한 가지 예로써 요임금 같은 이도 그것을 먹지 않았기 때문에 장수할 수 없었다는 것을 설명하며 그 방법의 중요성을 역설하고 있다.

李常在

　　이상재(李常在)는 촉군(蜀郡)[1] 사람이다. 젊어서부터 도술(道術)을 닦았고 사람들은 선조(先祖) 대대(代代)로 그를 숭상하면서 벼슬하고 있었다. 나이를 세어 보면 4, 5백 세는 되었을 터인데 전혀 늙지도 않고 언제나 50 전후의 나이로 보였다. 병을 고치면 중병인(重病人)이라도 사흘, 경미(經微)한 자는 하루면 나았다.

　　상재(常在)는 집에 2남 1녀가 있는데 저마다 결혼(結婚)을 한 터여서 집을 떠나기로 했다. 집을 떠날 때 그 제자인 증(曾)과 공(孔)의 집에 가서 각각 한 사람의 남자를 불러냈다. 나이는 모두 17, 8세로서 두 집에서는 모두 상재(常在)가 어디로 가는지도 모르면서 곧 아들을 보내 주었다. 상재(常在)는 청죽(靑竹)의 지팡이를 두 사람에게 내주면서 이것을 그 집 식구가 언제나 잠자는 곳에 놓아 두고 이내 돌아오는데 집 사람에게 말해서는 안 된다고 가르쳐 주었다. 두 아이는 가르침을 받은 대로 지팡이를 가지고 집으로 돌아왔다. 이 때 집에서는 아이가 나가는 것을 전혀 보지 못했었는데 뒤에 각각 침상(寢床) 위에 죽어 있는 것을 발견했다. 두 집에서는 울고 슬퍼하여 그들을 가매장(假埋葬)했다.

　　그로부터 1백여 일이 되어 제자가 비현(郫縣)[2]을 지나가다가, 상재(常在)가 이 두 사람을 데리고 가는 것을 만났다. 두 아이는 그 제자와 울면서 한참 동안 이야기를 하다가 각각 편지를 부탁했다. 두 집에서 관(棺)을 열고 보니 각각 청죽(靑竹)의 지팡이뿐이었으므로 죽은 것이 아니라는 것을 알았다.

그 후 30여 년 동안 지폐산(地肺山)³⁾에 살면서 새로 아내를 맞이했다. 상재(常在)의 전처(前妻)의 아들이 아버지를 찾아 갔으나, 그보다 10일 전에 후처(後妻)에게,

"자식놈이 찾아올 것 같으니 나는 나가겠소. 아이들이 오거든 이 쪽지를 전해 주오."

했다. 아들이 도착해서 아버지의 소재(所在)를 물으므로 아내가 그 쪽지를 주자 아들은,

"아버지께서는 나를 버리고 집을 나가신 지 수십 년이어서 밤이나 낮이나 마음을 졸이고 있었습니다. 아버지께서 여기에 계시단 말을 들었기에 먼 곳에서 이렇게 온 것이지 돈이 필요한 것은 아닙니다."

하고 그대로 머물러 있기로 했다.

그러나 30일이 되어도 아버지는 돌아오지 않았다. 이에 아들은 후처(後妻)에게 거짓말을 했다.

"아버지께서 돌아오시지 않으니 나는 돌아가겠습니다."

이렇게 말하고 아들은 밖으로 나가서 짚 덤불에 숨어 있었다. 상재(常在)는 집으로 돌아오자 아내에게 말했다.

"저 자식놈은 저처럼 거짓말을 하고 있다. 돌아오거든 그대는 말해 두라. 너는 영구히 나를 찾지 말라, 나는 앞으로 너를 만나지 않을 것이라고."

이렇게 말하고 그 곳을 떠났다. 조금 있노라니 과연 아들이 돌아왔다. 아내가 남편의 말대로 전하자 아들도 이제 그 아버지와 만나지 못할 것을 알고 울면서 돌아갔다.

그 후 70여 년이 되어 상재(常在)는 갑자기 모습이 사라졌다. 호수산(虎壽山)⁴⁾ 기슭에 살고 있을 때 제자가 만났으나 다시 아

내를 맞았고 자식도 있었다. 역대(歷代)로 그 모습을 보았으나 옛날 그대로 있었기 때문에 이름을 상재(常在)라고 했던 것이다.

註

1) 蜀郡 : 사천성(四川省) 성도(成都)를 중심으로 한 고대(古代)의 촉국(蜀國).
2) 郫縣 : 지금의 사천성(四川省) 비현(郫縣) 북쪽에 있는 땅.
3) 地肺山 : 강소성(江蘇省) 구용현(句容縣) 동남쪽 구곡산(句曲山)의 별명(別名).
4) 虎壽山 : 未詳.

물 속에도 선인(仙人) —— 수선(水仙)

지금으로부터 2천5백여 년 전에 있었던 일이다. 오늘날의 산서성(山西省)에 해당하는 어느 지방에 금고(琴高)라는 사람이 있었다. 그는 송(宋)나라의 재무관(財務官)이 되었는데 후일 벼슬자리를 내놓고 제자들에게 선술(仙術)을 가르치고 있었다. 그러던 중 탁수(涿水)라고 하는 강 속에 들어가 그 안에 살고 있는 용(龍)의 새끼를 잡아올 생각으로 제자들을 불러놓고 말했다.

"○○날 용 새끼를 잡아가지고 올 것이니 그대들은 모두 목욕재계하고 강가에 사당을 지어놓고 기다리도록 하라."

는 말을 남겨 놓고 강 속에 들어갔다.

약속한 날이 되었다. 제자들은 스승 금고가 시키는 대로 준비하고 있으면서 스승이 나오기만 기다리고 있는데 과연 금고는 빨간 잉어로 나타났으며 사당 안에 들어와 앉았다. 그는 1개월 남짓 그곳에 머무르다가 다시 물 속으로 들어갔다.

《열선전(列仙傳)》권상(卷上), 금고(琴高)에 있는 이야기이다.

물이라든가 강 속에 신(神) 또는 선인(仙人)이 있다는 신앙은 옛날부터 전해온다.

4
자기가 밤길을 걸어 보지 않으면,
길에 밤의 나그네가 있다는 것을
알지 못한다

劉 安/陰長生/張道陵

"신(神)의 가호(加護)가 있는 이상 무슨 위험한 일이 있으랴. 여기에 스승이 계신 이상, 나를 저 골짜기 속에서 죽게 할 일은 없을 것이다. 스승께서 그렇게 말씀하신 것은 반드시 저 복숭아를 딸 수 있기 때문이다."

하고, 위에서 몸을 나무 위에 던지니 헛디디지 않고 가지 위에 발이 멈추어져서, 복숭아를 맘대로 딸 수가 있었다.

劉 安

한(漢)의 회남왕(淮南王) 유안(劉安)은 한(漢) 고제(高帝)[1]의 손자이다. 그 아버지인 여왕(厲王) 장(長)[2]이 죄를 지어 촉(蜀)으로 옮겨지다가 도중(途中)에 죽었다. 문제(文帝)는 이를 불쌍히 여겨 그 영지(領地)를 나누어 모두 유장(劉長)의 아들을 봉(封)했기 때문에 유안(劉安)도 회남왕(淮南王)에 봉해질 수가 있었다.

당시 여러 왕자(王子)들은 신분(身分)에 맞게 사치(奢侈)에 빠지고 음악·여색·수렵(狩獵)·견마(犬馬) 등의 놀이만을 일삼았다. 그러나 유안(劉安)만은 선비에 대해서 허리를 굽히고 유학(儒學)을 존중하는 것은 물론, 겸해서 점술(占術)에도 능통했다. 선비 수천 명을 불러 모아가지고 있었는데 이들은 모두 천하의 준재(俊才) 뿐이었다. 내서(內書)[3] 22장(章)을 지은 외에 또 중편(中篇) 팔장(八章)은 신선 연금술(神仙鍊金術)의 일을 저술한 것으로서 서명(書名)을

劉 安

《홍보(鴻寶)》⁴⁾라 했다. 《만필(萬筆)》⁵⁾ 삼장(三章)은 변화의 도(道)를 논하여 모두 10만 글자였다.

무제(武帝)는 유안(劉安)이 웅변(雄辯)에 박학(博學)하고 뛰어난 재능(才能)이 있는 것을 보고 이를 백부(伯父)로 삼아 크게 존경했다. 특별한 조칙(詔勅)이나 친서(親書) 따위는 항상 사마상여(司馬相如) 등과 함께 그 문안(文案)을 작성했다. 이에 칙사(勅使)를 보내어 유안(劉安)을 조정으로 불러왔다. 이에 칙지(勅旨)에 의하여 《이소경(離騷經)》⁶⁾을 해설하게 했을 때도 조서(詔書)를 받자마자 금시에 완성(完成)해서 바친 일이 있다.

유안(劉安)은 조정의 연회(宴會)가 있을 때마다 제(帝)에게 정치의 득실(得失)을 말했고 혹은 부(賦)와 송(頌)을 지어서 바쳤다. 이른 아침에 궁중에 들어가 밤이 되어야 물러가는 태도였다. 천하의 도서(道書)라는 도서(道書) 및 방술(方術)의 선비가 있으면 천 리도 멀다하지 않고 말을 낮추고 예(禮)를 두텁게 해서 이를 불렀기 때문에 이른바 팔공(八公)이란 자도 찾아오게 되었다. 이들은 모두 수염도 눈썹도 새하얀 노인들이었다. 우선 문위(門衛)가 궁중에서 왕에게 말을 올리면 왕은 문위(門衛)의 관리에게 말하여 관리의 생각한 대로 질문(質問)시키게 했다.

"우리 왕께서는, 상(上)으로는 연년장생 불로(延年長生不老)의 도(道)를 구하려 하시고, 중(中)으로는 박학(博學)하고 묘의(妙義)에 정통(精通)한 대유(大儒)를 얻으려 하시고, 하(下)로는 용감하여 그 무력(武力)은 큰 솥을 들어 올리고 범을 때려 잡을 만한 장사(壯士)를 얻으려 하십니다. 그런데 이제 선생들은 이미 나이를 드셨습니다. 노쇠(老衰)를 방지하는 방법도 없고 또 맹분(孟賁)·하육(夏育)⁷⁾과 같은 무용(武勇)도 없을 것으로 보입니다. 그렇다면, 삼분오전(三墳五典)·팔색구구(八索九丘)⁸⁾의 고전(古典)을 연구하여 깊은 뜻을 찾고 천리 인성(天理人

性)을 연구할 수도 없을 것입니다. 이 세 가지 일에 대하여 힘이 없다면 딴 일에는 더욱 통할 수가 없을 것입니다."
이 말을 듣고 팔공(八公)은 웃으면서 말했다.
"이 어리석은 늙은이가 듣기로는, 왕께서는 현사(賢士)를 존경하여 이를 맞기를 주공(周公)⁹⁾과 같이 하고 적어도 일에 일능(一藝一能)이 있는 자도 모두 받아들이지 않는 자가 없다고 했소. 옛사람을 예를 들면 구구(九九)¹⁰⁾의 득의(得意)가 있는 자까지도 존중히 여기고, 계명 구도(鷄鳴狗盜)¹¹⁾의 재주를 가진 자도 길렀으며 심지어 사마(死馬)¹²⁾의 뼈를 사서 명마(名馬)를 손에 넣으려 했고, 혹은 곽외(郭隗)¹³⁾를 스승으로 하여 많은 어진이를 초청하기도 했소. 우리들은 나이를 먹어서 보기도 싫어 바라시는 바에 맞지 않을지 모르지만 원로(遠路)에 일부러 몸을 움직여 왔으니, 어쨌든지 왕을 뵈었으면 좋겠소. 아무런 이익될 것이 없다고 하지만 손해될 것도 없을 것이오. 그런데 무슨 까닭으로 늙은이라고 해서 처음부터 싫어하는 것인가. 만일 왕이 젊은 사람을 보면 이것은 유도(有道)한 사람으로 여기고, 머리가 흰 사람이면 볼 것도 없는 늙은이라고 여기신다면 그것은 돌을 쪼개어 옥을 따내고 연못을 뒤져서 진주(眞珠)를 구하는 일이 되지 않겠는가. 우리들이 늙은이인 것을 낮게 생각하신다면 지금 당장 젊은 사람이 되어 보이리다."
하더니, 말을 마치자 팔공(八公)은 모두 변해서 동자(童子)가 되었다. 나이는 14, 5세 가량인데 새까만 총각의 머리를 하고 안색(顏色)은 마치 복숭아꽃과 같았다.
　문지기 관리는 크게 놀라 달려가서 왕에게 사실을 고했다. 왕은 이 말을 듣자 크게 당황하여 나가 맞아서 그들을 사선대(思仙臺)로 모셨다. 거기에는 비단 장막을 치고 상아(象牙)로 만든 침상(寢牀)를 놓아 두고 여러 가지 향을 피우고 금옥(金玉)의 의 자에 앉기를 권하고 나서 제자로서의 예(禮)를 갖추고 공손히 머리를 조아려 인사했다.
"나는 범재(凡才)이면서 젊어서부터 도(道)를 좋아하는 터요. 그러나 세상 일에 구속되어 속류(俗流)에 빠져 있기 때문에 누(累)를 버리고 산림(山林)에 들어가 배우지도 못했습니다. 그러나 신명(神明)에 기원(祈願)하여 은덕(恩德)을 입으려고 주야로 갈망(渴望)하는 몸입니다. 다만 성심(誠心)이 아직 얕아서 희망을 완수(完遂)하지 못한 지가 이미 오래입니다. 이제 생각 밖에 존군(尊君)의 왕림(枉臨)을 입었으니 이야말로 나의 행운(幸運)이 바야흐로 찾아온 것이 아닌가 생각하여 두려워하고 감격하여 몸둘 바를 모를 지경입니다. 바라건대 존군(尊君)은 이것을 불쌍히 여겨 가르침을 주십시오. 그렇게 되면 보잘것 없는 벌레도 기러기의 날개를 빌려 하늘에 오를 수도 있을 것입니다."
이에 여덟 사람의 동자(童子)는 다시 변하여 본래의 노인이 되었다. 그들은 말한다.
"우리들은 식견(識見)이 얕은 자이지만 도(道)에 있어서는 모두 선배(先輩)입니다. 왕께서 선비를 좋아하신다고 들었기 때문에 일부러 뵙고자 온 것입니다. 왕께서는 어떠한 것을 필요로 하시는 것입니까? 저희들 중 한 사람은 그대로 있으면서 풍우(風雨)를 부르고 제자리에서 운무(雲霧)를 일으키고 땅을 그어서 강하(江河)를 만들고 흙을 쥐어서 산악(山岳)으로 만들 수도 있습니다. 또 한 사람은 능히 높은 산을 무너뜨리고 깊은 샘을 막고 호표(虎豹)를 잡아 묶고 교룡(蛟龍)을 불러오며, 귀신을 부릴 수도 있습니다.
또 한 사람은 능히 분신(分身)을 하여 모양을 변해서 앉으면 나타나고 서면 사라져서, 대군(大軍)도 은폐(隱蔽)시키고 백주

(白晝)도 암흑(暗黑)으로 만들 수 있습니다. 또 한 사람은 능히 구름을 타고 허공(虛空)을 걸어다니고 바다를 건너 물결을 밟고서 맘대로 출입(出入)하고 한 호흡(呼吸)에 천 리 길을 갈 수도 있습니다. 또 한 사람은 불에 들어가도 타지 않고 물에 들어가도 젖지 않으며 칼이나 활도 그에게 닿지 않고, 겨울에도 얼지 않고 한여름에도 땀을 흘리지 않고 있을 수 있습니다.

또 한 사람은 능히 천변 만화(千變萬化)해서 하고 싶은 대로 맘대로 일을 하고 금수 초목(禽獸草木)의 만물을 그 자리에서 만들고 산을 옮기고 물을 옮기며, 가옥(家屋)을 움직여 운반할 수도 있습니다. 또 한 사람은 능히 진흙을 구워서 황금(黃金)을 만들고 납을 녹여서 백은(白銀)을 만들고 물을 가지고 여러 가지 약석(藥石)을 만들고 물방울은 구슬과 같고, 구름을 타고 용에 올라서 허공(虛空)에 뜰 수도 있습니다. 이 모든 것은 왕께서 바리시는 대로 하실 것입니다."

유안(劉安)은 이로부터 아침 저녁으로 문안을 드리고 주육(酒肉)을 권하며 팔공(八公)이 제각각 먼저 말한 일을 시험해 보았더니, 천변 만화(千變萬化), 각종의 이술(異術)이 어느 한 가지도 효험을 보이지 않는 것이 없었다. 드디어 이들은 왕에게 《단경(丹經)》[14] 36권을 주었다. 약을 만들었지만 아직 그것을 복용(服用)하기까지는 되지 못했다.

그런데 유안(劉安)의 태자(太子) 천(遷)은 검법(劍法)을 좋아하여 자기에게 미칠 사람은 없다고 자부(自負)하고 있었다. 그 즈음 시종(侍從)의 뇌피(雷被)라는 자를 불러서 태자(太子)와 시합(試合)을 하게 했더니 뇌피(雷被)는 잘못하여 천(遷)을 찔렀다. 천(遷)은 크게 노했다. 뇌피(雷被)는 천(遷)에게 죽음을 당하지 않을까 두려워하여 흉노(匈奴)[15]를 쳐서 이 죄를 속죄(贖罪)받겠다고 말했다. 그러나 유안(劉安)은 이를 허락하지 않았다. 뇌피

(雷被)는 몹시 걱정하여 천자(天子)에게 글을 올렸다.
 "한(漢)나라 법에 의하면 제후(諸侯)가 압력(壓力)을 써서 흉노(匈奴)를 치게 한 것은 그 죄는 죽음에 해당된다. 유안(劉安)이야말로 정히 베어야 할 것이다."
라는 것이었다. 그러나 무제(武帝)는 평소(平素)에 회남왕(淮南王)을 중용(重用)했기 때문에 그를 허락하지 않고 다만 유안(劉安)이 거느린 두 현(縣)을 삭제하는 데에 그쳤다. 그러나 유안(劉安)은 뇌피(雷被)에 대해서 성을 냈다. 뇌피(雷被)는 죽음을 당하는 것을 두려워하여 평소(平素)에 친교(親交)가 있는 오피(伍被)라는 사람과 의논했다. 그러나 오피(伍被)는 전에 유안(劉安)에게 나쁜 짓을 해서 유안(劉安)은 그것을 노여워하고 있는 터라 또 나쁜 일을 공표(公表)할 수가 없었다. 이에 두 사람은 유안(劉安)에게 죽을 것이 두려워서 둘이 함께 무고(誣告)하여 유안(劉安)이 모반(謀反)을 계획한다고 말을 퍼뜨렸다.
 이에 천자(天子)는 궁내대신(宮內大臣)을 칙사(勅使)로 하여 사건(事件)의 처리를 맡게 했다. 이 때 팔공(八公)은 유안(劉安)에게 권하기를,
 "몸을 숨기는 것이 좋습니다. 이것이야말로 하늘이 왕을 쫓아내는 것입니다. 만일 이런 사건(事件)이 없었다면 왕께서는 하루 이틀 그대로 지내어 속세(俗世)를 버릴 수 없었을 것이 아닙니까?"
이렇게 말하고 팔공(八公)은 유안(劉安)을 산에 오르게 하여 크게 제사를 지내게 한 다음, 땅 속에 황금(黃金)을 묻고 승천(昇天)하게 했다. 이 때 팔공(八公)과 유안(劉安)이 밟았던 산 위의 돌은 모두 패어서 자국이 생겼다. 지금에 이르기까지 인마(人馬)의 발자취가 남아 있는 것이다.[16) 팔공(八公)은 유안(劉安)에게 이렇게 말해 두었다.

"대체로 왕족(王族)의 적(籍)이 있는 사람이 남에게 무고(誣告)를 당했을 경우에는 그 무고(誣告)한 자는 즉시 죽어 없어지는 것이니 오피(伍被) 등은 장차 베임을 당할 것입니다."

궁내대신(宮內大臣)은 유안(劉安)이 행방(行方)을 감추었기 때문에, 조사한 끝에,

"왕은 선인(仙人)이 되어 세상을 떠났습니다."

하고 보고했다. 천자(天子)는 창연(悵然)히 이를 슬퍼하여 비밀히 사법관(司法官)인 장탕(張湯)[17]이란 자를 시켜 상주(上奏)하게 하고 오피(伍被)가 여러 가지로 획책(劃策)한 것이라고 말하게 했다. 이리하여 뇌피(雷被), 오피(伍被)의 친족(親族) 전원(全員)이 베임을 당했는데 이는 모두 팔공(八公)이 말한 대로 되었다. 한(漢)의 《사서(史書)》에는 모두 이 사실을 숨기고 유안(劉安)이 신선(神仙)의 도(道)를 얻었다는 등의 말을 하지 않은 것은, 후세(後世)의 군주(君主)가 정무(政務)를 게을리하고 다투어 유안(劉安)의 도(道)를 구할 것이라는 것을 두려워했기 때문에 유안(劉安)은 죄를 얻어서 뒤에 자살(自殺)한 것이요, 선도(仙道)를 얻은 것이 아니라고 말한 것이다.

《좌오기(左吳記)》[18]에는 이렇게 말했다.

── 유안(劉安)은 몸을 숨길 때 뇌피(雷被)와 오피(伍被)를 죽이고 싶다고 생각했다. 그러나 팔공(八公)은 이를 간(諫)하여,

"그것은 안 됩니다. 선인(仙人)이 되는 마당에는 조그만 벌레도 해쳐서는 안 됩니다. 하물며 사람이겠습니까?"

했다. 이리하여 유안(劉安)은 그 생각을 중지했다는 것이다. 또 팔공(八公)에게,

"평소(平素)부터 친하게 지내고 있는 사람을 저 세계(世界)에 데리고 갔다가 다시 돌려보낼 수가 있을까."

하자,

"되고말고요. 다만 다섯 사람을 넘을 수는 없습니다."
하고 대답했다. 이에 유안(劉安)은 좌오(左吳)·왕권(王眷)·부생(傅生) 등 5인과 함께 선계(仙界)로 갔다가 얼마 안 되어 돌려 보냈다.

《좌오기(左吳記)》에는 이 사실에 대하여 자세히 쓰고 있다.

―― 유안(劉安)은 아직 승천하지 못하고 있다. 선인(仙人)의 여러 선배(先輩)를 만나도 유안(劉安)이 어렸을 때부터 존귀(尊貴)한 신분(身分)이 몸에 배어서 몸을 낮추는 예(禮)도 행하지 않고 기거(起居)하는 것을 제 맘대로 하여 공손치 못하며 음성도 높기만 하여 때로는 잘못하여 과인(寡人)[19]이라고 일컫는 일도 있었다. 이리하여 여러 선인(仙人)의 장(長)인 자가 유안(劉安)인데도 불경(不敬)하기 때문에 추방(追放)당했다고 상주(上奏)했다. 팔공(八公)이 대신 진사(陳謝)했기 때문에 겨우 용서받아서 좌천(左遷) 당하여 3년 동안 변소(便所)에서 일하다가 그 후에 무위(無位)의 선인(仙人)이 되었으나 관직(官職)에는 나가지 못하고 다만 죽지 않는 것을 얻는 데 지나지 않았다고 말하고 있다.

무제(武帝)는 좌오(左吳) 등이 왕의 승천(昇天)에 따라서 갔다가 다시 돌아왔다는 말을 듣고 칙명(勅命)을 내려 친히 그 사정을 물었다. 좌오(左吳)가 자세한 내용을 말씀드리자 무제(武帝)는 몹시 서운하게 여기면서,

"내가 만일 회남왕(淮南王)이었다면 천하를 헌신과 같이 여겼을 것인데."

하고 말했다. 이에 현사(賢士)를 불러모음과 동시에 팔공(八公)과 만나고 싶다고 했으나 그것은 불가능(不可能)했다. 이리하여 공손경(公孫卿)[20]·난대(欒大)[21] 등에게 속임을 당하면서도 어떻게 해서든지 진실한 선인(仙人)을 얻기를 염원(念願)했다. 그것은 유안(劉安)의 승선(昇仙)이 분명했기 때문에 비로소 천하에는 실

지로 신선이라는 것이 존재(存在)한다는 것을 알았기 때문이다.
당시 사람들은 이렇게 전했다.

―― 팔공(八公)과 유안(劉安)이 세상을 떠날 때 단약(丹藥)이 남은 용기(容器)를 뜰 가운데 두고 갔다. 이에 닭과 개가 이것을 핥아 먹고 다같이 승천(昇天)할 수가 있었다. 그런 까닭에 닭은 하늘 위에서 울고 개는 구름 속에서 짖는 것이다.

註

1) 高帝 : 한(漢)의 고조(高祖) 유방(劉邦).
2) 厲王 長 : 유장(劉長). 이들의 사적은 《사기(史記)》와 《한서(漢書)》에 자세히 나와 있다.
3) 內書 : 현존(現存)의 회남자(淮南子).
4) 鴻寶 : 지금 전해지지 않는다. 《한서(漢書)》에 보면 회남(淮南)에 침중홍보원비(枕中鴻寶苑秘)의 글이 있어 글 속에는 신선이 귀신을 부려 금(金)을 만드는 방법 및 추연(鄒衍)의 중도연명방(重道延命方)을 말했으나, 세상에 본 자가 없다고 했다.
5) 萬筆 : 곧 비원(秘苑)으로서 지금 《회남만필술(淮南萬筆術)》1권이 있다.
6) 離騷經 : 굴원(屈原)의 이소(離騷)를 해설한 것.
7) 孟賁・夏育 : 맹분(孟賁)은 전국 시대(戰國時代)의 위(衛)나라 용사(勇士)로서 산 채로 소의 뿔을 뽑았다고 전해진다. 하육(夏育)도 또 위(衛)의 용사(勇士)로서 소의 꼬리를 뽑았다고 전한다.
8) 三墳五典・八索九丘 : 모두 전설상(傳說上)의 고서(古書)로서 삼황 시대(三皇時代)의 글이라고 전한다.
9) 周公 : 옛날 주공 단(周公旦)이 악발 토포(握髮吐哺)하면서 현인(賢人)을 맞았다는 고사(古事).
10) 九九 : 구구(九九)의 산법(算法), 제(齊)의 환공(桓公)이 구구(九九)의 법을 겨우 아는 자까지도 후대(厚待)하여 현사(賢士)로 초빙한 고사(故事).
11) 鷄鳴狗盜 : 맹상군(孟嘗君)이 닭우는 흉내를 내는 문객(門客)의 힘으로 함곡관(函谷關)을 빠져나오고 개의 흉내를 내는 자로 하여금 도둑질을

하게 한 고사(故事).
12) 死馬之骨 : 죽은 말의 뼈를 5백 금(金)에 사서 천리마(千里馬)를 얻었다는 《전국책(戰國策)》에 보이는 고사(故事).
13) 郭隗 : 전국 시대 연(燕)나라의 현인(賢人). 소왕(昭王)이 국력(國力)의 회복을 위하여 외(隗)에게 인재의 등용에 대하여 물었을 때, "외(隗)부터 먼저 시작하시오." 했다. 이에 왕은 그를 위하여 궁(宮)을 짓고 그에게 사사(師事)하니 악의(樂毅) 등 제국(諸國)의 명사(名士)들이 모여들어 그 후로 국력이 점차 부강해졌다.
14) 丹經 : 옥단경(玉丹經)이라고도 한다. 연단(煉丹)의 법을 기록한 글.
15) 匈奴 : 한대(漢代)의 국경 밖의 이민족(異民族). 서기 전(西紀前) 3세기(三世紀)경부터 약 3백 년간 지금의 몽고(蒙古) 지방에서 유목(遊牧)하던 토이기족(土耳其族)의 일종.
16) 人馬之跡… : 안휘성(安徽省) 봉태현(鳳台縣) 동남쪽에 팔공산(八公山)이 있고 산 위에 유안(劉安) 묘(廟)가 있어서 유안(劉安)·팔공(八公)의 승선(昇仙)의 땅으로 전해진다.
17) 張湯 : 유안(劉安)의 모반사건(謀叛事件)의 조사를 맡았던 한 사람으로서, 연위(延尉)의 직책에 있었다.
18) 左吳記 : 좌오(左吳)는 유안 모반(劉安謀反)에 참가했던 한 사람. 《한서(漢書)》 유안전(劉安傳) 속에 보인다. 《좌오서(左吳書)》는 지금은 전하지 않음.
19) 寡人 : 제왕(帝王)의 자칭(自稱)의 말.
20) 公孫卿 : 무제(武帝) 시대의 방사(方士). 신선 황백(神仙黃白)의 설(說)을 가지고 사랑을 받았다.
21) 欒大 : 역시 무제(武帝) 시대의 방사(方士).

陰長生

 음장생(陰長生)은 신야(新野)[1] 사람이다. 한(漢)의 황후(皇后)의 일족(一族)으로서, 부귀(富貴)한 집안에서 태어났지만 영화(榮華)를 좋아하지 않고 한갓 도술(道術)의 수행(修行)에만 빠져들었다. 마명생(馬鳴生)[2]이 세상에 뛰어난 도(道)를 체득(體得)했다는 말을 듣고 그를 찾아 돌아다니다가 드디어 만날 수가 있었다. 이에 그의 종이 되어서 잔심부름을 하고 있었으나 명생(鳴生)은 그 세상에 뛰어났다는 법을 가르쳐 주지 않고 밤낮으로 다만 음장생(陰長生)을 상대로 다른 의논만을 일삼고 당시 세상의 일을 말하면서 농사 일에 종사할 뿐이었다.
 이러한 상태가 10여 년이나 계속되었지만 음장생(陰長生)은 좌절하지 않았다. 당시 명생(鳴生)에게 사사(師事)한 사람이 12명이 있었는데, 이들이 모두 떠나버려도 장생(長生)만은 한결같이 정성껏 제자로서 예(禮)를 갖추고 있었다.
 이 때 명생(鳴生)은,
 "그대는 참으로 도(道)를 얻었다."
하고 장생(長生)에게 말하고 이내 장생(長生)을 데리고 청성산(青城山)[3]에 들어가서 황토(黃土)를 구워 황금(黃金)으로 만들어 보이더니 그 서쪽 가에 단(壇)을 세우고《태청신단경(太淸神丹經)》[4]을 장생(長生)에게 주고 명생(鳴生)은 그를 작별하고 가버렸다.

장생(長生)이 거기에서 돌아와 약을 조합(調合)하자 단약(丹藥)이 완성되었으므로 그 절반을 복용(服用)했다. 전체를 먹고 그 자리에서 승천(昇天)하는 일을 하고 싶지 않았던 것이다. 이에 황금(黃金) 십수만 근(斤)을 만들어 가지고 면식(面識)의 유무(有無)를 물을 것 없이 세상의 가난한 사람들에게 나누어 주었다. 처자(妻子)를 데리고 천하를 주유(周遊)하여 일문(一門)의 사람들까지 모두 장수(長壽)를 보존하여 늙는 일이 없이 세상에 살기를 3백여 년, 그 뒤에 평도산(平都山)5) 동쪽에서 백일 승천(白日昇天)했다.

저서(著書) 9권이 있는데 거기에 이렇게 말하고 있다.

"상고(上古)에는 많은 선인(仙人)이 있어서 이들을 모두 말할 수는 없지만 한(漢)이 일어난 이후로 선도(仙道)를 얻은 자가 45인, 나를 보태면 46인이 된다. 그 중에 20인은 시해(屍解)했고, 그 밖에는 모두 백일 승천(白日昇天)했다."

《포박자(抱朴子)》에 말하기를,

"나(葛洪)는 속담〔俚諺〕6)에 이런 말이 있다고 들었다. 자기가 밤길을 걸어 보지 않으면 길에 밤의 나그네가 있다는 것을 알지 못한다."

라고. 이와 마찬가지로 선인(仙人)이 되어 보지 못한 사람이 천하의 산림(山林) 사이에서 선도(仙道)를 배워서 득도(得道)한 사람이 있다는 등의 말을 알 수 있겠는가? 음군(陰君)은 이미 신약(神藥)을 먹기는 했지만 전부를 먹고 승천(昇天)하는 일을 하지는 않았다. 그러나 유(類)로써 서로 보이고 같은 소리로 서로 응(應)한다는 것과 같이 스스로 선인(仙人)들과 모이고 탐구(探求)하고 견문(見聞)했기 때문에 이와 같이 근세(近世)의 선인(仙人)의 수를 알았던 것이다.

그런데도 속인(俗人)들은 이것을 알지 못하고 내가 듣지 않은 것은 이것은 없었던 일이라고 하는 것은 참으로 안 된 일이다. 대체로 민간(民間)에 묻힌 인사(人士) 중에 은일(隱逸)에 의해서 본래의 소원을 완성하고 경적(經籍)을 읽어 즐겨서 문장(文章)을 과시하지 않고 명성(名聲)을 드날리지 않고 입신(立身)을 구하지 않고 영달(榮達)을 도모하지 않는 자라면 그 사람의 존재(存在)는 남에게 알려지지 않는 것이다.

더구나 선인(仙人)인 사람이 무엇을 악착스럽게 이름난 관직(官職)에 있는 무리에게 그 언동(言動)을 이해시키려고 애쓸 까닭이 있겠는가 말이다.

음군(陰君)의 자서(自叙)[7]에는 이렇게 말했다.

"한(漢)의 연광(延光) 원년[8]에 신야(新野)의 산 북쪽에서 나는 선군(仙君)에게서 신단(神丹)의 요결(要訣)을 받아서 도(道)를 이루어 세상을 떠나 이것을 명산(名山)에 감추었다. 만일 이것을 얻는 사가 있으면 신인(眞人)이 될 것이다. 어짜 가지 않으랴. 속세(俗世)의 명예(名譽) 같은 것이 무엇하는 것인가. 불사(不死)의 요도(要道)는 신단(神丹)과 행기도인(行氣導引)·부앙굴신(俯仰屈伸)·초목복식(草木服食)에 있어서 연수(年壽)를 연장(延長)시킬 수가 있다. 세상을 구제하지는 못해도 선인(仙人)은 될 것이다. 도(道)를 듣고 싶다면 쌓는 것으로 인하여 무위(無爲)로써 신(神)과 합치(合致)한다. 상사(上士)는 정진(精進)을 거듭하고 어리석은 자는 웃으면서 인정하려고도 하지 않는다. 능히 신단(神丹)을 알면 장생안락(長生安樂)할 수가 있다."

이에 음군(陰君)은 누른 비단을 찢어서 단경(丹經)을 써서 그 한 벌은 무의가 있는 한 개의 돌 상자에 봉해서 숭고산(嵩高山)[9]에 두었다. 또 한 벌은 거양나무(櫨)에 옻으로 써서 푸른 옥의 상자에 봉해서 태화산(太華山)[10]에 두고 한 벌은 황금(黃金) 판에 새겨서 백은(白銀) 상자에 봉해서 촉(蜀)의 수산(綏山)[11]에 두었다. 다시 한 벌은 비단에 써서 10편(篇)으로 만들어 이것을 제자들에게 주어 대대(代代)로 전수(傳授)하게 했다.

또 시(詩) 3편(篇)을 저술해서 장래를 보였다.

1

우리 선조(先祖)는 요순(堯舜)을 보좌(輔佐)했더니 이제 한(漢)의 세상이 되어 거듭 붉은 끈을 찼네.

그러나 나 혼자서 도(道)를 좋아하여 하나의 백성이 되어 높은 뜻을 품고 임금도 섬기지 않았네.

사는 것만을 원해서 삶을 얻는다면 이제 다시 무엇을 구하겠는가?

멀리 아득히 푸른 하늘을 밟고 용을 타고 뜬 구름을 헤엄치네.

맑은 바람을 날개에 받으면 바람은 내 벗인양 불어주네.

불에 넣어도 타지 않고 물결을 밟아도 젖지 않네.

태극(太極)을 거니는데 무엇을 생각하고 무엇을 조심하리.

선도(仙都)에 노닐면서 돌아다보고 어리석은 사람을 불쌍히 여기네.

세월이 지나가는 것은 저 물이 흘러가는 것과 같네.

속절없이 손에 잡히지 않아 오직 흙만을 벗으로 삼았네.

죽음을 구해서 부질없이 달래 잠시도 쉬는 일이 없네.

2

우리 성(聖)스러운 스승은 도(道)를 배워 얻은 진인(眞人)이었네.

하늘에 오르내리고 변화하는 것이 왕자교(王子喬)·적송자(赤松子)[12]와도 같았네.

그러나 나의 동학(同學) 12인은 신고(辛苦)해서 도(道)를 구하기 20년이 되었네.

중도(中道)에 모두는 해태(懈怠)해져서 뜻도 수행(修行)도 견고(堅固)하지 않았네.

원통하도다. 저 사람들은, 하늘이 정해 준 것도 아니었네.

하늘은 망령되게 주는 것이 아니요, 도(道)는 반드시 어진 자에게 돌아가는 것이네.

몸이 죽어서 깊은 흙 속에 감추어지면 어느 때엔가는 또 돌아오는 것.

아아! 너희들은 지금부터 더욱 정진(精進)을 더하여 속류(俗流)가 되어 부귀(富貴)에 빠지지 말라.

신도(神道)가 한 번 이루어져서 저 구천(九天)에 오르면 그 수(壽)는 일월성(日月星)과도 같아서 억천만 년(億千萬年)도 더 살 수 있으리.

3

생각하면 나는 어려서부터 도(道)를 좋아하여 집을 버리고 스승을 따랐네.

동서 남북으로 오탁(五濁)[13]을 버리고 세상을 피해서 스스로 숨었네.

명산(名山)에 살기를 30여 년 몸이 얼어도 옷을 입을 겨를도 없었네.

배고파도 먹을 겨를이 없고 집 생각이 나도 돌아가려 하지도 않았네.

피로해도 쉬는 일이 없이 오직 성(聖)스러운 스승을 모셨네.

오로지 그 뜻을 받아들이기에 힘써서 얼굴에는 때가 묻고 발은 부르텄네.

그러한 뒤에 그 뜻에 맞아 드디어 요결(要訣)을 받을 수가 있었네.

　스승의 은혜 깊은 것 헤아릴 수 없는데 처자(妻子)도 또 모두 무한한 수(壽)를 누렸네.

　황백(黃白)¹⁴⁾이 이에 이루어져서 천억(千億)의 재산이 있는데 귀신을 부리고 옥녀(玉女)는 옆에서 모시네.

　지금 세상을 떠나서 신선이 될 수 있었던 것은 실로 신단(神丹)의 힘이었네.

　음군(陰君)은 세속(世俗) 속에서 산 것이 170년인데 얼굴빛이 소녀(少女)와 같았고 백일(白日)에 승천(昇天)했다.

註─
1) 新野 : 하남성(河南省) 신야현(新野縣).
2) 馬鳴生 : 마명생(馬鳴生)의 전(傳)이 이 책에 나와 있음.
3) 靑城山 : 사천성(四川省) 관현(灌縣) 서남쪽의 산.
4) 太淸神丹經 : 《포박자(抱朴子)》에 있는 태청단경(太淸丹經)를 보라.
5) 平都山 : 사천성(四川省) 풍도현(酆都縣) 동북쪽의 천자산(天子山). 왕방평(王方平)도 역시 이 산에서 득도(得道)했다고 한다.
6) 俚諺 : 상(常) 말.
7) 陰君自叙 : 《丹經讚》의 서문(序文). 처음 도(道)를 배우고 스승을 좇은 본말(本末)을 쓴 것.
8) 延光元年 : 후한(後漢) 안제(安帝)의 연광 원년(延光元年).
9) 嵩高山 : 하남성(河南省)의 중악 숭산(中嶽嵩山).
10) 太華山 : 섬서성(陝西省)의 서악 화산(西嶽華山).
11) 緌山 : 사천성(四川省) 아미산(峨眉山)의 서남쪽에 있는 산.
12) 王子喬・赤松子 : 모두 《열선전(列仙傳)》에 나옴.
13) 五濁 : 본래 불어(佛語)로서, 세상에는 겁탁(劫濁)・견탁(見濁)・번뇌탁(煩惱濁)・중생탁(衆生濁)・명탁(命濁)의 다섯 종류의 탁악(濁惡)이 있다고 한다.
14) 黃白 : 연금술(鍊金術)을 말함.

張道陵

장도릉(張道陵)은 패국(沛國)[1] 사람이다. 본래 태학(太學)[2]의 학생으로서 널리 오경(五經)에 능통했으나 만년(晚年)이 되어,

"이런 일은 수명(壽命)에 있어서는 아무런 소용도 없다."

고 탄식하고 드디어 장생(長生)의 도(道)를 배웠다. 황제구정단법(黃帝九鼎丹法)[3]이라는 것을 얻어서 이것을 조제(調劑)해 보려고 생각하여 약품(藥品)을 구하기 위하여 돈을 낭비(浪費)하기도 했다.

張道陵

본래 도릉(道陵)의 집은 가난했기 때문에 생활을 위해서 일을 해보려 했지만 농사 짓는 일도 목축(牧畜)하는 일도 모두 서툴러서 그러한 일에는 손을 대지 못했다. 촉(蜀) 땅 사람은 소박(素朴)하고 인정이 많아서 교화(敎化)시키기가 쉽기 때문에 명산(名山)도 많다고 들어 제자들과 함께 촉(蜀)에 들어가서 곡명산(鵠

鳴山)⁴⁾에 살면서 《도서(道書)》 24권을 지었다.

이와 같이 정신의 연마(鍊磨)에 힘쓰고 있자니 갑자기 천인(天人)이 내려왔다. 그것은 무수한 기마(騎馬), 황금(黃金) 수레에 비취로 만든 깃〔羽〕을 장식한 수레, 용과 범을 타고 그 수는 끝도 없는데 거기에는 주하(柱下)의 사(史)⁵⁾라고 일컫는 자도 있고, 동해소동(東海小童)⁶⁾이라고 일컫는 자도 있었다. 이리하여 도릉(道陵)에게 신작(新作)의 정일명위(正一名威)⁷⁾의 도(道)라는 것을 주었다.

도릉(道陵)이 이것을 받은 뒤로는 병을 잘 고쳤기 때문에 사람들이 모두 모여들어 도릉(道陵)을 스승으로 우러러 섬겼다. 신도(信徒)들의 수가 수만 호(戶)에 이르렀으므로 이내 좨주(祭酒)⁸⁾의 직책을 만들어서 저마다 각 호(各戶)를 맡아 다스리게 했다. 그것은 관리의 장(長)과 같은 책임이었다. 이와 동시에 규정(規定)을 만들어 신도(信徒)들에게 일이 있을 때마다 쌀·비단·기물(器物)·지필(紙筆)·땔나무·집기(什器) 등을 상납(上納)시켰다. 또 사람들을 거느리고 도로를 고치게 했다. 고치지 않은 자는 모두 병에 걸리게 했다. 고을 안에 고쳐야 할 다리나 길이 있으면, 백성들은 돌을 베고 더러운 물을 청소하는 등 무슨 일이든지 했지만, 이런 일은 모두 자기들 스스로 자진(自進)해서 했다. 더구나 어리석은 사람들은 그것이 도릉(道陵)이 한 일인 줄은 알지 못하고 하늘 위에서 내려온 경문(經文)이라고 생각했던 것이다.

도릉(道陵)은 또 염치(廉恥)에 의해서 사람을 다스릴 것을 생각하고 형벌을 베푸는 것은 좋아하지 않았다. 이에 조례(條例)를 정하여 병에 걸린 자는 모두 출생(出生) 이후에 범한 죄를 써내게 하여, 이것을 증문(證文)으로 물 속에 던져서 신명(神明)에 대하여 맹세를 하여 두 번 다시 법을 범할 수가 없다. 만일 죄를 범한다면 자기는 죽을 것이라고 맹약(盟約)을 맺게 했다. 이리하여 백성들은 주의하여 병에 걸리면 그 즉시로 죄과(罪過)를 자수(自首)한다. 첫째로 그것으로 병이 고쳐지고, 둘째로는 죄를 부끄럽게 여겨 두 번 다시 범하지 않는다. 그리하여 천지를 두려워하여 개심(改心)한다는 것이다. 그 이후로 죄를 범한 자도 모두 개심(改心)해서 착한 사람이 되었다.

이리하여 도릉(道陵)은 많은 재물(財物)을 얻어서 그것으로 약을 사들이고 단약(丹藥)을 조합(調合)하여 완성하자 그 절반을 복용(服用)했다. 그것은 즉시 승천(昇天)하고 싶었기 때문이었다. 이로부터 분신(分身)의 술(術)⁹⁾로써 수십 명의 영무자(影武者)¹⁰⁾를 만들었다. 그 저택(邸宅)의 문 앞에 있는 못에서는 도릉(道陵)이 언제나 배를 타고 놀고 있다. 그러나 도사(道士)나 손들은 마당 가득히 왕래하고 있다.

이리하여 좌중(座中)에는 언제나 한 사람의 도릉(道陵)이 있어서 손님과 대담(對談)하고 음식을 먹고 있다. 하지만 진짜 도릉(道陵)은 의연(依然)히 못에 있는 것이다.

도릉(道陵)은 여러 사람들에게 말했다.

"너희들 중의 많은 사람은 속인(俗人)의 태도에서 벗어나지 못했기 때문에 속세(俗世)를 버리고 승선(昇仙)하는 일은 되지 않는다. 기껏해서 나의 행기(行氣)·도인(導引)·방중(房中)의 술¹¹⁾을 알거나 혹은 초목(草木)을 복식(服食)하여 수백 년 동안 살 수 있는 방법을 알 정도인 것이다. 《구정대요(九鼎大要)》¹²⁾라는 것이 있지만 이것은 왕장(王長)¹³⁾에게만 주어 둔다. 장차 동쪽 지방에서 오는 자가 있어 이것을 손에 넣을 것이다. 그 사람은 반드시 정월 7일의 대낮에 도착할 것이다."

하고 그 신장(身長)이나 용모를 자세히 말했다. 그 날이 되자 과연 조승(趙昇)¹⁴⁾이라는 자가 동쪽 방위에서 찾아왔다. 평소(平素)에 본 일도 없는 사람인데 그 용모들은 정말 도릉(道陵)이 말한 그대로였다.
 이리하여 도릉(道陵)은 일곱 번이나 조승(趙昇)을 시험하여 모두 통과했으므로 단경(丹經)을 조승(趙昇)에게 주었다. 그 일곱 번의 시험이라는 것은 첫번째, 조승(趙昇)이 문 앞에 도착했는데도 만나주지 않고 욕을 하고 잔소리를 하면서 40여 일이나 욕보였는데도 야숙(野宿)하면서까지 돌아가려 하지 않으므로 비로소 문에 들어오게 했다. 두 번째는 조승(趙昇)에게 야외(野外)에서 기장밭을 지키면서 짐승을 쫓게 하고 밤에는 엄청나게 아름다운 여자를 보내어 원로(遠路)의 노독(路毒)을 들어 준다는 구실(口實)로 조승(趙昇)과 침상(寢牀)을 나란히 하게 했다. 이튿날은 또 다리가 아파서 걷지 못할 것이라고 하여 수일 동안 머물게 하고 여러 가지로 유혹(誘惑)하게 했으나 조승(趙昇)은 끝까지 부정(不正)을 범하지 않았다. 세 번째는 조승(趙昇)이 길을 걸어가고 있는데 황금(黃金) 30장이 떨어져 있는 것을 보게 했으나 조승(趙昇)은 그것을 줍지 않고 지나쳐 버렸다. 네 번째는 조승(趙昇)에게 산에 가서 나무를 해오게 했다. 세 마리의 범이 나와서 조승(趙昇)의 옷을 물었으나 몸을 다치지 않았다. 조승(趙昇)은 두려워하지도 않고 얼굴빛도 변치 않고서 범에게 이렇게 말했다.
 "나는 하나의 도사(道士)에 지나지 않는다. 젊었을 때부터 나쁜 일은 하지 않았다. 그런 까닭에 천리 길을 멀다고 하지 않고 달려와서 높은 스승을 섬겨 장생(長生)의 도(道)를 구하고 있는 것이다. 너는 왜 이런 짓을 하는 것이냐. 산신(山神)이 너에게 명해서 나를 시험하라고 한 것이 아니냐?"
하자, 금시에 범은 가버렸다. 다섯 번째는 조승(趙昇)이 상점에서 10필의 비단을 샀다. 대금(代金)을 지불했는데 상점 주인은 아직 받지 않았다고 거짓말을 했다. 이에 조승(趙昇)은 자기의 옷을 벗어서 그것으로 비단 값을 지불하고 조금도 아까워하는 빛이 없었다. 여섯 번째는 조승(趙昇)이 곡류(穀類)의 관리(管理)를 하고 있을 때 어떤 남자가 거기에 와서 머리를 조아리면서 먹을 것을 빌었다. 옷은 찢어지고 얼굴은 때범벅이고, 몸에는 종기투성이여서 몹시 냄새가 나고 더러웠다. 조승(趙昇)은 몹시 안쓰러워하여 옷을 벗어 그에게 입히고 자기 곡식으로 밥을 지어서 주고, 자기의 쌀을 주었다. 일곱 번째는 도릉(道陵)이 제자들을 데리고 높은 절벽(絶壁) 위에 올라갔다. 그 밑에는 한 그루의 복숭아나무가 있어서 사람의 팔뚝처럼 석벽(石壁) 옆에 나 있었으며, 그 아래는 깊이를 알 수 없는 연못이었다. 복숭아나무에는 열매가 가득 열려 있다.

이 때 도릉(道陵)이 제자들에게 말했다.

"누가 저 복숭아를 따올 자가 있으면 그 사람에게 도(道)의 요결(要訣)을 가르쳐 주겠다."

이 때 그깃을 바라보고 있던 자가 2백여 넝이었는데 모두 몸을 떨고 식은땀을 흘릴 뿐이었다. 언제까지나 보고 있는 자는 하나도 없고 모두 꼬리를 빼고 도망치면서 도저히 할 수 없다고 사양했다. 그러나 조승(趙昇) 한 사람만은,

'신(神)의 가호(加護)가 있는 이상 무슨 위험한 일이 있으랴. 여기에 스승이 계신 이상, 나를 저 골짜기 속에서 죽게 할 일은 없을 것이다. 스승께서 그렇게 말씀하신 것은 반드시 저 복숭아를 딸 수 있기 때문이다.'

하고 위에서 몸을 나무 위에 던지니 헛디디지 않고 가지 위에 발이 멈추어져서 복숭아를 맘대로 딸 수가 있었다. 그러나 석벽(石壁)이 험준해서 기어 올라가려 해도 발을 댈 곳이 없어서 도저히 돌아갈 수가 없다. 이에 복숭아를 하나씩 던지자 꼭 202개였다. 도릉(道陵)은 제자들에게 각각 한 개씩 나누어 주고 도릉(道陵) 자신도 먹고 나서 조승(趙昇)의 몫이라고 해서 한 개를 남겼다.

그러고 나서 도릉(道陵)은 팔을 뻗쳐 조승(趙昇)을 잡아 올렸다. 제자들이 자세히 보니 도릉(道陵)의 팔뚝은 2, 3길이나 펴져서 조승(趙昇)을 잡아 올렸다. 조승(趙昇)이 휙하고 제자리로 돌아오자 먼저 남겨 놓았던 복숭아를 주었다.

조승(趙昇)이 복숭아를 다 먹고 나자 도릉(道陵)은 골짜기를 내려다보면서 농담처럼,

"조승(趙昇)은 마음이 바르기 때문에 나무 위에 뛰어내릴 수도 있었고 발도 헛디디지 않았던 것이다. 나도 이제부터 시험삼아 뛰어내려 보리라. 반드시 큰 복숭아를 딸 수 있을 것이다."

하자 모두들 이를 말리는데 다만 조승(趙昇)과 왕장(王長)만은 잠자코 있었다. 드디어 도릉(道陵)은 공중으로 뛰었으나 복숭아 나무 위에는 떨어지지 않고 그의 형체가 보이지 않았다. 사방에서 모두 올려다 보았으나 위는 하늘이 계속되고 아래는 밑이 없어 갈래야 갈 길이 없었다. 놀라고 슬퍼하지 않는 자가 없었으나 오직 조승(趙昇)과 왕장(王長) 두 사람만은 조금 있다가 이렇게 말했다.

"스승은 곧 아버지다. 스스로 밑이 없는 언덕에서 몸을 던졌는데, 우리가 그대로 있을 수는 없다."

하고 두 사람이 함께 몸을 던져 뛰어내리니 바로 도릉(道陵)이 있는 앞에 떨어졌다. 보니, 도릉(道陵)은 발이 달린 침상(寢牀)의 장막 속에 앉아 있었다. 여기에서 조승(趙昇)·왕장(王長) 두 사람을 보고 웃으면서,

"나는 그대들이 올 것을 알고 있었다."

하고 두 사람에게 완전히 도(道)를 전수(傳授)하고 나서 3일 후에 돌아와서 먼저 있던 집에서 용무(用務)를 보았다. 제자들은 끝까지 놀라고 있었다.

그 뒤에 도릉(道陵)은 조승(趙昇)·왕장(王長)과 함께 세 사람

이 함께 백일 승천(白日昇天)했다. 모든 제자들이 그것을 우러러 보고 있자니 조금 있다가 공중에서 그 모습이 사라졌다. 처음에 도릉(道陵)이 촉(蜀)의 산에 들어가서 단약(丹藥)을 조제(調劑)했을 때에는 승천(昇天)은 하지 않았지만 이에 지선(地仙)[15]은 되어 있었던 것이다. 그런 까닭에 일곱 번이나 조승(趙昇)을 시험해서 인도하려 한 것을 보아도 그 의향을 알 수 있을 것이다.

註
1) 沛國 : 한(漢)의 패군(沛郡), 안휘성(安徽省) 숙현(宿縣)의 서북쪽 땅.
2) 太學 : 선비를 양성(養成)하는 나라에서 세운 학교.
3) 黃帝九鼎丹法 :《포박자(抱朴子)》에 황제구정신단경(黃帝九鼎神丹經)이 인용되고 있다.
4) 鵠鳴山 : 학명산(鶴鳴山). 사천성(四川省) 숭경현(崇慶縣) 서북쪽에 있는 산.
5) 柱下史 : 노자(老子)를 말함. 주(周)나리에서 벼슬하여 주하사(柱下史)가 되었다.
6) 東海小童 :《진고(眞誥)》에 상상청동군(上相淸童君)의 별호(別號)라고 했다.
7) 正一明威 :〈正一盟威妙經三葉六通之訣〉이나 또는 〈盟威經〉이 〈雲爲七籤〉에 인용되어 있다.
8) 祭酒 : 원래 태학(太學)의 교장(校長)을 말했다.
9) 分身術 : 하나의 몸이 둘로도 열로도 변할 수 있는 방법.
10) 影武者 : 그림자의 발자국.
11) 房中術 : 남녀 음양(陰陽)의 교접의 방법.
12) 九鼎大要 : 황제구정단법(黃帝九鼎丹法). 그 주(註)를 보라.
13) 王長 : 장도릉(張道陵)의 고제(高弟)의 한 사람.
14) 趙昇 : 위와 같음.《도잠(道箴)》에 〈正一天師告趙昇口訣〉이 수록되어 있다.
15) 地仙 : 승천(昇天)하지 않은 채로 지상(地上)에서 이미 불사(不死)를 얻은 선인(仙人).

5
시체로 변한 대나무지팡이

泰山老父/巫　炎
劉　憑/欒　巴/左　慈
壺　公/薊子訓

 조공(曹公)은 더욱 좌자(左慈)를 죽이고 싶었
다. 과연 죽음을 잘 면할 수 있는지 없는지를 시
험해 보고 싶다고 생각하여 좌자(左慈)를 체포하
라는 명령을 내렸다. 이에 좌자(左慈)는 도망하여
양(羊)의 무리 속에 섞였기 때문에 잡으러 온 사
람의 눈에 띌 리가 없다. 이에 맨 끝에서부터 양
의 수를 세어 나갔더니 역시 한 마리가 남는다.

泰山老父

태산노부(泰山老父)는 성
(姓)도 이름도 알 수 없다. 한
(漢)의 무제(武帝)가 동쪽 지
방을 순행(巡幸)했을 때, 길가
에서 곡식을 두드리는 늙은이
를 보았다. 머리 위에 높이 두
어 자 가량의 흰빛이 보였다.
이상하게 생각하여 그에게 물
었다. 노인은 몸이 50세 가량
으로 보였으나 얼굴은 동자(童
子)처럼 광택(光澤)이 있고,
살결도 빛나서 세상의 보통 사
람과 달랐다. 무제(武帝)가,
 "무슨 도술(道術)이 있는
가?"

泰山老父

라고 묻자, 노인은 대답했다.
 "저는 나이 85세 때에는 죽을 것처럼 늙어서 머리털도 희고 이
빨도 빠졌었습니다. 그러던 것이 한 도사(道士)를 만나서 저에
게 단곡(斷穀)[1]의 법을 가르쳐 주면서 오직 창출(蒼朮)을 먹고
물만 마시라고 했습니다. 그 위에 또 이상한 베개를 만들어 주

었습니다. 그 베개 속에는 32개의 구멍이 있는데 그 32개의 구멍 속에 24개의 구멍은 24기(氣)[2]에 응하고 여덟 구멍은 팔풍(八風)[3]에 응하는 것이옵니다. 제가 이 법을 행한 뒤부터는 차츰 젊어지고 머리털도 새로 나고 빠진 이빨도 새로 갈았사오며, 하루에 3백 리 길을 걸을 수도 있었습니다. 저는 금년에 180세입니다."

무제(武帝)는 그 법을 전수(傳授)받아 그 노인에게는 옥백(玉帛)을 하사했다. 노인은 그 뒤에 대산(岱山)[4] 산 속에 들어가서 10년이나 5년 만에 고향에 돌아오더니 3백여 년이 되자 그 뒤로는 돌아오지 않았다.

註────────────────────────────

1) 斷穀 : 곡식을 먹지 않는 일.
2) 二十四氣 : 1년 24계절(季節)의 기운.
3) 八風 : 팔방(八方)의 바람. 여러 가지 설(說)이 있지만 《여씨춘추(呂氏春秋)》에 의하면, '東北炎風'·'東方滔風'·'東南薰風'·'南方巨風'·'西南凄風'·'西方飇風'·'西北厲風'·'北方寒風'.
4) 岱山 : 태산(泰山)과 같다.

巫 炎

　무염(巫炎)의 자(字)는 자도(子都), 북해(北海)¹⁾ 사람으로 한(漢)의 부마도위(駙馬都尉)²⁾였다.
　무제(武帝)가 거동할 때 위교(渭橋)³⁾에서 자도(子都)와 만났다. 그의 머리 위에 자줏빛 기운이 무럭무럭 한 길 넘게 피어 오르고 있었다. 무제(武帝)가 그를 불러,
　"그대는 몇 살이 되었는가? 그러한 이상한 기운이 피어 오르니 무슨 터득한 도(道)라도 있는가?"
라고 묻자,
　"저는 이미 138세가 되었습니다만 아무런 도(道)도 얻은 것이 없습니다."
하고 그대로 가려고 했다. 이에 동방삭(東方朔)⁴⁾에게 명하여 이 사람이 어떠한 도술(道術)을 가지고 있는지 관찰(觀察)하게 했다. 이에,
　"이 사람은 음도(陰道)의 술(術)⁵⁾을 가지고 있습니다."
하고 동방삭(東方朔)은 봉답(奉答)했다.
　이에 무제(武帝)는 좌우의 사람을 멀리 가게 하고 자도(子都)에게 하문(下問)하자 자도(子都)는 대답했다.
　"저는 나이 65세 때에 허리가 아프고 다리가 차서 더워지지 않고, 입속이 말라서 혀가 쓰고, 눈물이 흘러내리면서 전신(全身)이 마디마디 아프고 피로해서 오래 서 있지도 못했사온데,

이 도(道)를 터득한 뒤로 73년, 지금 26명의 자식이 있습니다. 오체(五體)가 강건(强健)해서 아무런 병도 없고 기력(氣力)이 젊을 때 그대로여서 아무런 외로움도 없습니다."

무제(武帝)가,

"그대는 몰인정(沒人情)한 사람이로다. 그러한 도(道)를 가지고 있으면서 짐(朕)에게 들려 주지 않다니 충신(忠臣)이 아니로군!"

하자, 자도(子都)는 대답했다.

"저도 역시 이 도(道)의 진실(眞實)한 것은 잘 알지 못합니다. 하오나 남녀(男女) 음양(陰陽)의 일에 관한 사사로운 일은 신 하로서 말씀드리기 어려운 것도 있습니다. 또 이것을 실행하는 것은 모두 인정(人情)에는 어긋나는 일이어서 이것을 잘 하는 자는 드뭅니다. 그런 까닭에 일찍이 말씀드리지 않았던 것이옵니다."

그러나 무제(武帝)는,

"사양할 것은 없다. 장난으로 한 말이다."

하고, 이내 그 법의 전수(傳授)를 받게 되었다.

자도(子都)는 나이 2백 세로서 수은(水銀)을 먹고 백일 승천(白日昇天)했다. 무제(武帝)도 상당히 그 법을 실천해 보았으나, 완전히 이 법을 쓰지는 못했다. 그래도 장수(長壽)를 얻은 것은 전대(前代)의 황제(黃帝)보다는 훨씬 길었다.

註

1) 北海 : 한(漢)의 북해군(北海郡). 산동성 창락현(昌樂縣)의 동남쪽.
2) 駙馬都尉 : 원래 황제(黃帝)의 말을 관리하는 직책이었으나, 위진(魏晋) 이후로는 황제(黃帝)의 사위의 명칭이 되었다.
3) 渭橋 : 섬서성(陝西省) 장안성(長安省) 북쪽. 위수(渭水)에 놓은, 북쪽

함양(咸陽)으로 통하는 다리.
4) 東方朔:《열선전(列仙傳)》에 나온다.
5) 陰道術: 음양 방중술(陰陽房中術)을 말함.《진선통감(眞仙通鑑)》에서는 음술(陰術)이라고 했다.

몸에 독(毒)이 되는 규방약(閨房藥) —— 방중환(房中丸)

한적한 시골의 절에서 양지에 앉아 볕을 쬐며 이를 잡는 행각승(行脚僧)이 있었다. 그 옆에 놓여 있는 지팡이에 조그만 바가지가 매달려 있는데, 그 속에는 약이 담겨 있는 것 같았다. 지나가던 사나이가 그 행각승에게 물었다.
"스님, 혹 약을 팔러 다니는 게 아닙니까?"
그러자 행각승이 대답했다.
"맞소이다. 약한 것을 강하게 하고 가는 것은 굵게 해주는 약이지요. 효험이 금방 나타나지요."
사나이는 기뻐하며 그 약을 사려고 했다. 행각승은 바가지 속에서 수수알만한 환약을 꺼내 주었다. 그 약을 먹은 사나이는 30분쯤 지나자 남성의 심벌이 3분의 1 가량 커졌다. 그 정도로는 만족하지 못한 사나이는 행각승이 측간에 간 사이를 틈타서 두어 개를 더 먹었다. 그러자 피부가 온통 찢어지는 것 같은 통증이 일더니 목줄기가 뻣뻣해지고 남성의 심벌이 점점 팽창했다. 어찌할 바를 몰라하는 사나이 앞에 행각승이 나타났다.
"약을 훔쳐 먹었구먼?"
행각승은 마땅치 않다는 표정으로 환약 한 개를 더 먹였다.
사나이의 통증은 차츰 가셨는데 남성의 심벌은 양 다리 크기만큼 커져 있었다. 사나이는 비틀거리며 집에 돌아갔으나 그 후 폐인이 되다시피 하여 길가에 그냥 누워 있을 뿐이었다.
《요재지이(聊齋志異)》 권 15, 약승(藥僧)에 있는 이야기이다.

劉 憑

　유빙(劉憑)¹⁾은 패국(沛國) 사람이다. 전공(戰功)이 있어서 수광(壽光)²⁾의 금향후(金鄕侯)³⁾에 봉해졌다. 직구자(稷丘子)⁴⁾에게서 도(道)를 배워 항상 석계영(石桂英)⁵⁾과 중악(中嶽)⁶⁾의 석유황(石硫黃)⁷⁾을 복용(服用)하여 나이가 3백여 세인데도 아주 젊은 용모(容貌)를 가지고 있었다. 그가 가장 득의(得意)로 여기는 것은 금기(禁氣)의 술(術)이었다.

　장안(長安)에 와서 있을 때의 일이다. 상인(商人)들은 유빙(劉憑)이 방술(方術)을 알고 있다는 것을 듣고 찾아가서 인사를 하고 기어이 같이 가서 그대의 힘으로 도움을 달라고 청했다. 유빙(劉憑)이 '좋다'고 말하자 백여 명이나 되는 사람이 유빙(劉憑)을 따라갔다.

　그러나 산 속으로 가다가 수백 명의 도적떼를 만났다. 그들은 칼을 빼들고 활을 당기면서 사방에서 포위했다. 이 때 유빙(劉憑)이 도적들에게 말했다.

　"너희들도 사람이라면 착실히 살아라. 재주를 펴고 덕을 넓혀서 관리로서 봉록(俸祿)을 받는 것이 되지 않으면 뼈가 부러지도록 일하는 것이다. 그런데 부끄러움도 모르고 악한 마음을 일으켜 도적의 일을 가르쳐서 남에게 위해(危害)를 주어 돈을 번다는 것은 이야말로 시체를 저자에 버리고 살덩이를 까마귀에게 먹게 하는 것이다. 너희들의 활과 화살이 무슨 소용이 있겠느냐?"

그러나 도적떼는 상인(商人)들에게 화살을 쏘았다. 그랬더니 화살은 모두 쏜 사람에게로 되돌아온다. 그 뒤로 큰 바람이 불어와서 나무를 꺾고 모래를 날라 온다. 이 때 유빙(劉憑)은 큰 소리로 외쳤다.
 "이 멍청이들아! 또 활을 쏠 테냐? 천병(天兵)이 와서 먼저 나쁜 일을 생각해 낸 놈을 머리에서부터 찔러 죽일 것이다."
 유빙(劉憑)의 말이 끝나기가 무섭게 도적의 무리는 지면(地面)에 엎드려 손을 등뒤로 돌리고 꼼짝도 못하게 되고 입을 벌리고 숨도 잘못 쉬어 이제라도 죽을 것만 같다. 그 중에 말을 할 수 있는 자가 있어,
 "목숨만 살려 주신다면 이제부터는 나쁜 일을 하지 않고 참다운 사람이 되겠습니다."
했다. 상인(商人)들 중에는 도적을 베어 죽이려 하는 자도 있었으나 유빙(劉憑)은 이를 세지(制止)시키고 엄숙하게 도적들을 경계했다.
 "원래는 너희들을 모두 죽일 것이지만 불쌍히 여겨서 살려 보내는데, 그래도 도적질을 할 셈이냐?"
하자, 도적들은 모두 목숨을 빌면서,
 "이제부터 마음을 고치겠습니다. 앞으로는 절대로 도적질을 하지 않을 것입니다."
한다. 이에 유빙(劉憑)은 천병(天兵)들에게 명하여 모두 방면(放免)시키니 도적들은 각자 도망해 흩어져 갔다.
 또 이러한 일도 있었다. 한 주민(住民)의 아내가 마물(魔物)에게 홀려서 오래도록 병이 낫지 않는 것을 유빙(劉憑)이 악마(惡魔)를 쫓아 주었다. 그 집 옆에는 우물이 있었는데 그 물이 저절로 마르고 그 속에는 한 마리의 교룡(蛟龍)이 말라 죽어 있었다.
 또 옛 사당이 있었는데 사당 옆에는 나무가 한 그루 있고 언제

나 나무 위에 빛나는 것이 있어서 사람이 그 아래에 서 있으면 대개는 급사(急死)하는 것이었다. 새도 그 나뭇가지에는 집을 지으려 하지 않는다. 이에 유빙(劉憑)이 악마(惡魔)를 쫓자, 한여름에 그 나무가 마르고 길이가 7, 8자나 되는 뱀 한 마리가 나무에서 늘어져 죽었다. 이로부터는 아무런 재앙도 없었다.

유빙(劉憑)의 종제(從弟)가 어떤 사람과 토지(土地)를 가지고 다투어 함께 지사(知事) 앞에서 소송(訴訟)을 하게 되었다. 종제(從弟)에게는 친척이 적었지만 상대방에게는 응원하는 친척이 많아서 변호(辯護)에 서는 자가 4,50인이나 있었다. 유빙(劉憑)은 몇 번이고 반론(反論)을 펴고 있다가 갑자기 격노(激怒)해서,

"너희들 끝까지 할 셈이냐?"

하고 소리를 지름과 동시에 번개불과 천둥소리가 울리면서 붉은 빛이 집안 가득히 비쳤다. 이에 상대방 사람들은 한꺼번에 땅에 엎드려 정신을 잃었다. 지사(知事)는 크게 두려워하여 무릎을 꿇고 빌기를,

"바라건대 조금 노여움을 늦추십시오. 이치로 따져 결코 잘못된 일은 하지 않겠습니다."

한다. 이로부터 조금 시간이 걸려 사람들은 겨우 일어날 수가 있었다.

이 일을 한(漢)의 무제(武帝)가 듣고 칙명(勅命)으로 불러 시험해 보기로 했다.

"궁전(宮殿) 근처에 괴상한 일이 있어서 때때로 수십 명의 붉은 옷을 입은 사람들이 머리를 어지럽게 풀어내리고 촛불을 들고 서로 계속해서 말을 달린다. 여기에도 도술(道術)이 듣는가?"

하고 묻자 유빙(劉憑)은,

"그것은 보잘것없는 요술에 지나지 않습니다."

한다.

밤이 되자 무제(武帝)는 사람을 시켜 요술쟁이의 시늉을 시켰다. 이 때 유빙(劉憑)은 대궐 위에 있다가 호부(護符)를 그들에게 집어 던지자 그들은 모두 얼굴을 땅에 대고 입은 불에 타서 숨도 쉬지 못했다. 무제(武帝)가 크게 놀라서,
"이것은 요술이 아니다. 짐(朕)이 시험삼아 해 본 것이다."
하므로 겨우 도술(道術)을 풀어 주었다.
유빙(劉憑)은 그 뒤에 태백산(太白山)[8]에 들어갔다가 수십 년만에 고향으로 돌아왔는데 안색(顔色)은 더욱 젊어졌다.

註
1) 劉憑 : 다른 책에는 유빙(劉馮)으로 나와 있다.
2) 壽光 : 한(漢)의 수광현(壽光縣). 지금의 산동성(山東省) 수광현(壽光縣).
3) 金鄕侯 : 금향(金鄕)은 한(漢)의 금향현(金鄕縣)으로서 산동성(山東省) 제령도(濟寧道)에 소속되었다.
4) 稷丘子 : 《열선전(列仙傳)》에 나오는 직구군(稷丘君).
5) 石桂英 : 석계(石桂)는 석영(石英). 선약(仙藥)이 되는 광물(鑛物).
6) 中嶽 : 숭산(嵩山)을 말함.
7) 石硫黃 : 유황(硫黃)을 말함.
8) 太白山 : 섬서성(陝西省) 미현(郿縣)의 태백산(太白山).

欒 巴

난파(欒巴)는 촉군(蜀郡)의 성도(成都) 사람이다. 젊었을 때부터 도(道)를 좋아하여 속사(俗事)에는 얽매이지 않았다. 그 때의 태수(太守)가 친히 난파(欒巴)를 방문(訪問)하여 사우(師友)의 예(禮)로 대우하면서 기어이 공조(功曹)[1]의 직책을 맡아달라고 간청(懇請)했다. 난파(欒巴)가 부임하자 태수(太守)는,

"그대는 도술(道術)을 배웠다고 들었다. 시험삼아 한 번 이상한 일을 보여 주지 않겠는가?"

欒 巴

했다. 난파(欒巴)는,

"알았습니다."

하고 대답하더니 앉아 있는 그대로 벽 속으로 물러나 들어가더니, 뭉게뭉게 구름 모양이 되었다고 생각했더니 이내 소재(所在)를 알 수 없었다. 벽의 밖에 있던 사람이 보니 그것은 한 마리의 범

으로 변해 있었다. 사람들이 놀라 있을 때 그 범은 성큼성큼 걸어서 공조(功曹)의 관사(官舍)로 돌아가고 있다. 이에 사람들이 그 범을 보러갔더니, 범은 난파(欒巴)가 되어 있었다.

그 뒤에 그는 효렴(孝廉)으로 천거되어 낭중(郎中)에 임명되었다가 드디어 예장(豫章)2)의 태수(太守)로 전임(轉任)했다.

여산(廬山)3)의 사당에는 신(神)이 있어서 흔히 장막 속에 있으면서 외부(外部) 사람을 상대로 이야기를 하거나 술을 마시거나, 술잔을 공중(空中)에 던지는 일도 하고 있었다. 여기에 나가서 행운(幸運)을 빌면 따로따로 배를 타고 강호(江湖)에 간 사람이라도 도중(途中)에서 만나도록 해 주기도 했다.

난파(欒巴)가 군(郡)에 부임해서 그 사당에 가 보았더니 그 신(神)은 어디로 갔는지 알 수가 없다. 난파(欒巴)는,

"사당의 괴물(怪物)은 하늘의 선관(仙官)이라고 거짓말을 하고 오랫동안 백성들을 해쳐 왔다. 그 죄는 본래부터 처벌(處罰)했어야 했다. 직무(職務)는 공조(功曹)에 맡겨 두고 내 스스로 체포하러 가야겠다. 만일 이 기회에 퇴치(退治)해 두지 않으면, 이후에도 세상을 돌아다니면서 어느 곳에서나 물건을 받고 양민(良民)을 괴롭혀서 정중(鄭重)한 기원(祈願)을 강요(强要)할 걱정이 있다."

하고 여러 곳을 돌아다니면서 산천 토지(山川土地)의 신(神)들을 찾아보고 괴물(怪物)의 행방(行方)을 찾았다.

이 괴물은 이에 제군(齊郡)4)으로 도망해서 서생(書生)으로 화(化)하여 재치있게 경서(經書)를 공부했다. 그 후에 태수(太守)의 딸을 아내로 맞았다.

난파(欒巴)는 그 소재(所在)를 알아서 위에 상신(上申)하여 태수(太守)에게 그를 체포(逮捕)하여 호송(護送)하도록 부탁했으나 그 괴물(怪物)은 나오지 않았다.

난파(欒巴)는 태수(太守)에게 말했다.
"태수(太守)의 사위는 사람이 아닙니다. 그는 여러 겁(劫)을 거쳐서 화물(化物)이 사당의 신(神)이 되어 있었던 것입니다. 이제 여기까지 도망왔기 때문에 불러서 체포하러 온 것입니다."
나오도록 태수(太守)가 소환(召喚)했으나 역시 얼굴을 보이지 않는다.
"나오게 하는 것은 어려울 것이 없소."
하고, 태수(太守)에게 영장(令狀)을 쓰도록 하고 다시 난파(欒巴)가 호부(護符)를 다 쓰자 긴 휘파람 소리[5] 한 마디를 내니 공중에서 갑자기 어떤 사람이 오더니 그 호부(護符)를 가지고 간다. 하지만 사람의 형체는 보이지 않는다. 일좌(一座)의 사람들은 모두 놀랐다.
한편 호부(護符)가 도착하자 서생(書生)은 아내를 보고 울면서,
"내가 나가면 반드시 죽는다."
했다. 얼마 후에 서생(書生)은 스스로 호부(護符)를 손에 쥐고 뜰 앞에 나타났으나 난파(欒巴)를 보더니 앞으로 나오려 하지 않는다. 이에 난파(欒巴)가,
"이 괴물(怪物)아! 그래도 정체(正體)를 나타내지 않겠느냐."
하고 꾸짖자마자 한 마리의 들고양이[6]로 변하더니 머리를 두드리면서 살려달라고 애걸했다. 난파(欒巴)가 죽이라고 명령하자 공중에서 칼이 떨어져 오더니 들고양이의 머리가 땅에 구르는 것을 모두 보았다. 태수(太守)의 딸은 이에 한 아들을 낳았으나 역시 들고양이의 정체(正體)를 나타내므로 이것도 죽여 버렸다.
난파(欒巴)는 예장(豫章)으로 돌아왔으나 군내(郡內)에는 도깨비가 많고 또 다리가 하나인 도깨비도 많아서 인민(人民)들을 괴롭혔다. 그러나 난파(欒巴)가 부임한 후에는 그 재앙이 없어지고, 모든 요괴(妖怪)가 한꺼번에 소멸(消滅)되었다.

그 뒤에 불리어서 상서랑(尙書郎)이 되었다. 정월 원단(元旦)의 대연회(大宴會)에 난파(欒巴)는 좀 늦게 나갔고 주기(酒氣)를 조금 띠고 있었다. 백관(白官)에게 술이 하사되자 그는 이것을 마시지 않고 입에 물고서 서남쪽을 향하여 '후!'하고 내뿜었다. 관리들이 난파(欒巴)의 불경(不敬)함을 상주(上奏)하여 칙명(勅命)에 의하여 불러서 묻자 난파는 대답했다.

"저의 향리(鄕里)에서는 제가 요괴(妖怪)를 잘 퇴치(退治)하고, 병에서 보호해 주었기 때문에 저를 위하여 살아 있는 사람을 위한 사당을 지어 주었습니다. 오늘 아침에 장로(長老)들이 모두 사당에 모여서 저에게 향응(饗應)하는 바람에 저는 술을 잘 마시지 못해서 이렇게 주기(酒氣)를 띠게 되었습니다. 그런데 저는 마침 성도(成都)에 화재가 있는 것을 보고 이와 같이 술을 뿜어 화재를 구했을 뿐입니다. 제가 한 일은 불경(不敬)을 한 것이 아니오니 사실을 조사시켜서 만일 거짓일 때는 벌을 받겠습니다."

이에 발빠른 말을 내어 공문(公文)을 가지고 성도(成都)에 조회(照會)했다. 이윽고 보고가 왔는데,

"정월 원단(元旦)에 일찍 화재가 있었는데 갑자기 큰 비가 세 번 동북쪽에서 몰려와 불은 이내 꺼졌다. 이 때 내린 비는 모두 술기운이 있었다."

는 것이었다.

그 후 어느 날 아침, 갑자기 큰 풍우(風雨)가 일어나더니 천지가 어두워서 앞에 있는 사람도 보이지 않았다. 이로부터 난파(欒巴)의 행방(行方)을 알 수 없게 되었다. 조사해 보니 난파(欒巴)는 이미 성도(成都)로 돌아가 아는 사람들에게 작별을 알리고 이제 두 번 다시 돌아오지 않는다고 말해서 노유(老幼)가 모두 사당에서 전송했다는 것이다.

그가 떠나갈 때에는 역시 풍우(風雨)가 몰려오고 천지가 어두운 채 행방 불명(行方不明)이 되었다는 것이었다.

註
1) 功曹 : 한대(漢代)의 관직 이름. 관리의 근무(勤務)의 평정(評定)이나 임명(任命)의 일을 맡아 처리하는 곳.
2) 豫章 : 한(漢)의 예장군(豫章郡). 지금 강서성(江西省) 남창현(南昌縣).
3) 廬山 : 강서성(江西省) 구강현(丘江縣) 남쪽의 산.
4) 齊郡 : 전한(前漢)의 제군(齊郡).
5) 長嘯 : 소(嘯)는 입으로 소리를 내어 길게 부르는 법. 도사(道士)가 귀신을 불러 심부름시킬 때 내는 소리.
6) 野猫 : 살쾡이

左 慈

　좌자(左慈)의 자(字)는 원방(元放), 여강(廬江)¹⁾ 사람이다. 오경(五經)에 밝고 겸해서 성점(星占)에도 통하고 있었다. 한왕조(漢王朝)의 명맥(命脈)도 쇠하기 시작하여 천하에 난(亂)이 일어나려 하는 것을 보고,
　　"이러한 쇠란(衰亂)의 즈음에는 관위(官位)가 높은 자는 위태하고 재산이 많은 자는 죽음을 당한다. 현세(現世)의 영화(榮華)도 남낼 것이 못 된다."
고 탄식하고, 이로부터 도(道)를 배워 그 중에서도 육갑(六甲)²⁾에 정통(精通)하고 귀신을 잘 사역(使役)하여 맘대로 음식을 운반할 수가 있었다. 천주산(天柱山)³⁾ 속에서 연찬(研鑽)을 거듭하여 석실(石室) 안에서《구단금액경(九丹金液經)》을 입수(入手)해서 여러 모양으로 변화하는 것이 셀 수 없었다.
　위(魏)의 조공(曹公)⁴⁾이 이 말을 듣고 불러내어 한 석실(石室) 속에 가두어 두고 사람을 감시(監視)시켜 1년 동안 곡기(穀氣)를 끊었다가 꺼내 놓았는데 안색(顔色)이 옛날 그대로였다. 이에 조공(曹公)은 생각했다.
　　"인간으로서 음식을 먹지 않는 자는 없는데 좌자(左慈)만이 이러하다는 것은 반드시 사도(邪道)임에 틀림없다."
하여 이를 죽이리라 생각했다. 그러나 좌자(左慈)는 미리부터 이것을 알고 은퇴(隱退)하겠다고 말했다. 조공(曹公)이,

"어찌해서 급히 이런 말을 하느냐."
하자,
"죽음을 당할 것 같아서 도망하고 싶다고 말씀한 것뿐입니다."
했다.
"그러한 생각은 하지 않았다."
고 조공(曹公)이 말했지만 그 뜻을 존중하여 억지로 머물러 있으려고는 하지 않았다.
　이에 좌자(左慈)를 위하여 주연(酒宴)이 베풀어졌다.
"이제부터 오랫동안 뵈올 수 없을 것입니다. 바라건대 술잔을 나누어서 술을 먹고 싶습니다."
하자 조공(曹公)도,
"좋다."
고 한다. 그 날은 추운 날인데도 술을 데워 뜨거울 때 좌자(左慈)는 도관(道冠)의 비녀를 빼어 술을 저었다. 그런데 비녀는 마치 먹을 가는 것과 같이 보고 있는 동안에 없어져 버렸다.
　처음에 조공(曹公)은 좌자(左慈)가 잔을 나누어 술을 마시자는 것을 조공(曹公)이 먼저 마시고 그 후에 좌자(左慈)가 잔을 드는 것으로 알았다. 그러나 비녀를 가지고 술잔 속을 끊자 술은 중간이 끊어져서 두어 치의 간극(間隙)이 생겼다. 이에 좌자(左慈)는 금시에 그 절반을 마시고 나머지를 조공(曹公)에게 주었다. 조공(曹公)은 불쾌해서 금방 입에 대지 않고 있자 좌자(左慈)는 그것을 모두 자기가 먹고 싶다고 말하고 그것을 마시고 나더니 술잔을 기둥나무에 던졌다.
　그러나 그 술잔은 하늘에 매달려 흔들려 움직이면서 마치 나는 새가 위를 향하고 아래를 향하듯이 떨어질 듯 떨어지지 않는다. 만좌(滿座)한 사람들은 이 술잔을 주시(注視)하지 않는 자가 없었으나 술잔은 조금 있다가 떨어져 내려왔다.

그러나 이 때에는 이미 좌자(左慈)의 모습은 보이지 않았다. 찾아보니 그는 자기의 숙소(宿所)에 이미 돌아가 있었다.

조공(曹公)은 더욱 좌자(左慈)를 죽이고 싶었다. 과연 죽음을 잘 면할 수 있는지 없는지를 시험해 보고 싶다고 생각하여 좌자(左慈)를 체포하라는 명령을 내렸다. 이에 좌자(左慈)는 도망하여 양(羊)의 무리 속에 섞였기 때문에 잡으러 온 사람의 눈에 띨 리가 없다. 이에 맨 끝에서부터 양의 수를 세어 나갔더니 역시 한 마리가 남았다. 여기에서 좌자(左慈)가 양으로 화(化)했다는 것을 알게 되었다. 잡으러 간 사람은,

"우리 주인께서는 선생을 만나 뵙겠다는 의향뿐이니 잠시 돌아 가셔도 아무런 걱정이 없습니다."

하자 갑자기 큰 양이 앞으로 나와 무릎을 꿇고서,

"그럴 리가 없다."

고 한다. 좌자를 잡으러 간 자는,

"이 양이 바로 좌자(左慈)이다."

하고 그 양을 잡으려 하자 양의 무리는 일제히 그 사람을 향하여,

"그럴 리가 없다."

하고 외치므로 잡으러 간 사람은 좌자(左慈)의 소재(所在)를 알지 못하게 되어 잡는 일을 중지하고 말았다.

그 후에 좌자(左慈)가 있는 곳을 아는 자가 있어서 이것을 조공(曹公)에게 보고했다. 조공(曹公)은 또 관리들을 보내어 좌자를 체포했다. 좌자로서는 몸을 숨기는 것이 어려운 일이 아니지만, 일부러 그 변화의 모습을 보여 주기 위한 것이었으므로 잡혀서 감옥에 들어갔다. 감옥의 관리가 그를 고문(拷問)하려 하자 감옥 안에도 한 사람의 좌자(左慈)가 있는가 했더니 감옥 밖에도 한 사람의 좌자가 있어서 누가 누구인지 판단할 수가 없다. 조공(曹

公)은 이 말을 듣고 짜증이 나서 그를 끌어 내어 시중(市中)에서 죽이기로 했다. 그러나 이러는 사이에 갑자기 좌자(左慈)의 행방(行方)을 잃었기 때문에 성문을 닫고 수색(搜索)을 시작했다.

좌자(左慈)를 모르는 자가 있어 그 인상(人相)을 묻자 한쪽 눈이 애꾸이고 푸른 갈포(葛布)로 만든 두건(頭巾)을 쓰고 푸른 빛의 홑옷을 입고 있으니 그런 자를 보거든 즉시 잡으라고 했다. 그랬더니 이번에는 온 시중(市中) 사람이 모두 한쪽 눈이 멀고, 푸른 두건(頭巾)에 푸른 옷을 입고 있어서 결국 찾아내지 못했다. 이에 조공(曹公)은 화가 나서 아무 구별 없이 닥치는 대로 잡아서 베기로 했다. 그러나 뒤에 좌자를 발견한 자가 있어 잡아 죽여서 조공(曹公)에게 바쳤으므로 조공(曹公)은 크게 기뻐했으나 그가 가지고 온 사람을 자세히 보니 그것은 짚으로 만든 인형(人形)이었다. 그 시체(屍體)를 조사해 보려 했으나 이것도 또한 소재(所在)를 알 수가 없었다.

그 뒤에 형주(荊州)5)에서 온 사람이 있어서 좌자(左慈)를 만나서 말하기를 자사(刺史)6)인 유표(劉表)7)도 조공(曹公)과 같이 좌자(左慈)가 민중(民衆)을 의혹시키는 자로 보아서 이를 잡아 죽일 셈으로 유표(劉表)가 출진(出陣)하여 무력(武力)을 보여 주고 있다는 것이다. 이에 좌자(左慈)는 자기의 도술(道術)을 보고 싶어서 하는 일이라고 추찰(推察)하여 서서히 그 곳으로 나갔다. 유표(劉表)를 찾아보고 이렇게 말했다.

"사소한 바칠 물건이 있습니다. 군대에게 병량(兵糧)을 올리고 싶습니다."

그러나 유표(劉表)는 말했다.

"그대는 혼자 다니는 나그네인데 나의 많은 군대에게 줄 식량이 어디에 있단 말인가?"

그러나 좌자(左慈)는 거듭거듭 말하므로 유표(劉表)는 어찌하나 태도를 보기로 했다.

거기에는 술이 한 말과 그릇에 건육(乾肉)이 한 묶음 있었다. 그러나 이것을 열 사람이 들어도 들어지지 않는다. 이 때 좌자가 나가서 칼로 건육(乾肉)을 잘라서 땅 위에 던지면서 대장(隊長)을 보고 술과 건육(乾肉)을 줄 테니 병사(兵士)들에게 술 석 잔과 건육(乾肉) 한 조각씩을 나누어 주었으면 좋겠다고 부탁했다. 먹어 보니 통상(通常)의 건육(乾肉)과 맛이 같았다. 전부가 1만 인분(分)이 돌아갔는데도 그 곳에 있던 술은 그대로이고 건육(乾肉)도 없어지지 않았다.

그 자리에는 또 손님이 1천 명이나 있었는데 이들도 모두 크게 취할 수가 있었다. 유표(劉表)는 크게 놀라 이제 좌자(左慈)를 죽일 마음도 없어졌다.

수일 후에 그는 유표(劉表)를 버려 두고 그 곳을 떠나 동오(東吳)[8]로 들어갔다. 서타(徐墮)라는 자가 있어 도술(道術)을 익혔는데, 이 사람이 단도(丹徒)[9]에 살고 있었다. 좌자(左慈)가 그를 방문(訪問)했는데 서타(徐墮)의 집에는 손님이 와 있어서 우차(牛車)도 6,7대(臺)나 있었다. 좌자(左慈)에게 거짓말을 하여 서공(徐公)은 집에 없다고 했다. 좌자(左慈)는 그 사람이 거짓말을 한다는 것을 알고 그 곳을 떠났다. 그 곳에 있던 손님이 보니 수레를 끌던 소가 나뭇가지를 걷고 있다. 나무 위에 올라가 보니 보이지 않고, 내려와서 보면 또 나무 위를 걷는 것이 보인다. 그 위에 수레바퀴는 어느 것에나 가시가 돋아 한 자는 자라서 잘라도 잘리지 않고 밀어도 움직이지를 않는다. 손님들은 기분이 나빠서 즉시 서공(徐公)에게 보고했다.

"어떤 애꾸눈 한 노인이 왔기에 별 볼일 없는 사람으로 알고, 서공(徐公)께서 계시지 않다고 말했더니 그가 돌아가자마자 소가 모두 저 모양이 되었습니다. 대체 무슨 일입니까?"

했더니 서공(徐公)은,

"무엇이라고? 그분은 바로 좌자(左慈)님이시다. 나를 찾아왔던 것인데 잘못 되었구나. 빨리 쫓아가서 모셔오도록 하라."

했다. 손님이 빠른 걸음으로 쫓아가 겨우 좌자를 만나 머리를 조아려 사과하자 좌자도 기분을 고치고 서공(徐公)에게로 돌아왔다. 돌아와 보니, 소도 수레도 그전 그대로였다.

한편 좌자(左慈)가 오(吳)의 손토역(孫討逆)[10]을 만났더니 손(孫)도 또한 좌자(左慈)를 죽이려고 생각하고 있었다. 그 후 외출(外出)을 할 때 좌자(左慈)에게도 동행(同行)하자고 청하여 그를 말 앞으로 걸어가게 하여 등뒤에서 찔러 죽일 셈이었다. 이 때 좌자(左慈)는 말 앞을 굽이 높은 나막신을 신고 대나무 지팡이를 짚고서 천천히 걸어갔다. 손(孫)은 말에 채찍을 때리고 창을 손에 쥐고서 그를 쫓아갔으나 아무리 해도 따라갈 수가 없었다. 이에 좌자(左慈)가 도술(道術)을 가지고 있다는 것을 알고 중지하고 그만 두었다.

뒤에 좌자(左慈)는 그 의도(意圖)를 갈선공(葛仙公)[11]에게 고하고, 이로부터 곽산(霍山)[12]에 들어가서 구전단(九轉丹)[13]을 조합(調合)해서 복용(服用)할 것이라 하고 드디어 승선(昇仙)했다.

註
1) 廬江 : 한(漢)의 여강현(廬江縣). 안휘성(安徽省) 여강현(廬江縣) 서쪽 땅.
2) 六甲 : 둔갑(遁甲)의 술(術). 변화 은신(變化隱身)의 술법(術法)을 말함.
3) 天柱山 : 안휘성(安徽省) 잠산현(潛山縣) 서북쪽에 있는 잠산(潛山)의 최고봉(最高峰)을 천주산(天柱山)이라 함.
4) 曹公 : 조조(曹操)를 말함.
5) 荊州 : 호북성(湖北省) 양양현(襄陽縣).
6) 刺史 : 지방행정(地方行政)의 순찰(巡察)의 책임을 가진 장관(長官).

左 慈

7) 劉表 : 후한(後漢)의 장군. 헌제(獻帝) 때 형주자사(荊州刺史)로서 호북성(湖北省) 양양(襄陽)에 머물러 있었다.
8) 東吳 : 강소성(江蘇省) 땅.
9) 丹徒 : 강소성(江蘇省) 단도현(丹徒縣).
10) 孫討逆 : 삼국(三國) 때 오(吳)의 손책(孫策). 조조(曹操)에게서 오후(吳侯)에 봉해지고 토역 장군(討逆將軍)이라 일컬어졌다.
11) 葛仙公 : 갈현(葛玄)을 말함. 갈현(葛玄)은 갈현(葛玄) 조(條)에 보라.
12) 霍山 : 곽산(霍山)이라는 이름은 산서(山西)·하남(河南)·안휘(安徽)·호북성(湖北省) 등에 있지만 그 중에 가장 알려진 것은 산서성(山西省) 곽현(霍縣) 동남쪽의 곽태산(霍太山).
13) 九轉丹 : 태청단(太淸丹). 일전단(一轉丹)으로부터 차례로 구전단(九轉丹)까지 있는데 일전단(一轉丹)은 이것을 먹으면 3년 만에 선인(仙人)이 되고 구전단(九轉丹)은 3일 동안 먹으면 신선이 된다고 한다.

壺 公

　　호공(壺公)이라는 사람은 그 성명(姓名)은 전하지 않는다.[1] 지금 세상에 행해지고 있는《소군부(召軍符)》나《소귀신치병왕부부(召鬼神治病王府符)》등 모두 20여 권이 호공(壺公)에 의해서 만들어졌으므로 이것을 모두《호공부(壺公符)》라고 한다.
　　그 당시 여남(汝南)[2]에 비장방(費長房)이라는 사람이 있어 고을의 관리를 하고 있었다. 어느 날 호공(壺公)이 먼 곳에서 와서 시중(市中)에서 약을 파는 것을 보았는데 아무도 그의 얼굴을 아는 자는 없었다. 약을 파는 데도 에누리는 한 푼도 없고 병은 모두 나았다. 사는 사람을 보고,
　　"이 약을 먹으면 반드시 어떠 어떠한 물건을 토하고 아무 날 고치게 된다."
고 하면 언제나 그대로 되었다. 그 약 파는 돈은 하루에 수만 금(數萬金)의 수입이 있는데 이것을 모두 시중(市中)의 가난뱅이에게나 기한(飢寒)에 괴로움을 받는 사람들에게 나누어 주고 겨우 4, 50전(錢)만을 남겨 두었다. 평소(平素)에 항상 한 개의 빈 병을 집 위에 매달아 놓고 해가 저물면 호공(壺公)은 병 속으로 뛰어 들어가는데 이것은 아무에게도 보이지 않았다. 다만 비장방(費長房)만이 다락 위에서 이것을 보고 있어서 그가 범인(凡人)이 아니라는 것을 알았다.
　　장방(長房)은 이로부터 매일 호공(壺公)이 앉아 있는 지면(地

面)을 소제(掃除)해 주고, 맛있는 음식도 만들어 올렸으나 호공(壺公)은 그것을 받으면서도 인사도 하지 않았다. 이러한 일이 오랫동안 계속되었지만 장방(長房)은 부지런히 이를 계속하면서 또 아무것도 요구하지 않았다.

호공(壺公)은 장방(長房)의 성실(誠實)함을 인정하여,

"해가 저물어 아무도 없을 때 다시 오도록 하라."

했다. 장방(長房)이 그 말대로 가 보았더니 호공(壺公)은,

"내가 병 속으로 뛰어 들어가는 것을 보고 그대도 내가 하는 대로 뛰어 오르면 저절로 병으로 들어갈 것이다."

했다. 장방(長房)이 그 말대로 해 보았더니 과연 자기도 모르는 사이에 병 속으로 들어갔는데 병 속으로 들어가 보니 그것은 이미 병이 아니고 눈에 보이는 것을 오직 선궁(仙宮)의 세계(世界)로서 누각(樓閣)이나 이중(二重) 삼중(三重)의 문과 2층으로 꾸며진 긴 복도가 있고 좌우에서 수십 인의 시자(侍者)가 있었다.

호공(壺公)은 장방(長房)에게 말했다.

"나는 선인(仙人)이다. 옛날에는 천계(天界)의 관리였으나 책임을 태만(怠慢)히 했다고 질책(叱責)을 받고 인간계(人間界)로 내쳐진 것이다. 그러나 그대는 희망이 있다. 나를 만나게 된 것도 그 까닭이다."

장방(長房)은 자리에 엎드려 머리를 조아리고,

"속인(俗人)이라 아무것도 모르고 실례(失禮)를 저질렀으나 다행히 연민(憐憫)의 정을 베푸시니 마치 새로 살아난 것 같습니다. 다만 아무런 능(能)한 것도 없는 속물(俗物)인 까닭에 아무런 쓸모도 없사오니 만일 어지신 용서를 해주신다면 생전에 심부름을 다 하겠습니다."

하자,

"그렇다면 다행한 일이지만 이 사실을 남에게 누설(洩泄)하지

말라."

했다. 호공(壺公)이 장방(長房)이 사는 다락 위를 찾아와서,

"내가 술을 조금 가지고 왔으니 같이 마시자. 술은 뜰 아래에 두었다."

한다. 장방(長房)이 사람을 보내어 가져오게 했더니 술독을 들어 올릴 수가 없었다. 수십 명이 덤벼도 도저히 들어올릴 수가 없었다. 이 사실을 호공(壺公)에게 알리자 호공(壺公)은 내려가서 한 손가락으로 들어올려 가지고 와서 장방(長房)과 함께 마셨다. 술잔은 몹시 큰 것이었는데 저녁때까지 계속해서 마셔도 술은 없어지지 않았다.

장방(長房)을 보고 말하기를,

"나는 아무 날 떠날 예정인데 그대도 갈 수 있겠는가, 어떤가?"

하자 장방(長房)은,

"가고 싶은 마음은 다시 말할 필요가 없습니다. 가족(家族)들도 모르게 나가려고 하는데 거기에는 무슨 좋은 수단(手段)이 없겠습니까?"

하자 호공(壺公)은,

"그것은 아주 쉬운 일이다."

하고 한 개의 푸른 대나무 지팡이를 가져다가 장방(長房)에게 주면서,

"그대는 이 대나무를 가지고 집에 가서 병으로 아프다고 말하고 이 대나무 지팡이를 그대가 누워 있는 곳에 놓아두고 잠자코 나오면 된다."

고 한다. 장방(長房)은 호공(壺公)이 시키는 대로 했다. 그가 떠나간 뒤에 집 사람은 장방(長房)이 죽어 있는 것을 발견했다. 시체(屍體)는 침상(寢床) 위에 있었으나 그것은 자기가 놓아 둔 대나

무 지팡이였다. 집 사람은 울면서 이를 장사지냈다.

　장방(長房)은 호공(壺公)이 있는 곳으로 갔으나 그 위치(位置)를 알 수가 없었다. 이 때 호공(壺公)은 장방(長房)을 범의 무리 속에 남겨 두었다. 범은 이빨을 갈고 큰 입을 벌리고서 장방(長房)을 물려고 했으나 장방(長房)은 두려워하지 않았다.

　이튿날, 이번에는 석실(石室) 속에 가두었다. 머리 위에는 한 장의 네모난 돌이 있는데 너비가 두어 길이나 되는 것을 새끼줄로 매달아 놓았다. 그 위에 무수한 뱀이 몰려 와서 새끼줄을 물어 새끼는 금방 끊어지게 되었다. 그러나 장방(長房)은 태연히 있었다. 호공(壺公)이 와서 이것을 보고 어루만지면서,

"그대는 쓸모가 있다."
고 했다.

　다음에는 또 장방(長房)에게 똥을 먹으라고 했다. 길이가 한 치나 되는 구더기가 더덕더덕하여 지독한 악취(惡臭)가 났다. 장방(長房)이 곤란한 표정을 짓자 호공(壺公)은 탄식하면서 그를 돌려 보내기로 했다.

"그대에게 선도(仙道)는 무리한 일이다. 그대를 지상(地上)의 주인으로 보내 주리라. 수백 세의 장수(長壽)가 될 것이다."

하고, 《호부(護符)》 한 권을 싸서 전수(傳授)하면서,

"이것을 몸에 붙이고 있으면 모든 귀신의 주인이 될 수가 있다. 언제든지 사자(使者)를 부르기만 하면 병을 고치고 재앙을 없앨 수가 있다."

한다. 장방(長房)이 집에 돌아갈 수 없는 것을 걱정하자 호공(壺公)은 한 개의 대나무 지팡이를 주면서,

"이것을 타고 있으면 집에 돌아갈 수가 있다."

고 한다. 장방(長房)은 대나무를 타고 돌아갔다. 잠깐 졸다가 깨었다고 생각할 때 이미 집에 도착해 있었다. 집 사람들이 유령(幽

靈)이라고 말하므로 지금까지의 일을 자세히 말하고 관(棺)을 열고 보니 다만 한 개의 대나무 지팡이였으므로 집 사람들은 겨우 신용(信用)했다. 장방(長房)이 타고 온 대나무 지팡이를 갈파(葛陂)[3]에 던졌는데 자세히 보니 그것은 푸른 용이었다. 집을 나왔다가 다시 돌아간 것이 겨우 하룻동안이라고 생각했는데 집 사람에게 물어 보니 이미 1년이 지났다고 한다.

이로부터 장방(長房)은 호부(護符)를 써서 요괴(妖怪)를 잡아서 병을 고치고 이렇게 해서 고치지 못하는 병이 없었다. 사람과 같이 앉아서 이야기할 때에도 언제나 꾸짖거나 노여워했다. 이유를 물으면,

"그것은 요괴(妖怪)를 꾸짖고 있는 것이다."

한다. 그 때는 여남(汝南)에는 요괴(妖怪)가 많아서 해마다 가끔 군성(郡城)으로 쳐들어왔다. 올 때는 태수(太守)처럼 말을 탄 종자(從者)를 데리고 관청에 들어오면 큰 북을 치고 안팎을 걸어서 돌다가 겨우 돌아가기 때문에 참으로 성가신 일이었다.

장방(長房)이 부(府)의 관청을 방문(訪問)했을 때는 마침 이 괴물(怪物)이 관청 문 앞에 와 있었다. 부(府)의 지사(知事)는 저 속으로 도망하고 장방(長房) 혼자서 남겨졌다. 괴물(怪物)은 그것을 알고 앞으로 나오려 하지 않았다. 장방(長房)이 큰 소리로,

"저 괴물(怪物)을 잡아 오라."

하자 괴물(怪物)은 수레에서 내려 뜰 앞에 엎드려서 머리를 조아리면서 사죄했다. 장방(長房)은 이를 꾸짖어,

"이 죽이기도 아까운 괴물(怪物)아! 점잖게 굴지 못하고 종자(從者)들을 데리고 와서 관청을 놀라게 하다니 죽여도 할 말이 없을 것이다. 빨리 정체(正體)를 나타내라."

하자 괴물(怪物)은 갑자기 큰 거북이 되어 마치 수레바퀴만한 것이 머리통의 길이가 한 길도 넘었다. 장방(長房)은 다시 그것을

사람의 모양으로 돌아오게 해서 한 장의 호부(護符)를 그에게 주어 갈파군(葛陂君)에게로 갖다 주게 했다. 괴물(怪物)은 눈물을 흘리면서 머리를 조아리고 그 부적을 가지고 떠났다. 그 뒤를 쫓아가 보게 했더니 그 부적은 갈파(葛陂)의 언덕 가에 세워져 있고 괴물(怪物)은 머리를 나무에 감고 죽어 있었다.

그 뒤에 장방(長房)은 동해 지방(東海地方)으로 왔다. 이 때 동해(東海)는 가뭄이 3년이나 계속되었다. 이 때 기우(祈雨)를 하는 자에게 향하여,

"동해(東海)의 신군(神君)4)이 와서 갈파군(葛陂君)의 부인을 범했기 때문에 나는 그를 감금(監禁)해 두었으나 공술(供述)도 분명히 하지 않은 채 깜박 잊고 있었기 때문에 드디어 긴 가뭄을 불러오게 되었다. 내가 지금 그를 사면(赦免)하여 비를 내리게 하리라."

하고 말하자, 이내 큰 비가 내렸다.

장방(長房)은 비술(祕術)을 알고 있어서 지맥(地脈)5)을 줄이는 일도 할 수가 있고 천 리의 먼 곳까지 뚜렷이 눈앞에 축소(縮小)시켜 보였으나 이것을 놓으면 또 퍼져서 본래의 모양대로 되었다.

註
1) 姓名… : 호공(壺公)의 성명은 혹은 사원일(謝元一)이라고 전한다.
2) 汝南 : 한(漢)의 여남군(汝南郡). 하남성(河南省) 여남현(汝南縣) 동남쪽.
3) 葛陂 : 하남성(河南省) 신채현(新蔡縣) 북쪽 70리에 있음.
4) 東海神君 : 동해 지방(東海地方)의 용신(龍神)을 말함.
5) 地脈 : 산악(山岳)·구릉(丘陵)·지하수(地下水) 등 대지(土地)의 맥락(脈絡).

薊 子 訓

계자훈(薊子訓)은 제(齊)[1]나라 사람이다. 젊었을 때 주군(州郡)의 관청에서 일한 적도 있다. 효렴(孝廉)[2]으로 뽑혀 낭중(郎中)[3]에 임명되었고 또 종군(從軍)해서 부마도위(駙馬都尉)[4]가 되었다. 도술(道術)을 알고 있다는 것을 아는 사람도 없어, 향리(鄕里)에 있을 때는 한갓 성실(誠實) 겸양(謙讓)하게 사람들과 함께 일하고 있었다.

그런 것이 3백여 년이 되었는데도 안색(顔色)이 늙지 않으므로 사람들은 이상하다고 생각하여 어느 일 좋아하는 사람이 그의 뒤를 따라가 보았으나 상용(常用)의 약 같은 것은 눈에 띄지 않았다. 성품이 담박(淡泊)한 것을 좋아하여 언제나 한가롭게 있으면서 역경(易經)을 읽고 글도 조금은 썼으나 어느 것이나 특별한 내용이 있는 것은 없었다.

이웃집 사람이 어린아이를 안고 있는 것을 보고 자훈(子訓)도 그 아이를 받아서 안았다가 잘못하여 땅에 떨어뜨려 어린아이는 즉사(卽死)했다. 이웃집 사람은 자훈(子訓)을 존경하고 있었기 때문에 조금도 슬퍼하는 일이 없이 그 아이를 매장(埋葬)했다. 그 후 20일쯤 되어 자훈(子訓)이 그 집을 찾아갔다. 그 집 사람에게,

"어린아이의 일을 지금도 생각하고 있습니까?"

하자 그 사람은,

"그 아이의 운세(運勢)로 보아 성인(成人)이 되기는 틀렸고 또

죽은 지 여러 날 되었는데 무엇을 생각하겠습니까."
한다. 이 때 자훈(子訓)은 밖으로 나가더니 어린아이를 안고 그 집으로 돌아왔다. 그 집 사람은 죽은 아이라고 생각하여 그 아이를 받으려고도 하지 않는다. 자훈(子訓)이 말했다.

"받아 보십시오. 본래 댁의 어린아이입니다."

이 때 그 어린아이는 제 어머니를 기억하고 빙그레 웃으면서 어머니에게 안기려 한다. 어린아이를 받기는 했어도 정말 자기의 아이라고는 생각되지 않았다. 자훈(子訓)이 돌아간 뒤에 내외가 같이 어린아이를 묻었던 곳에 가보니 관(棺) 속에는 진흙으로 만든 인형(人形) 한 개가 길이 6, 7촌(寸)만한 것이 있을 뿐이다. 이 아이는 이로부터 잘 생장(生長)할 수가 있었다.

수염이나 머리털이 하얀 노인들과 자훈(子訓)이 그저 대좌(對坐)하여 이야기했을 뿐으로서 하룻밤이 지나면 이튿날 아침에는 수염이나 머리털이 모두 검어져 있었다. 서울의 귀인(貴人)들은 이 말을 듣고 만나보기를 원하지 않는 자가 없었지만 다만 그를 불러낼 재간이 없었다.

어떤 젊은 사람 하나가 자훈(子訓)의 집 가까운 곳에 살고 있었다. 그는 태학(太學)5)의 학생이었다. 귀인(貴人)들은 한 가지 계교를 생각하고 함께 그 학생을 불러,

"그대는 학문(學問)에 정진(精進)하여 출세(出世)하기를 원하고 있으나, 자훈(子訓)만 불러올 수 있으면 그대는 애쓰지 않고 부귀(富貴)를 얻을 수가 있을 것이다."

했다. 학생은 그 말을 승낙하고 집에 돌아오자 자훈(子訓)을 섬겨 청소(淸掃)도 해 주고 그의 신변(身邊)의 일을 돌봐주기를 수백 일 동안 계속했다.

자훈(子訓)은 그 의도(意圖)를 꿰뚫어 알고 학생에게 말했다.

"그대는 도(道)를 배우려 하지도 않으면서 왜 이런 일을 하는

것인가?"
 그래도 학생은 사실을 숨기고 말하지 않는다. 자훈(子訓)이 말했다.
 "그대는 왜 진실(眞實)을 말하지 않고 아무렇게나 거짓말을 하는가. 나는 진작부터 그대의 마음을 알고 있다. 귀인(貴人)들이 나를 만나고자 하는 것이다. 내가 한 번 외출(外出)하는 정도의 수고로움으로 그대에게 좋은 지위(地位)를 얻게 하지 못할 것은 없다. 그대는 서울로 돌아가거라. 나는 아무 날 서울로 나갈 것이다."
 학생은 몹시 기뻐하여 그와 작별하고 서울로 가서 귀인(貴人)들에게 자세한 말을 하고 나서,
 "아무 날 자훈(子訓)이 오실 것입니다."
한다. 약속한 날이 되어 아직 출발하기 전에 학생의 양친(兩親)이 자훈(子訓)을 만나러 왔다. 자훈(子訓)은,
 "그대들은 내가 잊고 아드님이 신용을 잃어 벼슬살이를 못하게 될까봐 걱정하는 것은 아닙니까. 나는 그를 쫓아갈 것이오."
하고 한나절에 2천'리나 갔다.
 이윽고 그 곳에 도착하자 학생은 급히 나와 맞았다.
 "나를 만나고자 하는 것은 누구인가?"
하고 자훈(子訓)이 묻자,
 "선생님을 뵙고자 하는 분은 많이 있지만, 억지로 찾고 오시기를 원하지 않을 뿐입니다. 선생님이 계신 곳을 알면 저쪽에서 올 것입니다."
한다.
 "나는 천리 길도 멀다 하지 않고 오지 않았는가. 겨우 한 발자국을 아낄 까닭이 있겠는가. 만나고 싶은 사람에게는 이렇게 전해 주게. 저마다 손님을 거절하고 있으라고. 나는 내일 각각 댁으

로 찾아갈 것이라고."
　학생이 그의 말대로 귀인(貴人)들에게 고하자 그들은 각각 손님을 거절하고 집안을 말끔히 청소(淸掃)했다. 시간이 되자 과연 자훈(子訓)이 왔다. 모두 23인의 집에 각각 한 사람의 자훈(子訓)이 있었다. 조신(朝臣)들은 각자가 자훈(子訓)이 맨 먼저 자기 집에 온 것이라고 생각했기 때문에 이튿날 조정에 나가 저마다 자훈(子訓)이 언제 집에 왔더냐고 물어보니 23인이 만난 것은 모두 똑같은 때로서 복장(服裝)이나 용모(容貌)도 틀린 것이 없었다. 다만 말한 것만은 주인의 의향(意向)에 응해서 대답한 것이 서로 달랐다. 서울의 사람들은 크게 놀랐다고 하지만 그 신변(神變)의 불가사의(不可思議)한 것이 대개 이와 같았다.
　귀인(貴人)들은 자훈(子訓)을 찾고 싶다고 저마다 희망했다. 자훈(子訓)은 학생에게 말했다.
　"여러분은 내가 중동팔채(重瞳八采)⁶⁾라도 되는 줄 알고서 나를 만나고자 하는 것이다. 그러나 이제 만났으니 나는 이제 도(道)에 대하여 말할 것이 없다. 나는 간다."
하고 문을 나섰는데 귀인(貴人)들의 거마(車馬)가 길을 메우고 몰려오고 있었다. 그러나 좀전에 떠나셨는데 동쪽 큰 길을 말을 타고 가신 분이 바로 선생님이라고 학생이 말해 주자 저마다 말을 달려 쫓아갔으나 따라갈 수가 없었다. 반나절 동안이나 그 모양으로 달려갔으나 1리(里)쯤의 거리를 두고 도저히 따라갈 수 없으므로 하는 수 없이 각각 돌아가고 말았다.
　자훈(子訓)은 진씨(陳氏)⁷⁾의 집에 가서,
　"나는 내일 낮쯤 떠날 작정이다."
하므로 진씨(陳氏)가,
　"어느 쪽으로 가시렵니까?"
하고 묻자,

"두 번 다시 돌아오지 않는다."
고 대답했다. 진씨(陳氏)는 그에게 갈포(葛布)로 만든 홑옷 한 벌을 주었다. 떠난다는 시간이 되자 자훈(子訓)은 죽어 있었다. 시체(屍體)는 굳어 있어 수족(手足)이 가슴 위에 마주 끼여 펼 수도 없어 마치 구부러진 쇠와 같았다. 시체(屍體)에서는 여러 가시 방향(芳香)을 내뿜어 거리에까지 풍기는데 그 향기는 참으로 이상했다.

이윽고 길 위에서 인마(人馬)와 주악(奏樂)의 소리가 곧바로 동쪽 방향을 향해서 가는 것이 들릴 뿐으로 아무것도 보이지 않았다. 자훈(子訓)이 간 뒤에 수십 리에 걸쳐 방향(芳香)이 1백여 일이나 사라지지 않았다.

註
1) 齊 : 한(漢)의 제군(齊郡). 산동성(山東省) 임치현(臨治縣).
2) 孝廉 : 왕원(王遠)의 주(註)에 보라.
3) 郞中 : 同上
4) 駙馬都尉 : 무염(巫炎)의 주(註)에 보라.
5) 太學 : 선비를 양성(養成)하는 나라에서 세운 학교.
6) 重瞳八采 : 이인(異人)의 상(相). 순(舜)과 초(楚)의 항우(項羽)는 중동(重瞳)이어서 눈 하나에 동자가 둘이 들어 있었다고 한다. 또 요(堯)는 눈썹이 팔채(八采)로 나누어졌다고 한다. 채(采)는 색채(色彩).
7) 陳氏 : 자훈(子訓)과의 관계는 미상.

6
약값으로 받은 살구나무

李少君/孔元方/王　烈
焦　先/孫　登
呂文敬/沈　建/董　奉

"살구를 사고 싶은 사람은 주인에게 말할 것이 없이, 다만 곡식 한줌을 나무 밑에 놓아 두고 그만큼 살구를 가져가도록 하라."

이에 만일 곡식을 조금 놓고 많이 가져가는 자가 있으면, 언제나 숲속에서 많은 범들이 나와 소리쳐서 그 사람을 쫓아냈다. 깜짝 놀라서 갑자기 살구를 들고 도망치다가 길가에 엎질러서 집에 돌아와 보면 역시 곡식의 분량과 같아져 있었다.

李少君

　　이소군(李少君)은 제(齊)나라 사람이었다. 한(漢)의 무제(武帝)가 방사(方士)¹⁾를 모집할 때 소군(少君)은 안기 선생(安期先生)²⁾에게서 연단(鍊丹)의 방법을 제수받았으나 집이 가난해서 약을 사들일 수가 없었다. 그는 제자들에게 말했다.
　　"노년(老年)에 가까워졌는데 자력(資力)이 부족하다. 전심(專心)하여 농사를 지어도 조달(調達)할 수가 없다. 그런데 지금 천자(天子)가 방술(方術)을 애호(愛好)하고 있으니 내가 가서 배알(拜謁)하고 약을 조제(調劑)하고 싶다고 말씀드리면 생각대로 될지도 모를 일이다."
　　이리하여 소군(少君)은 연단(鍊丹) 만드는 법을 무제(武帝)에게 아뢰었다.
　　"단사(丹砂)를 황금(黃金)으로 만들 수가 있고 황금(黃金)이 된 뒤에 이것을 복용(服用)하면 승선(昇仙)할 수가 있습니다. 저는 능히 해상(海上)으로 나가서 안기 선생(安期先生)을 뵙고 오이〔瓜〕만한 크기의 대추를 먹은 일이 있습니다."
　　천자(天子)는 몹시 그를 존경하며 하사(下賜)의 금품(金品)도 무수히 많았다.
　　어느 날 무안후(武安侯)³⁾와 같이 음식을 들고 있었다. 좌중(座中)에 90여 세가 되는 한 노인이 있었다. 소군(少君)은 그의 이름을 묻고 계속해서 말하기를 그 전에 그 노인의 조부(祖父)와 함께 활쏘기 놀이를 한 일이 있어서 한 어린이가 그 조부를 따라서 온 일이 있는 것을 보았기에 그를 본 기억이 있다고 했다. 이 말을 듣고 일좌(一座)의 사람은 모두 놀랐다.

소군(少君)은 또 무제(武帝)가 옛날의 동기(銅器)를 가지고 있는 것을 보고 그것을 감정(鑑定)한 다음에 말하기를,

"제(齊)의 환공(桓公)[4]이 일상(日常) 이 동기(銅器)를 거실(居室)에 두고 있었습니다."

한다. 이에 무제(武帝)가 그 각자(刻字)한 것을 보았더니 역시 제(齊)나라의 고물(故物)이었으므로 소군(少君)이 수백 세가 된 사람임을 알게 되었다.

그러나 언뜻 보아 50세 정도의 사람과 같아 얼굴에도 피부에도 몹시 광택(光澤)이 있고 나이는 소년(少年)과 같았다. 이에 왕공(王公)과 귀인(貴人)들은 소군(少君)이 사람을 불로(不老) 불사(不死)하게 할 수가 있다는 말을 듣고 이것을 동경(憧憬)하지 않는 자가 없고 증여(贈與)의 돈도 산같이 쌓였다.

소군(少君)은 비밀히 신단(神丹)을 만들어 이것이 완성(完成)되자 무제(武帝)에게 말했다.

"폐하(陛下)께서는 교사(驕奢)를 끊지 못하시고 향락(享樂)을 버리지 못하십니다. 전쟁은 그치지 않고 희노(喜怒)의 심정도 참지 못하십니다. 먼 곳에는 고국(故國)에 돌아오지 못하는 전사자(戰死者)의 넋도 있고 계신 곳에는 유혈(流血)의 형벌도 있습니다. 하오니 신단(神丹)의 도(道)도 성공할 수가 없는 것입니다."

하고, 아주 소량(少量)의 약을 무제(武帝)에게 올리고 소군(少君)은 병이 있다고 칭탁했다.

그날 밤, 무제(武帝)는 꿈에 소군(少君)과 함께 숭고산(嵩高山)[5]에 올랐다. 도중에 용을 타고 부절(符節)을 가진 사자(使者)

가 구름 속에서 나타나더니 태을(太乙)⁶⁾이 소군(少君)을 부르고
있다고 했다. 꿈에서 깬 무제(武帝)가 이내 소군(少君)의 소식을
묻고 또 근신(近臣)에게,
"짐(朕)은 어젯밤에 소군(少君)이 짐(朕)을 버리고 가는 꿈을
꾸었다."
고 말했다. 이 때 소군(少君)은 중태(重態)였다. 무제(武帝)는 문
병(問病)을 감과 동시에 그 약의 방문(方文)을 받도록 일렀으나,
그 일이 끝나기 전에 소군(少君)은 죽었다.
"소군(少君)은 죽지 않았을 것이다. 일부러 선화(仙化)해서 간
것이다."
하고 제(帝)는 말했으나, 입관(入棺)할 때에 이르러 갑자기 시체
(屍體)가 행방 불명(行方不明)이 되어 의복(衣服)은 위아래가 벗
겨지지 않은 채 마치 매미가 껍질을 벗은 것과 같았다. 무제(武
帝)는 점점 비탄(悲歎)하여 자기가 소군(少君)을 열심히 구하지
못했던 것을 후회했다.
   소군(少君)은 전부터 참의관(參議官)인 동중궁(董仲躬)⁷⁾이라는
사람과 몹시 친했었다. 중궁(仲躬)에게는 지병(持病)이 있어서 신
체(身體)도 파리하고 원기(元氣)가 없었다. 이에 소군(少君)은 이
미 이루어진 약제(藥劑) 2첩과 그 처방(處方)을 주었다. 그 처방
이라는 것은 무사(戊巳)의 풀⁸⁾, 흙의 양분(養分), 황정(黃精)의
뿌리, 짐승의 지방(脂肪), 가라지〔莠〕뿌리, 거기에 여러 가지 꽃
의 꿀을 써서 해(亥)의 달 상순(上旬)에 동기(銅器) 속에 섞어서
달인다. 목욕 재계(沐浴齋戒)한 동자(童子)를 시켜 불을 때게 하
고, 이것을 뭉쳐서 계란 모양으로 만들었다. 세 개를 한도로 하
여 그것을 한 번 먹으면 몸이 가벼워지고, 두 번 먹으면 빠진 이
가 새로 나고, 다섯 번 먹으면 수명(壽命)이 연장(延長)되어 이
로부터 노쇠(老衰)하는 일이 없다는 것이다.

동중궁(董仲躬)은 자성(資性)이 강직(剛直)하고 널리 오경(五經)에 능통했으나 다만 선술(仙術)에 대해서는 통달하지 못해서, 세상 사람들이 선약(仙藥)을 먹거나 선도(仙道)를 배우는 것을 비웃어 가끔 상주(上奏)해서 무제(武帝)에게 간(諫)하고 있었다. 사람이 사는 것은 천명(天命)이요, 노쇠(老衰)하는 것도 정해진 도리에 의한 것이어서 선도(仙道)나 방술(方術)로 연장(延長)시킬 수 있는 것이 아니다. 이리하여 내심(內心)으로는 장명(長命)의 불가사의(不可思議)한 것을 알면서도 그것은 나면서부터 타고난 것이요, 방술(方術)에 의해서 얻어지는 것이 아니라고 생각하여, 약을 받았어도 복용(服用)하지 않고 또 그 처방(處方)을 묻지도 않았다.

소군(少君)이 없어진 지 두어 달이 되어 중궁(仲躬)은 지독한 병에 걸렸다. 무제(武帝)가 전에 꿈에 보았다는 이야기를 하면서, 소군(少君)의 일을 서운히 여기는 것을 잘 들었기 때문에 중궁(仲躬)도 소군(少君)이 준 약의 일을 기억하여 시험삼아 그 약을 먹어 보았다. 그랬더니 아직 절반도 먹기 전에 몸이 가볍고 원기(元氣)가 있게 되고 병도 곧 나았다. 그 약을 모두 먹어 보았더니 기력(氣力)이 젊었을 때와 같이 되었다.

이리하여 장생불사(長生不死)의 도(道)가 있다는 것을 믿게 되어 벼슬을 버리고 여행(旅行)을 떠나서 도사(道士)를 찾아 그 방법을 물어 보았으나 역시 끝까지 연구할 수는 없었다. 중궁(仲躬)은 백발(白髮)도 되지 않고 상모(相貌)도 원기(元氣)가 넘쳤으며, 나이 80이 넘어서 죽었다. 그 아들 도생(道生)에게 유언(遺言)한 것을 보면,

"나는 소군(少君)의 약방문(藥方文)을 손에 넣었으나 처음에는 신용(信用)하지 않다가 먹어 보니 힘이 났다. 그러나 아무리 해도 그 만드는 법을 알 수가 없어서 유감(遺憾)스럽게 생각하면

서 죽어간다. 너는 세상의 방술(方術)에 대하여 탐구(探究)하는 것이 좋다. 그 만드는 법을 알아서 그 약을 계속해서 먹는다면 반드시 승선(昇仙)할 수 있을 것이다."
했다.

당시 문성 장군(文成將軍)⁹⁾이라는 자가 있어서 역시 소군(少君)의 방술(方術)을 알아서 무제(武帝)를 섬기고 있었다. 그 뒤에 무제(武帝)는 사람을 보내어 그를 죽이게 했다. 문성(文成)은 사자(使者)에게 이렇게 말했다.

"바라건대 나를 대신해서 제(帝)에게 말씀해 주시오. 잠시 일을 참지 못하여 큰 일을 실패에 그치게 하시렵니까. 되도록 자애(自愛)하십시오. 이 후 30년이 되면 나를 성산(成山)¹⁰⁾에서 찾아 주십시오. 그 때야말로 기뻐하면서 일을 함께 해보시지요."
했다.

사자(使者)는 돌아가서 그대로 보고했다. 이에 제(帝)가 그 관(棺)을 열게 하고 보니 그 속에는 오직 대나무 하나가 있을 뿐이요, 아무것도 보이지 않았다. 제(帝)는 그의 제자들이 유해(遺骸)를 훔쳐다가 숨겨 놓았다고 의심하여 제자들을 체포해다가 그의 행방(行方)을 추구(追求)했다.

제(帝)는 문성(文成)을 죽인 것을 몹시 후회하여 그 뒤로 많은 방사(方士)들을 불러 모은 이외에 감천전(甘泉殿)¹¹⁾에 그를 제사지내고 또 따로 하나의 영좌(靈座)를 설치하여 문성(文成)을 제사지내고, 제(帝)가 친히 예배(禮拜)했다.

註
1) 方士 : 신선의 술법(術法)을 닦는 사람. 도사(道士).
2) 安期先生 : 안기생(安期生). ≪열선전(列仙傳)≫에 나온다.
3) 武安侯 : 전분(田紛). 효경왕(孝景王)의 황후(皇后)의 아우로서, 무제(武

帝)가 즉위하자마자 무안후(武安侯)에 봉해졌다.
4) 齊桓公 : 춘추 시대의 제후(諸侯)로서 오패(五霸)의 한 사람.
5) 嵩高山 : 하남성(河南省)의 중악(中嶽) 숭산(嵩山).
6) 太乙 : 태일(太一)·태일(泰一). 신(神)의 이름.
7) 董仲躬 : 미상.
8) 武巳草 : 무사(武巳)는 중앙의 토(土)를 말하고 황정(黃精)을 무사(武巳)라고도 한다.
9) 文成將軍 : 제(齊)나라 출신(出身)의 방사(方士) 이소옹(李少翁). 무제(武帝)의 총희(寵姬) 왕부인(王夫人)의 넋을 불러다가 문성 장군(文成將軍)에 배(拜)했으나 그 뒤에 도술(道術)이 쇠(衰)해져서 무제(武帝)의 의심을 받아 베임을 당했다.
10) 成山 : 산동성(山東省) 영성현(榮成縣) 동쪽의 반도(半島). 진시황(秦始皇)이 여기에 거둥한 일이 있다.
11) 甘泉殿 : 이소옹(李少翁)의 전고에 의하여 세운 신전(神殿). 감천궁(甘泉宮). 감천산(甘泉山)에 있었다고 한다.

孔元方

　　공원방(孔元方)은 허창(許昌)[1] 사람이었다. 송지(松脂)·복령(茯苓)[2]·송실(松實) 등의 약을 상용(常用)하여 늙어도 점점 젊어져서 용모(容貌)는 40세쯤의 사람으로 보였다. 극원절(郄元節)[3]·좌원방(左元放)[4]과 모두 친한 벗으로서 함께 오경(五經)에 관한 일도 세상의 속세(俗世)를 버리고 오로지 도술(道術)을 수행(修行)하는 일에 전념(專念)했다.

　　원방(元方)은 타고난 성질이 인자(仁慈)해서 조의(粗衣) 채식(菜食)하고 술을 마셔도 한 되를 넘는 일이 없었다. 나이는 70여 세가 되어 있었다.

　　도술(道術)을 같이 배우는 친구가 어느 날 원방(元方)을 불러서 같이 술을 마신 일이 있었다. 술잔이 원방(元方)에게 돌아오자, 원방(元方)은 하나의 여흥(餘興)을 했다. 지팡이를 땅 위에 세우고 한쪽 손에 지팡이를 쥐고 거꾸로 섰다. 머리를 밑으로 발을 위로 향하고서 한쪽 손으로 술잔을 잡고 거꾸로 마시니 아무도 흉내를 낼 수가 없었다.

　　원방(元方)에게는 처자(妻子)가 있는데 여유 있는 재산은 없지만 먹을 양식은 있었다. 어느 날 화재가 났다. 사람들이 몰려와서 집 안의 옷과 곡식과 세간을 밖으로 날라 주었다. 그러나 원방(元方)은 손도 놀리지 않고 담 밑에 앉아서 불구경만 한다. 그 아내가 원방(元方)에게 세간을 치우라고 서둘렀지만 원방(元方)은 옷

으면서,

"그까짓 물건이 대단할 것은 없다."

고 말할 뿐이다.

또 냇가에 땅을 파서 하나의 동굴(洞窟)을 만들었다. 너비는 한 길 사방이 넘었으며 원방(元方)은 그 속에 들어가서 곡식을 끊은 지 1개월 또는 2개월 만에 돌아왔다. 집 사람에게도 왕래가 허락되지 않았다.

그 동굴(洞窟) 앞에는 한 그루의 죽백(竹帛)나무가 있어 길가 나무 숲속에서 자라서 구부러진 가지로 온통 덮여 숨겨져 있었다. 제자가 무엇인가 급한 볼 일이 있어 원방(元方)의 동굴(洞窟)로 찾아가도 전혀 찾을 수가 없었다.

그 뒤에 동쪽에서 한 청년(靑年)이 찾아왔다. 성(姓)은 풍(馮), 이름은 우(遇)로서 도술(道術)을 좋아해서 원방(元方)을 만나보겠다고 하여 동굴(洞窟)을 찾아와 간신히 만날 수가 있었다. 원방(元方)은,

"누가 오든지 나를 만날 수가 없는데 그대만이 만날 수 있었던 것은 무엇인가 희망이 있는 일이다."

하고 ≪소서(素書)≫[5] 두 권을 주었다.

그러고 나서 말했다.

"이것은 도(道)의 요언(要言)이다. 40년에 한 사람에게 전수(傳授)할 수가 있다. 세상에 그 사람이 없을 경우에는 연한(年限)이 왔다고 해서 함부로 주는 것은 용서되지 않는다. 만일 40년이 되어도 줄 만한 사람이 없을 때에는 80년이 되어 줄 만한 두 사람이 있으면 바로 그 두 사람에게 주어야 한다. 주어야 할 사람에게 주지 않으면 천도(天道)를 어기는 것, 주어서 안 될 사람에게 주는 것은 천도(天道)를 누설(漏泄)하는 것. 이것은 어느 것이나 자손에게 재앙이 미친다. 나는 이제 전할 사람이

생겼으니, 가려고 생각한다."

하고, 처자(妻子)를 버리고 서악(西嶽)⁶⁾으로 들어갔다. 그 후 50여 년이 되어 일시 고향으로 돌아왔을 때 그때까지도 아직 얼굴을 아는 사람이 남아 있었다.

註

1) 許昌 : 한(漢)의 허창현(許昌縣).
2) 茯苓 : 소나무 뿌리에서 나는 균(菌)의 일종.
3) 郗元節 : 왕진(王眞)을 보라.
4) 左元放 : 권5, 좌자(左慈)를 보라.
5) 素書 : 황석공(黃石公)의 저서라고 전해진다.
6) 西嶽 : 서악 화산(西嶽華山).

王 烈

　　왕렬(王烈)의 자(字)는 장휴(長休), 한단(邯鄲)¹⁾ 사람이었다. 항상 황정(黃精)²⁾과 연(鉛)³⁾을 복용(服用)하여 나이 338세가 되었는데도 아직 젊은이의 용모(容貌)를 하고 있고 산에 오르고 험한 곳을 밟는데 마치 나는 것처럼 걸었다.
　　젊었을 때는 태학(太學)의 학생으로서 책이라면 읽지 않은 것이 없어 능히 오경(五經) 백가(百家)의 설(說)에 대해서 사람들과 같이 논의(論議)를 나누어 몹시 해박(該博)했다. 중산대부(中散大夫)인 초국(譙國)의 혜숙야(嵇叔夜)⁴⁾가 몹시 왕렬(王烈)을 경애(敬愛)해서 자주 그에게 가서 배우고 또 함께 산에 들어가서 놀기도 하고 약물(藥物)의 채집(採集)을 하기도 했다.
　　그 후에 왕렬(王烈)이 혼자서 태행산(太行山)⁵⁾에 갔을 때 갑자기 산의 동쪽이 무너져 은은(殷殷)히 천둥치는 것 같은 소리가 들렸다. 왕렬(王烈)이 무슨 일인가 하고 가서 보았더니 산의 돌이 수백 길이나 갈라져 있고 모두가 푸른 돌이었으며 돌 가운데에 하나의 구멍이 뚫려 있어 직경(直徑)이 한 자나 되었다. 그 속에서는 푸른빛의 진흙이 마치 골〔髓〕처럼 흘러 나오고 있었다. 왕렬(王烈)이 그 진흙을 집어서 시험삼아 둥글게 만들어 보았더니 이윽고 그것은 돌이 되었다. 마치 더운 밀〔蠟〕을 떼내는 것처럼 둥글게 만들기만 하면 굳어 갔다. 고르기도 찹쌀과 같고 씹어 보아도 역시 마찬가지였다.

왕렬(王烈)은 둥글게 만든 것 몇 개를 합쳐서 복숭아 씨만큼의 크기로 만들어 소량(少量)을 가지고 돌아와서,

"기묘(奇妙)한 것을 얻었다."

하고 혜숙야(嵇叔夜)에게 주었다. 숙야(叔夜)는 몹시 기뻐하여 이것을 받아 자세히 보니 이미 푸른 돌이 되어서 두드려 보아도 쇳소리가 났다. 숙야(叔夜)는 즉시 왕렬(王烈)과 같이 가 보았으나 깨진 산은 다시 본래의 모양대로 되어 있었다.

왕렬(王烈)이 하동(河東)의 포독산(抱犢山)[6]에 들어갔을 때 하나의 석실(石室)을 발견했다. 석실(石室) 안에는 흰 돌로 만들어진 시렁이 있고 시렁에는 《소서(素書)》[7] 두 권이 놓여 있었다. 왕렬(王烈)이 이것을 집어 읽어 보았으나 그 글씨를 전혀 읽을 수 없었기 때문에 가져가지 않고 그대로 놓아 두었다. 다만 그 중에서 수십 개의 글씨를 기억해 가지고 와서 숙야(叔夜)에게 써보였다. 숙야(叔夜)는 그 글씨를 모두 읽을 수 있었기 때문에 왕렬(王烈)은 기뻐해서 숙야(叔夜)와 함께 그것을 읽으러 다시 그 곳으로 가기로 했다.

갔던 길을 찾아서 더듬어 갈 때에는 알 것 같더니 그 가까이에 가서 보니 석실(石室)의 소재(所在)가 알 수 없게 되었다. 왕렬(王烈)은 제자에게 속삭였다.

"혜숙야(嵇叔夜)가 아직 득도(得道)하기까지에는 이르지 못했기 때문에!"

라고 했다. 《신선경(神仙經)》[8]을 보니,

"신산(神山)은 5백 년마다 열려서 그 속에서 석수(石髓)가 나오게 되는데 이것을 얻어 먹으면 그 수(壽)는 천지(天地)와 함께 끝나게 된다."

고 써 있다. 먼저 왕렬(王烈)이 입수(入手)한 것도 반드시 이런 것이었을 것이다.

하동(河東) 문희(聞喜) 사람에는 대대로 왕렬(王烈)을 대단히 여겨 스승으로 섬기는 자가 많았다. 진(晋)의 영녕연간(永寧年間)10)에 낙양(洛陽)으로 나와서 각지(各地)를 돌면서 사람들과 활쏘기의 시합(試合)을 한 일이 있었다. 왕렬(王烈)은 2석(石)의 활10)을 가지고 백 보(步) 떨어져서 쏘았는데 화살 열 개를 쏘아 아홉 개를 과녁에 맞혔다. 그 후 1년이 되자 또 딴 곳으로 가버렸다. 또 장자도(張子道)란 사람이 있어 나이 90여 세. 왕렬(王烈)에게 배례(拜禮)하자 왕렬은 앉아 있는 대로 절을 받았으므로 일좌(一座) 사람들은 모두 이상히 여겼다. 그러자 자도(子道)가,

"나는 나이 8, 9세 때 뵈온 일이 있으나 얼굴빛은 지금과 변함이 없으셨다. 지금 나는 나이를 먹었는데 왕렬(王烈) 선생님은 아직 젊은 얼굴을 하고 계시다."

고 했다. 그 후로는 어디로 갔는지 행방(行方)을 알 수 없었다.

註

1) 邯鄲 : 하북성(河北省) 한단현(邯鄲縣).
2) 黃精 : 백합과(百合科)의 식물(植物). 뿌리에서 전분(澱粉)을 따서 약용(藥用)으로 쓴다.
3) 鉛 : 납.
4) 嵇叔夜 : 위(魏)의 혜강(嵇康). 숙야(叔夜)는 그의 자(字). 죽림칠현(竹林七賢)의 한 사람. 초군(譙郡) 사람으로 벼슬이 중산대부(中散大夫)에 이르렀다. 왕렬(王烈)의 석실(石室)의 일이나 《소서(素書)》에 대한 일은 모두 《진서(晉書)》 혜강전(嵇康傳)에 보인다.
5) 太行山 : 하남(河南) · 하북(河北) · 산서성(山西省)에 연해 있는 산.
6) 抱犢山 : 산서성(山西省) 호관현(壺關縣) 동남쪽의 산.
7) 素書 : 앞의 공원방(孔元方)을 보라.
8) 神仙經 : 《포박자(抱朴子)》에 나오는 옛 도서(道書)의 이름.
9) 永寧年間 : 서진(西晋) 혜제(惠帝)의 연호(年號).
10) 二石弓 : 무게 240근이나 되는 큰 활.

焦 先

초선(焦先)의 자(字)는 효연(孝然), 하동(河東)[1] 사람이다. 나이는 170세로서 흰 돌을 상식(常食)으로 하고 남에게도 나누어 주었다. 이것을 구워서 감자와 같이 만들어 먹는 것이었다.

매일 산에 들어가서 땔나무를 해다가 이것을 남에게 주고 있었다. 마을 밖에 있는 집에서부터 시작하여 한 바퀴 돌아서 다시 처음 집으로 돌아간다. 나무를 지다가 남의 집 문 밖에 놓으면 사람이 이것을 보고 자

焦 先

리를 깔아 앉게 하고 먹을 것을 준다. 초선(焦先)은 앉아 있는 채로 아무에게도 말을 하지 않는다. 나무를 지고 왔다가 만일 아무도 만나지 못하면 슬그머니 문 앞에 놓아두고 그대로 돌아간다. 여러 해 동안 이런 일을 계속했다.

위(魏)가 제위(帝位)를 계승[2]했을 때에는 황하(黃河) 가에 살았는데 초암(草庵)을 짓고 거기에서 혼자 지내고 있었다. 침상

(寢床) 같은 것도 만들지 않고, 풀을 깔고 그대로 앉아 있다. 몸은 때로 더러워져서 마치 진흙에 빠진 것 같았다. 때로는 며칠 만에 한 번밖에 식사를 하지 않는 때도 있었다. 걷는 데도 가까운 길로는 가지 않고 여자와는 교제(交際)를 하지 않고 옷이 걸레가 되면 나무를 팔아서 그것으로 헌 옷을 사서 입었다. 여름이고 겨울이고 항상 홑옷이었다.

태수(太守)인 동경(董經)[3]이 찾아갔으나 역시 입을 떼려고 하지 않았기 때문에 동경(董經)은 점점 초선(焦先)을 훌륭한 사람이라고 생각하게 되었다.

그 뒤에 들에서 화재가 나서 초암(草庵)이 불탄 일이 있었다. 사람들이 가 보았더니 초선(焦先)은 암자 속에 정좌(正坐)하고 앉은 채 몸을 움직이지도 않았다. 불이 초암(草庵)을 불태우고 지나갈 때 초선(焦先)은 서서히 일어났으나 의복은 하나도 타지 않고 그대로였다.

다시 암자를 세웠으나 어느 날 큰 눈이 내려 인가(人家)가 모두 쓰러졌다. 초선(焦先)의 암자도 쓰러졌다. 가 보았더니 초선(焦先)의 소재(所在)를 알 수 없으므로 필경 동사(凍死)했을 것이라고 생각하고 여럿이 암자를 부수고 찾아보니 눈 속에서 숙면(熟眠)하고 있는 초선(焦先)을 발견했다. 얼굴은 불에 쪼인 것처럼 붉고 쿨쿨 코를 골아 마치 더운 날 술에 취하여 잠들어 있는 상태(狀態)였다. 사람들은 그 비범(非凡)함을 알고 제자가 되어 도(道)를 배우기를 희망하는 자가 많았으나 초선(焦先)은,

"나는 도(道) 같은 것을 알지 못한다."

고 말할 뿐이었다. 때로는 늙고 때로는 젊어지고 이렇게 하여 2백여 세, 그 후에 사람들과 작별하고 가서 행방(行方)을 알 수가 없었다. 가르침을 청한 사람도 드디어 말 한 마디도 듣지 못하고 말았던 것이다.

註
1) 河東 : 하동군(河東郡). 산서성(山西省) 하현(夏縣) 땅.
2) 帝位繼承 : 위(魏)의 문제(文帝)의 수선(受禪). 황초(黃初) 원년.
3) 董經 : ≪삼국지(三國志)≫ 위서(魏書)의 <고사전(高士傳)>에 나온다.

하늘에 오르지 않는 선인(仙人) —— 지선(地仙)

허대(許大)는 선인(仙人)인 허손(許遜)을 섬기던 사람이었다. 허손이 하늘로 올라가던 날, 허대의 아내는 마침 시장에 쌀을 팔러 나갔다. 섬기던 주인이 하늘에 오른다는 말을 듣자 허대 부부는 쌀을 실은 수레를 팽개친 채 서둘러 집에 달려왔지만 때는 이미 늦었다. 주인은 이미 승천(昇天) 중에 있었던 것이다. 그래서 허대 부부는 주인 옆으로 달려갔고 그 가슴에 기대어,
"바라건대 저희도 함께 승천시켜 주십시오."
하며 울었다. 긍휼히 여긴 선인(仙人)인 주인은,
"데려가고 싶은 생각은 많다만 너희는 하늘에 오를 만큼 공덕(功德)을 쌓지 못했으니 하는 수 없구나. 그러나 보기에 딱하여 그냥 갈 수 없은즉 너희에게 신선이 되는 비술을 가르쳐 주겠다."
하면서 그 비술을 주었다.

허대 부부는 곧 서산(西山)으로 들어갔다. 남들에게 알리지 않으려고 애써 숨어 있었지만 어느 사이에 소문이 나자 그들은 오(午)라고 성(姓)을 바꾸었다. 그랬건만 또 그들이 지선(地仙)이란 소문이 났다. 하는 수 없이 이번에는 간(干)이란 성으로 바꾸었다.

≪역세진선체도통감(歷世眞仙體道通鑑)≫ 권 27, 허대(許大)에 있는 이야기이다.

보통 선인(仙人)은 모두 하늘을 나는 것으로 생각했었는데 이처럼 날지 않고 지상(地上)에 있는 선인도 있었다. 이미 4세기경부터 있었다. ≪포박자(抱朴子)≫에도 그런 기록이 있다.

孫 登

孫 登

손등(孫登)¹⁾은 어디 사람인지 전해오지 않는다. 항상 산간(山間)에 살면서 지면(地面)에 굴을 파고 앉아서 거문고를 타고 주역(周易)을 읽었다.

여름이나 겨울이나 홑옷만 입고 엄한(嚴寒)의 날에 그의 모양을 보면, 언제나 머리를 풀어 늘어뜨려 몸을 덮는데 그 머리의 길이는 한 길이 넘었다. 용모(容貌)는 비범(非凡)한 품격(品格)을 가졌고 몇 대(代)에 걸쳐 그 모습을 보았으나 안색(顏色)은 본래 그대로였다.

시중(市中)에서 금품(金品)을 얻어서 손에 쥐면 그대로 곧 가난한 사람에게 나누어 주고 하나도 남겨 두지 않았다. 음식을 먹는 것도 본 사람이 없었다.

그 때 양준(楊駿)²⁾이 부육관(傅育官)이 되었는데 사자(使者)를 보내어 손등(孫登)을 찾아 아무리 질문(質問)했으나 대답을 하지 않았다. 양준(楊駿)이 도포(道袍) 한 벌을 선사했더니 그것을 받기는 했으나 문을 나서자 사람에게 칼을 빌려서 그 도포를 잘라서 위아래를 따로 하여 양준(楊駿)의 집 문에 놓아 두더니 다시 또 이것을 잘랐다. 사람들은 그가 미쳤는가 생각하고 있었다. 그러나 그 뒤에 양준(楊駿)이 주살(誅殺)될 것을 알고 손등(孫登)이 일부러 그런 모습을 해 보인 것이라는 것을 알았다.

한편 양준(楊駿)은 그를 감금(監禁)하고 도망가지 못하게 했기 때문에 손등(孫登)은 죽고 말았다. 양준(楊駿)은 관(棺)을 주어서, 그를 진교(振橋)³⁾에 매장(埋葬)해 주었다. 그 후 수일에 손등(孫登)이 동마파(董馬坡)⁴⁾에 있는 것을 보았다는 사람이 있어 그 일을 편지로 써서 낙양(洛陽)의 벗들에게 알렸다.

혜숙야(嵆叔夜)⁵⁾는 고매(高邁)하고 초속(超俗)한 뜻을 가지고 있었다. 어느 날 손등(孫登)을 찾았으나 손등(孫登)은 상대(相對)를 해 주지 않았다. 이에 숙야(叔夜)가 질문(質問)을 퍼부었으나, 손등(孫登)은 태언히 거문고만 타고 있었으므로 조금 후에 숙야(叔夜)는 그대로 돌아갔다. 이 때 손등(孫登)은 말하기를,

"젊고 재능(才能)은 뛰어나지만 견식(見識)이 부족하고 보신(保身)에 서투르니 그대로 무사하지 못할 것이다."

하더니, 과연 숙야(叔夜)는 갑자기 큰 죄에 빠지고 말게 되었다.

숙야(叔夜)는 거문고 타는 것이 능란했다. 이에 손등(孫登)이 한 줄의 거문고를 타고 이것으로 음곡(音曲)을 만들자 숙야(叔夜)도 탄식하고 잊어버린 채 생각지 않았다.

註
1) 孫登: 그의 자(字)는 공화(公和), 급군(汲郡) 사람이라고도 한다.
2) 楊駿: 서진 혜제(惠帝) 초년에 태부대도독(太傅大都督)이 되어 권세를 떨쳤기 때문에 가태후(賈太后)의 밀지(密旨)에 의하여 주살(誅殺)되었다.
3) 振橋: 所在未詳.

4) 董馬坡：同上.
5) 嵇叔夜：왕렬(王烈)의 주(註)에 나왔음. 혜강(嵇康). 그는 여안(呂安)이 라는 자 때문에 감옥에 갇혀 유분시(幽憤詩)를 지었다.

대추씨를 핥으며 수백 년 —— 벽곡(辟穀)

진(晉)나라 무렵 나무장수를 하면서 생계를 이어오던 왕질(王質)이란 사람이 있었다. 어느 때 석실산(石室山)으로 나무를 하러 간 그는 문득 돌로 만든 석실(石室)을 발견했다.

가까이 다가가 보니 석실 안에서 몇몇 어린이들이 바둑을 두며 놀고 있었다. 워낙 바둑 두기를 좋아하던 왕질은 나무하는 일도 잊은 채, 석실 안으로 들어가서 어린이들이 바둑 두는 것을 열심히 구경하고 있었다. 그러자 한 어린이가 대추씨 같은 것을 건네 주었다. 왕질이 그것을 입에 넣고 핥자 아무리 시간이 흘러도 배고픈 줄을 몰랐다. 시간가는 줄 모르고 바둑 구경만 하고 있는데 한 어린이가 문득 그를 올려다보면서,

"당신이 이곳에 온 지 여러 해가 지났소. 언제까지 그러고 있을 게요？ 어서 집으로 돌아가시오."

하였다. 정신이 번쩍 든 왕질이 자기의 도끼를 보니 그 자루는 어느새 썩어 있었고 도끼날에는 빨간 녹이 잔뜩 슬어 있었다. 깜짝 놀란 그가 집에 돌아와 보니 처음 안에 들어갔을 때로부터 이미 수백 년이나 흐른 뒤여서 가족・친척・친구들은 모두 죽고 없었다.

그는 하는 수 없이 또 산에 들어갔고 그 후 1백 년 남짓 살다가 하늘로 올라갔다고 한다.

≪역세진선체도통감(歷世眞仙體道通鑑)≫ 권28, 왕질(王質)에 있는 이야기이다. 오곡을 안 먹고 풀이나 나무 등으로 만든 약을 마시며 장수하는 방법이 벽곡법(辟穀法)이다. 이 이야기에는 대추씨가 등장하는데 대추도 그런 약의 하나로 진귀하게 여겼었다.

呂文敬

여공(呂恭)의 자(字)를 문경(文敬)이라고 했다. 젊었을 때 복식(服食)의 일에 열심이어서 남자종 하나와 계집종 하나를 데리고 태행산(太行山) 속으로 약초(藥草)를 캐러 갔다. 얼핏 보니 골짜기 속에 세 사람이 있었다. 그 중 한 사람이 여공(如恭)에게 물었다.

"그대는 장생(長生)의 일에 대해서 열심이십니다. 이제 그 일로 해서 간난 신고(艱難辛苦)하고 있는 것입니까?"

呂文敬

하자 여공(呂恭)은 말하기를,

"확실히 장생(長生)은 누구나 하고 싶은 것이지만 마침 좋은 방법도 보이지 않기 때문에 이러한 약을 캐어 복용(服用)해서, 조금이라도 유익함이 있을까 해서 그러는 것입니다."

하고 대답했다.

이번에는 그 중 한 사람이,

"나의 성(姓)은 여(呂), 자(字)는 문기(文起)라 하오."

하고 또 한 사람은,

"내 성(姓)은 손(孫), 자는 문양(文陽)이오."

하고 그 다음 한 사람은,

"나의 성(姓)은 왕(王), 자는 문상(文上)이오."

한다. 이 때 여문기(呂文起)가,

"우리 세 사람은 모두 태청태화부(太淸太和府)의 선인(仙人)이오. 마침 약초(藥草)를 캐러 왔던 길인데 와서 보니 선도(仙道)를 새로운 제자에게 전수(傳授)하기로 했소. 그대는 나와 동성(同姓)이오. 거기에 자(字)도 한 글자가 나와 같으니 이야말로 그대는 장생(長生)할 운명(運命)에 있는 것이오. 만일 우리를 따라서 약을 캔다면 그대에게 불사(不死)의 약을 가르쳐 줄 것이오."

한다.

여공(呂恭)은 이내 그에게 절을 하고,

"다행히 선인(仙人)을 만날 수가 있었지만 다만 죄가 깊은 우자(愚者)여서 필경 가르치심을 받을 자격(資格)이 없다고 생각됩니다. 만일 제자로 삼아 주신다면 이야말로 재생(再生)의 소원이옵니다."

하고 이로부터 선인(仙人)을 따라서 다닌 지 2일, 여공(呂恭)에게 한 권의 비방(祕方)을 주면서,

"고향을 보러 가는 것이 좋겠다."

하며 여공(呂恭)을 돌아가게 했다. 여공(呂恭)이 작별의 인사를 하자,

"그대가 여기에 온 지 2일간이 인간계(人間界)에서는 2백 년이 되었다."

고 세 사람은 말했다.

여공(呂恭)이 집으로 돌아와 보니 그 곳은 빈 집이었으며 자손

은 한 사람도 없었다. 향리(鄕里)의 몇 대(代) 후의 사람으로 조보(趙輔)¹⁾라는 사람을 만났기에 우리집 사람은 모두 어디에 있느냐고 물었더니 조보(趙輔)가 말하기를,

"그대는 대체 어디에서 왔기에 그러한 아주 오랜 옛날 사람을 묻는 것입니까? 나는 아주 옛날 부모들이 이런 말을 하는 것을 들었습니다. ──옛날 여공(呂恭)이란 사람이 있어서 남녀 종을 데리고 태행산(太行山)으로 약을 캐러 간 뒤에 돌아오지 않았다. 필경 범이나 이리에게 먹힌 것일 게다. 그로부터 2백여 년이 된다──라는 것이오. 그 여공(呂恭)에게는 수대(數代) 후의 자손으로 여습(呂習)이란 사람이 있어 성 동쪽 십수 리의 곳에 거주하는데 도사(道士)가 되어 있어서 신봉(信奉)하는 사람도 많다고 하니 찾아가서 만나 보면 곧 알 수 있을 것이오."
하는 것이었다.

여공(呂恭)은 조보(趙輔)가 말한 대로 여습(呂習)의 집에 가 보았다. 문을 두드리고 사람을 찾자 하인(下人)이 나와서,

"그대는 어디에서 오신 분입니까?"
하고 묻는다.

"이것은 내 집이다. 나는 옛날 선인(仙人)을 따라간 뒤에 지금까지 2백여 년이나 된다."
하자, 이 말을 듣고 여습(呂習)은 몹시 놀라고 기뻐하여 맨발로 뛰어내려와서 절을 하고,

"선인께서 돌아오셨으니 참으로 기쁨을 참지 못하겠습니다."
한다.

이에 여공(呂恭)은 신방(神方)을 여습(呂習)에게 전수(傳授)하고 갔다. 이 때 여습(呂習)의 나이가 이미 80세가 되었으나 그 약을 먹고 갑자기 젊어져서 2백 세가 되자 산 속으로 돌아갔다. 그리하여 자손 대대(代代)로 노쇠(老衰)하여 죽는 자가 없었다.

註
1) 趙輔 : 혹은 조광보(趙光輔)라고도 했다.

돌도 또한 식량 —— 벽곡약(辟穀藥)

 인석산(引石散)이란 약을 한 숟갈 물에 넣고 펄펄 끓이다가 그 속에 백석(白石)을 넣고 다시 끓이면 그 돌이 감자마냥 물렁물렁해져서 먹을 수 있게 된다. 이 방법을 터득한 장태현(張太玄)과 그의 가족·제자 등 수십 명은 임려산(林慮山)으로 들어갔다. 그리고 그 곳에서 이 방법을 사용하여 수십 년 동안 돌을 먹고 살았는데 모두들 건강했다.
 낙양(洛陽)의 자사(自死)라는 곳에 살고 있던 동위(董威)는 실오라기와 넝마를 얽어 매어 가지고 옷을 만들어 걸치고 다녔기 때문에 사람들은 그를 백결(百結)이라고 불렀었다. 그는 식사를 한 적이 없다. 그러는 그를 보고 이상하게 생각한 사나이가 그의 제자가 되겠다며 오랫동안 그의 시중을 들었다. 이 사나이는 오랜 시일이 흘러서야 겨우 식사를 하지 않고 살아가는 방법을 배웠다.
 그 방법은 감초(甘草)라든가 산삼(山蔘) 등 10여 종류 가량의 약들을 채취하고 그것을 말린 다음 가루약으로 만든다. 그리고 이렇게 만든 약을 한 숟갈쯤 먹고는 참새 알 정도의 돌멩이를 12개 삼키는 것이었다. 이렇게 하면 1백일 동안 아무것도 먹지 않더라도 배가 고프지 않았다.
 이런 식으로 약과 돌을 섞되 보통 식사를 하지 않는 사람들은 뚱뚱하게 살이 찌지는 않았지만 산을 타도 지치지 않았고 무거운 것을 들더라도 숨이 차지 않았으며 아주 건강했다.
 ≪포박자(抱朴子)≫ 권 15에 있는 이야기이다.

沈 建

　심건(沈建)은 단양(丹陽)¹⁾ 사람이다. 대대(代代)로 현(縣)의 상급 관리(上級官吏)로 일하고 있었지만 심건(沈建)만은 선도(仙道)에 열심이어서 벼슬도 하지 않고 도인복식(導引服食)의 도술(道術)과 노쇠(老衰)를 방지(防止)하는 방법을 배웠다.
　또 병 치료하는 것에 자신(自信)을 가져서 병이라면 중하고 경한 것에 구애되지 않고 치료하면 바로 전쾌(全快)했다. 그래서 그를 신봉(信奉)하는 자가 수백 호(戶)나 되었다.
　어느 날 심건(沈建)은 긴 여행(旅行)을 할 생각이 났다. 계집종 한 사람과 남자종 세 사람, 거기에 나귀 한 마리, 양(羊) 10필을 맡기겠다고 생각하고 저마다 환약(丸藥) 한 개씩을 주고 그 집 주인에게는,
　"집만 빌릴 수가 있으면 먹을 것은 신세지지 않겠습니다."
하고 떠나갔다.
　주인은 몹시 이상하게 여겨,
　"저 손님이 맡기고 간 15마리 몫에 대해서 하나도 먹을 것을 두고 가지 않았는데 어떻게 할 셈인지 모르겠다."
고 했다. 그러나 심건(沈建)이 떠나간 뒤에 주인이 하인(下人) 남녀에게 음식을 먹이려 해도 이들은 냄새를 맡다가 모두 구역(嘔逆)이 나서 토(吐)해 버리고 먹지 않았다. 말과 양에게 먹이를 주어도 모두 도망가고 먹으려 하지 않았다. 어느 때는 성이 나서 덤

벼들려고 하는 경우까지 있었다. 주인은 아주 놀라버렸다. 이로부터 1백 일이 되자 하인(下人) 남녀는 몸에 윤기(潤氣)가 나서 음식을 먹을 때보다 좋아졌고 말과 양도 모두 먹이를 먹였을 때와 마찬가지로 살찌고 있었다.

심건(沈建)은 떠난 지 3년 만에 돌아왔다. 그리하여 저마다 환약(丸藥) 한 개씩을 하인 남녀와 말과 양에게 주었더니 이로부터 본래와 같이 음식을 먹게 되었다.

심건(沈建)은 드디어 곡식을 끊고 몸이 가벼워 하늘에 날아 올라갈 수가 있어 때로는 어디론가 갔다가 또 돌아오기도 하여, 3백여 년이나 그런 모양이었으나 장차 종적(蹤迹)을 감추어 행방(行方)을 알 수 없게 되었다.

註

1) 丹陽: 한(漢)의 단양군(丹陽郡). 안휘성(安徽省) 의성현(宜城縣).

董 奉

동봉(董奉)의 자(字)는 군이(君異), 후관(候官)¹⁾ 사람이다.

오(吳)의 선왕(先王)²⁾ 때, 어느 청년(靑年)이 동봉(董奉)을 후관현(候官縣)의 지사(知事)로 삼았다. 동봉(董奉)은 나이가 40여 세로 보였으나 일을 할 줄 몰라서 관청을 그만두고 가 버렸다. 그 후 50여 년이 되어 또 다른 직책에 나가서 후관(候官)에 가 있을 기회가 있었다. 본래 있던 관리들은 모두 나이를 먹고 있었으나 동봉

董 奉

(董奉)의 용모(容貌)는 옛날과 조금도 변함이 없었다.

"그대는 선도(仙道)라도 터득하고 있는 것입니까? 옛날 뵈었을 때도 지금과 마찬가지였습니다. 우리들은 지금 벌써 백발(白髮)이 되었는데 그대는 도리어 젊어졌으니 대체 어찌된 일입니까?"
하고 물었으나,

"어찌하다 보니 그렇게 되었을 뿐입니다."
하고 동봉(董奉)은 대답하는 것이었다.

교주(交州)3)의 자사(刺史)가 된 두섭(杜燮)4)이 독(毒)을 맞아서 병사(病死)했다. 죽은 지 이미 3일이 되었는데 이 때 동봉(董奉)은 당시 그 곳에 있었다. 달려가서 환약(丸藥)을 주어 입 속에 넣고 물을 부은 다음 사람을 시켜서 머리를 들어 올리게 하고 흔들어서 약을 소화(消化)시키게 했다.

이윽고 수족(手足)이 움직이는 것처럼 보이더니 얼굴에도 차츰 혈색(血色)이 돌아오고 반나절이 되자 일어날 수가 있었으며 그 후 4일 만에 말을 하게 되었다.

그가 말하는 바에 의하면, 죽었을 때에는 멍하니 꿈 속과 같은데 언뜻 보니 십수 명의 검은 옷을 입은 사람들이 와서 두섭(杜燮)을 잡아서 수레에 태우고 가서 큰 붉은 문으로 들어가서 바로 감옥으로 인도(引導)하였다. 감옥은 모두 문이 하나로 겨우 한 사람이 들어갈 만한 너비였다. 두섭(杜燮)은 그 하나밖에 없는 문으로 들어가자 외부(外部)에서 흙으로 막았기 때문에 이미 밖의 빛을 볼 수가 없었다. 이 때 문 밖에 있던 사람이,

"태을신(太乙神)5)께서 사자(使者)를 보내어 두섭(杜燮)을 부르고 있다."

는 소리가 들렸다.

이 때 또 그 입구(入口)의 흙을 떼내는 소리가 들리더니 조금 있다가 끌려 나왔는데, 보니 붉은 덮개를 한 마차(馬車)가 있고, 세 사람이 수레에 걸터 앉아 있었다. 그 중 한 사람이 절(節)6)을 가지고 있었는데 두섭(杜燮)을 불러 수레에 태우고 문까지 데려다 주어서 제정신으로 돌아왔다는 것이었다.

이렇게 해서 두섭(杜燮)은 살아났다. 일어나서 예(禮)를 하고,

"놀라운 큰 은혜를 입었습니다. 이 은혜를 어떻게 갚으면 좋겠

습니까."

하고 나서 동봉(董奉)을 위해서 뜰 안에 누각(樓閣)을 세웠다. 동봉(董奉)은 딴 것은 먹지 않고 다만 말린 대추만을 먹고 술을 조금 마셨다. 두섭(杜燮)은 하루에 세 번 이것을 준비했다.

동봉(董奉)이 식사를 하러 올 때는 새처럼 날아와 앉아서 다 먹고 나면 다시 날아서 돌아갔기 때문에 누구 한 사람 눈치채는 사람이 없었다.

이렇게 1년이 넘게 지났을 때 두섭(杜燮)에게 작별 인사를 했다. 두섭(杜燮)은 울면서 만류했지만 머물려 하지 않았다.

"어디로 가시는지 큰 배〔船〕가 필요하지 않겠습니까?"
하고 묻자 동봉(董奉)은,
"배는 필요가 없지만, 다만 관(棺)이 하나 있었으면 좋겠다."
했다.

두섭(杜燮)이 즉시 그것을 준비해 주었더니 이튿날 정오(正午) 무렵에 동봉(董奉)은 죽었다. 두섭(杜燮)은 곧 입관(入棺)해서 가매장(假埋葬)했다. 7일이 지난 후 용창(容昌)[7]에서 찾아온 사람이 있어, 동봉(董奉)에게서 부탁을 받았다고 하면서,

"두섭(杜燮)님에게 예(禮)를 올리고 싶다. 몸을 자애(自愛)하시도록."
이라고 전했다. 두섭(杜燮)이 이 말을 듣고 관(棺)을 열어 보니 그 속에는 비단 조각 하나가 있을 뿐이요, 관(棺) 한쪽에는 사람의 모양이 그려져 있고 한쪽에는 붉은빛으로 호부(護符)가 그려져 있었다.

동봉(董奉)은 그 뒤에 예장(豫章)[8]의 여산(廬山) 산기슭으로 돌아와 살았다. 이 때 그 지방에는 악질(惡質)의 피부병(皮膚病)에 걸려서 죽어가는 사람이 있었다. 이 사람을 수레에 태워 가지고 동봉(董奉)에게로 와서 바라건대 도와 달라고 머리를 조아렸다.

동봉(董奉)은 병자(病者)를 자기와 한 방에 앉히고 다섯 겹의 무명을 머리에 씌우고 움직이지 않게 했다. 이 때 병자(病者)가 말하기를,

"처음에는 무엇인가가 와서 몸 전체를 핥는 것 같은 소리가 나면서 아파서 견딜 수가 없었다. 전신(全身)을 빈틈없이 핥았다. 그 혀의 너비는 한 자는 될 것이다. 숨 쉬는 것은 소〔牛〕와도 같았지만 정체(正體)는 알 수가 없다. 조금 있자니 그 물건은 없어졌다."

고 했다. 이로부터 동봉(董奉)은 그를 못으로 데리고 가서 목욕을 시킨 다음에 돌아가도 좋다고 했다. 이 때 동봉(董奉)은,

"이제 금방 병은 낫겠지만 바람을 쏘여서는 안 된다."

고 주의시켰다. 십수 일 동안 병자(病者)는 전신(全身)의 피부가 벗겨져서 몹시 아팠으나 목욕을 하고·나자 아픈 것이 중지되었다. 20일이 되자 피부가 새로 나와서 전치(全治)되어 몸이 윤택하고 부드러워졌다.

그 뒤 어느 때 가뭄이 있었다. 현령인 정사언(丁士彦)[9]이,

"동봉(董奉)님은 도술(道術)을 알고 있다고 들었으니 비를 오게 할 수가 있을 것이다."

하는 의견으로, 친히 주효(酒肴)를 마련해 가지고 와서 동봉(董奉)을 보고 가뭄의 이야기를 했다. 이에 동봉(董奉)은,

"비를 오게 하는 것은 아주 쉬운 일이오."

하면서 방 안을 둘러보면서,

"내 집은 여기서나 저기서나 하늘이 보이니 비가 오는 것이 걱정이오."

한다. 현령(縣令)은 그 말 뜻을 알아듣고,

"선생은 다만 비가 오게 해 주시면 됩니다. 즉시 좋은 집을 올리겠습니다."

한다.

　이튿날 정사언(丁士彦)은 즉시 1백여 명의 인부(人夫)를 데리고 와서 재목(材木)을 운반해다가 금시에 집을 세웠다. 여기에서 흙을 모으고 진흙을 개기 위하여 먼 곳까지 물을 길러 가려고 했다. 그러나 동봉(董奉)은,

　"그런 일은 필요치 않다. 저녁때에는 큰 비가 내릴 것이다."

하므로 그만두기로 했다. 저녁때가 되자 큰 비가 내려 어디에나 물이 넘쳐 그 지방 사람들은 몹시 기뻐했다.

　동봉(董奉)은 산에 살면서 농사는 짓지 않고 매일 사람들을 위해서 병 치료해 주는 것으로 일을 삼았으나 그러면서도 약값은 받지 않았다. 중병(重病)이 나은 사람에게는 살구나무 다섯 그루, 병이 가벼운 자에게는 한 그루. 이것을 두어 해 계속하다 보니 10만여 그루가 되어 울연(鬱然)히 숲이 되었다. 이에 산 속의 여러 가지 새와 짐승을 여기에서 놀게 하니 풀도 나지 않아서 무시로 풀을 깎는 것만 같았다. 그 뒤 살구 열매가 무수히 맺히자, 숲속에 조그만 초가집을 짓고 이러한 글을 써붙였다.

　"살구를 사고 싶은 사람은 주인에게 말할 것이 없이, 다만 곡식 한 줌을 나무 밑에 놓아 두고 그만큼 살구를 가져가도록 하라."

　이에 만일 곡식을 조금 놓고 살구를 많이 가져가는 자가 있으면, 언제나 숲속에서 많은 범들이 나와서 소리쳐서 그 사람을 쫓아냈다. 깜짝 놀라서 갑자기 살구를 들고 도망치다가 길가에 엎질러서 집에 돌아와 보면 역시 곡식의 분량과 같아져 있었다.

　또 살구를 도둑질한 자가 있으면, 범이 그를 쫓아가서 집에 도착하기 전에 범에게 물려 죽었다. 집 사람이 그가 살구를 도둑질한 것을 알고, 동봉(董奉)에게 찾아가 머리를 조아려 사과하면, 살려서 돌려보낸다는 것이었다.

　동봉(董奉)은 해마다 살구를 팔아서 곡식을 손에 넣으면 이내

그것을 빈민(貧民)에게 주었다. 식량(食糧)이 떨어진 나그네에게 주는 것만도 1년에 2만여 석(石)이나 되었다.

현령(縣令)에게는 딸이 있었는데 마물(魔物)에게 홀려서 의료(醫療)도 효과가 없었다. 이에 동봉(董奉)에게 와서 치료(治療)를 부탁했다. 만일 딸을 고치면 아내로 바치겠다고 했다. 동봉(董奉)은 이를 승낙하고 즉석(即席)에서 희고 큰 악어 한 마리를 불러냈다. 그것은 길이가 두어 길. 육지(陸地)를 기어서 병자(病者)의 집에까지 온 것을 동봉(董奉)은 사람들에게 명하여 베어 죽였다. 딸의 병은 갑자기 쾌하게 나아서 드디어 동봉(董奉)은 그를 아내로 맞았다.

그런데 아기를 낳지 못해서 동봉(董奉)이 여행을 떠났을 때, 그 아내는 혼자 지낼 수가 없어서 한 계집애를 데려다가 양녀(養女)로 삼았다. 그 아이가 나이 10여 세가 된 어느 날 동봉(董奉)은 구름 속으로 뛰어 올라가 버렸다. 아내와 딸은 역시 그 집을 유지하면서 살구를 팔아 생활하고 있었다. 이것을 속이려고 하는 자가 있으면 역시 범이 와서 쫓아버렸다.

동봉(董奉)은 인간계(人間界)에 산 지 3백여 년에 갔으나 용모(容貌)는 30대(代)의 사람과 같았다.

註

1) 候官: 후한(後漢)의 후관현(候官縣). 《태평환우기(太平寰宇記)》에서는 《신선전(神仙傳)》을 인용(引用)하여 동봉(董奉)의 집은 후관현(候官縣) 복산(福山) 밑에 있었다고 나와 있다.
2) 先王: 오(吳)의 손권(孫權)을 말함.
3) 交州: 지금의 광동(廣東)·광서(廣西)에서 베트남에 이르는 지역으로서, 오(吳)의 시대에는 하노이에 수부(首府)가 있었다.
4) 杜燮: 자(字)는 위언(威彦), 환제(桓帝) 때 일남태수(日南太守)가 되었고 그 후 연강(延康) 원년에 교지태수(交阯太守)로서 졸(卒)했다.

5) 太乙神 : 북극신(北極神)의 별명(別名).
6) 節 : 칙사(勅使)라는 것을 표시하는 부절(符節).
7) 容昌 : 미상.
8) 豫章 : 강서(江西)를 말함.
9) 丁士彦 : 혹은 우사언(于士彦)으로 나와 있다.

오두미도(五斗米道)와 장릉(張陵) —— 신출정일명위지술

오두미도(五斗米道)를 일으킨 장릉(張陵)에 대해서는 이런 이야기가 전해 온다.

본디 태학(太學)의 학생이었던 장릉은 만년(晩年)이 되자 유학(儒學) 따위로는 장수할 수 없음을 깨닫고 장수법을 공부하여 황제(黃帝)의 구정단법(九鼎丹法)을 터득했다. 그러나 집안이 가난하여 약재를 살 돈이 없어서 단약을 만들 수가 없었다.

때마침 사천(四川) 지방 사람들이 순박하여 교화시키기 쉬운데다가 그 곳에는 명산(名山)이 많다는 말을 들었는지라 사천의 학명산(鶴鳴山)에 가서 24부의 도서(道書)를 저술하는 한편 수행(修行)에 들어갔다. 그 때 돌연 '주하지사(柱下之史 : 老子)' 등 수많은 신(神)이 하늘에서 내려와 '신출정일명위지술(新出正一明威之術)'을 전수해 주었다. 그 선술(仙術)에 의해 그는 수많은 사람들의 병을 고쳐 주었으므로 수만 명에 이르는 신도(信徒)들이 구름처럼 몰려왔다. 장릉은 규칙을 만들어 신도들로부터 쌀과 비단을 거두어들임과 동시에 그들에게 계급을 주어 통솔해 나갔다.

후일 그는 단약을 만들어내는 데 성공했다. 그리고 그 반(半)을 먹고 사방을 선유(仙遊)하다가 두 명의 고제자(高弟子)와 마침내 승천(昇天)했다.

《신선전(神仙傳)》 권4, 장도릉(張道陵)에 있는 이야기이다.

7
한 섬 술을 마시고
물 속에서 자다가 나오다

太玄女/西河少女/程偉妻
麻　姑/樊夫人/嚴　淸
帛　和/東陵聖母/葛　玄

 손님에게 술을 권하는데, 술잔을 돌릴 사람이 없으면 술잔이 저절로 그 사람 앞으로 갔다. 그리고 술을 비우지 않으면 술잔도 그 자리에서 움직이지 않았다. 또 물이 흐르는 것을 그리면 이내 그것이 열 길이나 깊게 역류(逆流)하는 일이 있었다.

太玄女

太玄女

태현녀(太玄女)의 성(姓)은 전(顓), 이름은 화(和)인데 어려서 아버지를 잃었다. 어떤 사람이 그들 모녀(母女)의 인상(人相)을 보고, 두 사람 모두 장생(長生)할 수 없다고 하자 그대로 비관(悲觀)해서 마음의 병이 들어 있었다. 그들은 항상 말하기를,

"인간(人間)으로서 세상에 나서 사는 데는 한 번 죽으면 두 번 다시 살아날 수가 없다. 하물며 수명(壽命)의 한도(限度)도 가까운 것이라고 들었으니 도(道)를 닦는 외에 연명(延命)의 방법은 없다."

하고, 여행(旅行)을 떠나 좋은 스승을 찾아서, 마음을 깨끗이 하고 도(道)를 구했다. 이리하여 선인(仙人) 왕자교(王子喬)[1]의 도술(道術)을 익혀서 오랫동안 이것을 실행하던 중에, 드디어 물에 들어가도 젖지 않고, 깊은 겨울 눈이 내리는 날에도 얼음 위에 홑옷으로 있어도 안색(顔色)도 변하지 않고 몸도 따뜻한 채 그대로

수일 동안 계속할 수가 있었다.

또 관청, 궁전(宮殿), 성시(城市), 가옥(家屋) 같은 것을 딴 곳으로 이동(移動)시킬 수도 있었을 뿐만 아니라 보는 바로는 아무런 변함도 없었다. 손가락으로 가리키기만 하면 무엇이든 갑자기 소재(所在)가 없어졌다. 문이나 상자에 자물쇠를 채워놓은 것이라도 손가락으로 가리키면 즉시 열렸다. 산을 가리키면 산이 무너지고 나무를 가리키면 나무가 부러졌다. 두 번 가리키면 다시 본래의 모양으로 돌아오는 것이었다.

제자들을 데리고 산 속으로 갔다. 해가 저물어 지팡이로 돌을 두드리면 갑자기 문이 열렸다. 그 속에 들어가면 가옥(家屋)·깔자리·장막에서부터 주식(酒食)의 준비까지 일상(日常)과 변함이 없었다. 아무리 만리(萬里)의 긴 여행이라도 어디에 가든지 항상 이와 같았다.

작은 물건을 갑자기 집덩이만큼 크게도 만들고 큰 물건을 터럭만큼 작게도 만들 수가 있었다. 혹은 불을 토해서 하늘에 넘치게도 하고 숨을 불면 이것이 즉시 꺼졌다. 또 화재가 난 속에 앉아서 입고 있는 옷이나 신고 있는 신이 타지 않게도 했다. 눈깜짝할 사이에 노옹(老翁)이 되기도 하고 어린아이도 되며 혹은 거마(車馬)가 되기도 하여 무엇이든지 자유자재(自由自在)였다.

36종의 도술(道術)을 부려 효험이 나타났고 기사회생(起死回生)으로 무수한 사람을 구제했다. 무슨 물건을 복용(服用)하고 있는지 알 수 없고 또 그 도술을 전수(傳授)해 준 사람도 없었다. 안색은 점점 젊어지고 머리털도 까마귀처럼 새까맣게 되었는데, 어느 날 갑자기 백일(白日)에 승천(昇天)했다.

註

1) 王子喬:《열선전(列仙傳)》의 왕자교(王子喬)를 보라.

西河少女

　서하소녀(西河少女)란 신선 백산보(伯山甫)[1]의 조카였다.
　백산보(伯山甫)는 옹주(雍州) 사람으로서 화산(華山)에 들어가서 도(道)를 배우고 복식(服食)의 일에 전념(專念)했다. 때마침 향리(鄕里)로 돌아가 친척들을 돌보고 있었는데 2백여 년 동안 용모(容貌)는 점점 젊어졌다. 옆집에 가면 그 집의 선조(先祖) 이후의 선악(善惡)과 공과(功過)를 다 알게 되어 마치 눈으로 보는 것과 같았다. 또 미래(未來)의 길흉(吉凶)도 알고 예언(豫言)은 모두 적중(的中)했다.
　조카뻘이 되는 여자가 병에 걸렸는데 그에게 약을 주었다. 그 여인이 약을 먹을 때는 나이가 이미 70세였으나 차츰 젊어져서 어린애 같은 안색(顔色)이 되었다.
　한(漢)의 사자(使者)가 서하(西河)를 지나갈 때 성의 동쪽 땅에서 한 사람의 여인이 한 노옹(老翁)의 종아리를 때리는 것을 보았다. 늙은이의 머리는 백설(白雪)처럼 하얀데, 그 늙은이가 무릎을 꿇고 매를 맞고 있었다. 이상하다고 생각하여 까닭을 묻자 여인은 대답했다.
　"이 사람은 내 자식입니다. 옛날 우리 백부(伯父) 백산보(伯山甫)가 신선(神仙)의 도(道)를 얻어서 화산(華山)에 은거(隱居)하고 있을 때 나의 병이 많은 것을 불쌍히 여겨 신약(神藥)을 주셔서 그로부터 차츰 젊어졌습니다. 그런데 이 아들놈은 내가 약을 먹으라고 해도 전혀 듣지 않더니 마침내 이렇게 늙고 말았습니다. 장차 내 나이도 미치지 못할 것이라고 생각되어 성을 내고 이렇게 매를 때리는 것입니다."

이에 사자(使者)가 그 여인과 아들의 나이가 각각 몇 살이냐고 물었더니 여인은,

"내 나이는 130세, 자식은 71세가 됩니다."

하고 대답했다. 그 후 여인도 화산(華山)으로 들어가 버렸다.

註

1) 伯山甫 : 이 책 백산보(伯山甫)에 보라.

程偉妻

한(漢)의 친위관(親衞官) 정위(程偉)의 아내는 득도자(得道者)였다. 능히 신통변화(神通變化)할 수가 있었지만 정위(程偉)는 이것을 이상하게 여기지도 않았다.

정위(程偉)가 임금의 수레를 따라 출동(出動)할 때 복장(服裝)이 충분치 못해서 몹시 괴로워했다. 이에 그 아내는,

"그까짓 의복(衣服)이 부족한 것을 가지고 어찌 그렇게 괴로워하시오. 지금 곧 비단 2필을 가져오리다."

程偉妻

하더니, 갑자기 비단이 그들 앞으로 운반되어 왔다.

정위(程偉)도 연금술(鍊金術)을 좋아했지만 해 보아도 즉시 완성(完成)되지가 않았다. 그런 때에는 그 아내가 주머니 속에서 소량(少量)의 약을 꺼내어 그릇에 수은(水銀)을 담고 양에 넣어서 달이면 금시에 은(銀)이 된다. 정위는 아내에게서 그 법을 전수(傳授)받고 싶지만 아무리 해도 배울 수가 없었다. 그것은 정

위(程偉)의 골상(骨相)으로는 전수(傳授)받을 자격(資格)이 없다는 것이었다. 이것을 정위가 끝까지 강요(強要)하자 드디어 아내는 마음을 상하여 죽어서 시해(屍解)[1]하고 말았다.

註

1) 屍解 : 시체(屍體)는 남기고 혼(魂)만 승선(昇仙)하거나 그렇지 않으면 시체도 동시에 사라져서 승선하는 것을 말함.

복숭아나무와 악귀(惡鬼) ── 귀문(鬼門)

옛날 동해(東海) 속에 도삭산(度朔山)이라는 산이 있었다. 그 산에는 넓이가 3천 리나 되는 광활한 곳에 복숭아나무가 가득히 들어 있었다.

그런데 그 동북쪽을 향하고 있는 나뭇가지만은 문(門)처럼 되어 있었고 숱한 귀신들이 그 곳으로 출입을 했다. 그래서 이것을 귀문(鬼門)이라고 했다.

그 곳에는 신도(神荼)와 울루(鬱壘)라고 하는 두 신(神)이 있어서 온갖 귀신들을 감독하고 있었는데 해(害)를 끼치는 악귀(惡鬼)는 갈대로 꼰 동아줄로 묶어서, 기르고 있는 호랑이에게 먹이곤 했기 때문에 언제나 평화로웠다. 이 사실을 알게 된 황제(皇帝 : 想像上 古代 중국 聖天子의 한 사람으로서 후일 道教의 祖上이 되었다)는 사람들이 사는 집 문 앞에 큰 복숭아나무를 세우고, 문에는 이 두 신(神)의 모습과 호랑이를 그리게 했으며, 갈대를 꼰 동아줄을 걸어놓게 함으로써 악귀가 들어오지 못하도록 막았다고 한다.

《논형교석(論衡校釋)》 권 22, 소인(所引) 《산해경(山海經)》에 있는 이야기이다.

麻　姑

　　한(漢)의 효환제(孝桓帝) 때에 신선(神仙)인 왕원(王遠)[1], 자(子) 방평(方平)이 채경(蔡經)의 집에 강림(降臨)했다.
　　도착(到着) 시간이 가까워지자　금고(金鼓)·퉁소〔簫〕·피리〔笛〕와 인마(人馬)의 소리가 들려왔다. 집 사람들이 다함께 그에게 뵈니, 왕방평(王方平)은 머리에 원유관(遠遊冠)을 쓰고 붉은 옷을 입고서　대대(大帶)에 호두(虎頭) 장식의 패물(佩物), 오색(五色)의 술을 띠고 칼을 찼는데　수염은 흐트러져 누렇고 중키의 사람이었다. 우차(羽車)를 타고 다섯 필의 용이 이것을 끌고 있었다. 용은 저마다 빛을 달리하고 있었다.
　　깃발 앞뒤에 둘러 있는 사람에 이르기까지 위의(威儀)가 빛나서 마치 대장군(大將軍)과 같다. 주악대(奏樂隊)는 모두 기린(麒麟)을 타고 하늘에서 내려와 뜰에 모였다. 시종(侍從)의 관원은 모두 키가 한 길이 넘고　보통 길로는 다니지 않았다.
　　장차 도착하게 되자　시종관(侍從官)은 모두 자취를 감추어 소재(所在)를 알 수가 없고　오직 왕방평(王方平)만이 채경(蔡經)의 부모와 형제를 인견(引見)했다. 잠시 혼자 앉아 있은 후에　사자(使者)를 보내어 마고(麻姑)를 찾게 했다. 채경(蔡經)의 집에서는 마고(麻姑)란 어떤 분인지 아무도 몰랐다.
　　"왕방평(王方平)은 삼가 마고(麻姑)님께 글을 드립니다. 나는 오랫동안 민간(民間)에 내쫓겼다가 이제 겨우 당지(當地)에 왔습니다. 마고(麻姑)님께서는 잠시 오시어 말씀을 주시기 바랍니다."
하는 사연이었다.

잠시 후에 사자가 돌아왔으나 사자의 모습은 보이지 않고 다만 그의 말소리가 들릴 뿐이었다.

"마고는 두 번 전합니다. 뵙지 못한 지가 어느덧 5백여 년이 지났습니다. 존비(尊卑)의 차서도 있고 해서 뵈올 수도 없었습니다. 이제 보내신 글을 받자왔으니 곧 가서 뵈올 것입니다. 다만 조금 전에 봉래산(蓬萊山)에 가라는 명령이 있어서 잠시 갔다가 돌아와서 나가 뵈올 것이니 잠시만 여유를 주시기 바랍니다."

이리하여 2각(刻)이 지나자 마고가 찾아왔다. 올 때에도 마찬가지로 인마(人馬)와 피리와 북의 소리가 들리더니 이윽고 도착한 것을 보니 시종(侍從)은 왕방평 때의 약 절반의 수였다.

마고가 도착하자 채경의 일가(一家)도 모두 나와서 뵈었다. 그를 보니 젊고 아름다운 여인으로서 나이는 18,9세, 머리 위에는 상투를 틀었고 남은 머리는 허리까지 드리웠다. 그 의복(衣服)에는 모양이 있어서 금(金)의 수(繡)는 아니어도 눈이 부시도록 빛나서 무엇이라고 말할 수가 없었다.

방으로 들어와서 왕방평에게 배례(拜禮)하자 방평도 일어섰다. 좌석(座席)이 정해지자 가지고 온 좋은 음식을 냈다. 모두 금으로 만든 큰 접시와 옥으로 만든 술잔으로써 음식은 실과 따위가 많은데 그 향기가 안팎으로 번졌다. 건육(乾肉)을 찢어서 낸 것을 보니 그것은 구운 고기와 같으나 기린의 건육이었다 한다.

마고는 이렇게 말했다.

"뵈온 후로 일찍이 동해(東海)가 세 번 상전(桑田)으로 변한 것을 눈으로 보았습니다. 아까 봉래에 갔을 때 보니 물도 전의 대회(大會) 때에 비하면 절반이나 얕아졌습니다. 장차는 육지

(陸地)가 되어 버릴 것이 아닙니까?"
　왕방평도 웃으면서,
　"성인(聖人)도 모두 바닷속에서 먼지가 올라온다고 말씀하셨습니다."
한다.
　마고는 채경의 어머니와 아내를 보고 싶다고 희망했다. 당시 아우의 아내가 출산(出産)한 지 수일이 되었으나 마고는 멀리서 보기만 하고서도 이것을 알고,
　"잠시 여기에는 오지 말도록 하라."
하고 쌀을 조금 가져오라고 했다. 쌀을 손에 쥐자 그것을 땅에 뿌렸다. 보니 그 쌀은 모두 진주(眞珠)가 되어 있었다. 방평은 웃으면서,
　"마고님은 역시 젊으시군! 나는 이제 늙어서 벌써 그러한 교묘한 변화를 할 마음이 전혀 없어졌습니다."
했다. 방평은 채경의 집 사람에게,
　"그대들에게 술을 주려고 생각한다. 이 술은 천궁(天宮)의 주방(廚房)에서 나온 것으로서 맛이 진해서 세속(世俗) 사람이 마시기에는 적당치 않다. 마시면 창자가 타 버릴지도 모른다. 지금 물을 탈 것이니 그대들은 괴상히 여길 것이 없다."
하고 한 되의 술에 물 한 말을 섞어 저어가지고 채경의 집 사람들에게 저마다 한 되씩 주었다.
　잠시 후에 술이 다 되었다. 방평은 좌우 사람에게,
　"먼 곳에까지 갈 것이 없다. 천문(千文)을 여항(余杭)의 할미에게 주고 말해서 그 술을 사 오도록 하라."
고 명령했다. 금시에 회답이 도착하여 동유(桐油)의 주머니에 가득히 술이 왔다. 5두(斗)쯤의 분량이었다. 여항의 할미에게서는,
　"지상(地上)의 술로는 입에 맞지 않을 것입니다."

하는 전언(傳言)이었다.

마고는 새와 같은 손톱을 가지고 있었다. 채경이 그것을 보고, 등이 가려워 견디지 못할 때에 저런 손톱으로 등을 긁을 수가 있다면 아마 좋은 기분(氣分)일 것이라고 생각하고 있는데 방평은 벌써 채경이 마음 속으로 생각하고 있는 것을 알고 이내 채경을 묶어 놓고, 매를 때리게 했다.

"마고님은 신인(神人)이시다. 그대는 어찌해서 손톱으로 등을 긁고 싶다고 생각했는가?"

했다. 채찍이 채경의 등에 닿는 것이 보일 뿐으로 채찍을 가진 사람은 보이지 않는다. 방평은 채경에게,

"나의 매는 좀처럼 맞아 볼 수 없는 것이다."

했다.

그 날 또 한 장의 호부(護符)를 채경의 이웃에 사는 진위(陳尉)에게 전수(傳授)했다. 그것은 능히 귀마(鬼魔)를 소환(召喚)하고, 사람을 구제하고 병을 고칠 수 있는 것이었다. 채경도 또한 해세(解蛻)의 도(道)의 전수를 받았다. 그것은 매미의 껍질 벗는 것과 같이 해탈(解脫)하는 법이었다.

채경은 항상 왕방평을 좇아서 산과 바다로 여행했는데 때로는 한때 집에 돌아오는 일도 있었다. 방평은 또 진위에게 편지를 보낸 일이 있었는데 흔히 전서(篆書) 또는 해서(楷書)의 자체(字體)로서 자못 활달(潤達)한 큰 글씨였다. 진위는 대대(代代)로 그것을 가보(家寶)로 삼았다.

잔치가 끝나자 왕방평도 마고도 탈 것을 명하여 하늘로 올라갔다. 주악(奏樂)이나 행렬(行列)은 올 때와 같았다.

註─
1) 王遠 : 이 책의 왕원에 보라.

樊夫人

번부인(樊夫人)이란 유강(劉綱)[1]의 아내이다.

유강은 벼슬에 나가서 현령(縣令)이 되었다. 도술(道術)을 터득하여 귀신을 소환(召喚)하고 변화 금제(變化禁制)의 일도 능히 했으나 그런 것들은 비밀히 수득(修得)한 것이어서 아무도 아는 자가 없었다. 정무(政務)는 청정 간이(淸淨簡易)를 주지(主旨)로 하여 정령(政令)도 잘 행해져서 현민(縣民)들은 그 은혜를 받아서 홍수(洪水)·한발(旱魃)·역병(疫病)·폭력(暴力) 등의 재해(災害)도 없고 해마다 풍년이 계속되었다.

樊夫人

여가(餘暇)에는 흔히 부인과 도술의 비교를 했다. 그것은 함께 마루 위에 앉아서 유강이 불을 일으켜 조그만 집을 태워 동쪽 방위에서 불길이 올라오면 부인은 주문(呪文)으로 이 불을 끈다.

뜰에 두 그루의 복숭아나무가 있었다. 부처(夫妻)가 각각 한 그루에 주문을 걸어 격투(格鬪)하게 했다. 잠시 지나자 유강이 주문을 건 쪽의 나무 빛이 변하면서 담 밖으로 도망가는 것이었다.

유강이 큰 접시에 침을 뱉자 금시에 잉어가 되었다. 한편 부인이 그 접시에 침을 뱉자 그것이 수달(水獺)이 되어 잉어를 먹어 버렸다.

유강은 부인과 함께 사명산(四明山)[2])에 들어갔다. 가는 길에 범이 나와서 훼방을 했다. 유강이 범에게 주문을 걸어 보았으나 범은 몸을 엎드린 채 움직이려 하지 않았다. 기회를 보아 다시 가려 하자 범은 또 앞을 막았다.

그러나 부인이 앞장서서 나가자 범은 얼굴을 땅에 대고 위를 보려고도 하지 않았다. 이에 부인은 새끼로 범을 침대 발에 묶어 놓았다. 여러 번 도술을 비교해 보았으나 유강은 어느 때나 이기지 못했다.

그 후 승천(昇天)하려 할 때 현청(縣廳) 옆에 큰 쥐엄나무[皁莢] 한 그루가 있어서 유강은 그 나무에 두어 길이나 기어 올라 겨우 날아 올라갈 수가 있었다. 그러나 부인은 평좌(平座)한 대로 마치 구름이 되어 오르듯이 서서히 올라가서 함께 승천해 갔다.

註

1) 劉綱 : 진(晋)의 하비(下邳) 사람.
2) 四明山 : 절강성(浙江省) 근현(勤縣)의 서남쪽에 있는 산.

嚴 淸

 엄청(嚴淸)[1]은 회계(會稽)[2] 사람이다. 집이 가난해서 언제나 산속에서 숯을 굽고 있었다.

 어느 날 누구인지 알지 못하는 사람이 나타나서 엄청과 이야기했으나 그가 비범(非凡)한 사람인지도 알지 못했다. 헤어질 때 한 권의 책[3]을 엄청에게 주면서,

 "그대는 장생(長生)할 수 있다고 보았기 때문에 이것을 전수(傳授)한다. 깨끗한 그릇에 넣어서 높은 곳에 두는 것이 좋겠다."

고 했다. 엄청은 이것을 받은 뒤로 도술(道術)을 터득하여 곽산(霍山)[4]에 들어가 선인(仙人)이 되었다.

註
1) 嚴淸 : 엄청(嚴青)으로도 쓰고 있다.
2) 會稽 : 절강성(浙江省) 소흥현(紹興縣).
3) 一卷書 : 《소서(素書)》한 질(帙)과 석뇌(石腦)를 먹는 법을 쓴 책이라고 한다.
4) 霍山 : 곽산은 산서성(山西省) 곽현(霍縣) 동남쪽에 있는 곽태산(霍太山)이 알려져 있으나 이 밖에 안휘성(安徽省) 곽산현(霍山縣) 서북쪽의 천주산(天柱山)도 곽산으로 불린다.

帛　和

　　백화(帛和)의 자(字)는 중리(仲理), 요동(遼東)¹⁾ 사람이다. 지폐산(地肺山)²⁾에 들어가 동봉(董奉)³⁾에게 사사(師事)했다. 동봉은 그에게 호흡법(呼吸法)과 창출(蒼朮) 복용(服用)의 법을 전해 주면서 백화에게 말했다.
　　"나의 도술(道術)은 이것으로 끝이다. 신단(神丹)・금사(金砂)⁴⁾의 법을 터득하지 못했기 때문에 천하(天下)를 주유(周遊)하여 모든 산을 다 가 보았다. 그대는 지금 혈기(血氣)가 왕성하기 때문에 널리 찾아 구해 보는 것이 좋겠다."
　　백화는 이에 서성산(西城山)⁵⁾으로 가서 왕군(王君)⁶⁾을 스승으로 섬겼다. 왕군은 백화에게 대도(大道)의 요결(要訣)을 가리켜,
　　"이 산 석실(石室) 속에서 북쪽 벽을 잘 보는 것이 좋겠다. 그러면 장차 벽에 있는 글자가 보일 것이다. 그렇게 되면 도(道)를 얻을 수가 있을 것이다."
했다.
　　이로부터 벽을 보고 있기를 3년 동안 계속했더니 과연 글자가 나타났다. 그것은 옛 사람이 새긴 '태청중경신단방(太淸中經神丹方)'⁷⁾ 및 '삼황천문(三皇天文)'⁸⁾, '대자오악진형도(大字五嶽眞形圖)'⁹⁾로서 모두 석벽(石壁)에 새겨져 있었다.
　　백화는 여기에 새겨진 1만 글자를 암송(暗誦)했다. 뜻을 잘 모르는 곳은 왕군이 그 요지(要旨)를 가르쳐 주었다.

뒤에 임려산(林慮山)¹⁰⁾에 들어가서 지선(地仙)이 되었다. 임려는 일명(一名) 융려(隆慮)라고도 하여 그 산의 남쪽은 태행산(太行山)¹¹⁾에 연결되고 북쪽은 항악(恒嶽)¹²⁾에 접했는데 높이 50길〔丈〕의 선인의 고루(高樓)가 있었다.

註
1) 遼東 : 요하(遼下)의 동쪽, 지금의 요령성(遼寧省) 동남쪽 땅.
2) 地肺山 : 종남산(終南山)의 별명(別名). 중리(仲理 : 帛話)가 종남산에 은거(隱居)하면서 신단(神丹)을 조합(調合)하여 황금(黃金) 5천 근을 만들어 백성들을 구제했다고 《태평어람(太平御覽)》에 나와 있다.
3) 董奉 :《신선전(神仙傳)》董奉에 보라.
4) 金砂 : 단사(丹砂)에서 황금을 만드는 법. 연금술(鍊金術).
5) 西城山 : 섬서성(陝西省) 홍안현(興安縣) 서북쪽 산.
6) 王君 : 미상.
7) 太淸中經神丹方 :《포박자(抱朴子)》에 태청중경(太淸中經)이나 태청신단법(太淸神丹法)이 인용되어 있다.
8) 三皇天文 :《포박자(抱朴子)》에 '도경(道經)에 삼황내문(三皇內文), 천문(天文)'이라는 글귀가 보인다.
9) 大字五嶽眞形圖 : 오악(五嶽)을 도부화(圖符化)한 것으로서 도사(道士)가 입산(入山)할 때 반드시 가지고 갈 영부(靈符).
10) 林慮山 : 융려산(隆慮山) 또는 용려산(龍慮山)이라고도 한다. 하남성(河南省) 임현(林縣) 서쪽의 산.
11) 太行山 : 하남(河南)·하북(河北)·산서성(山西省)에 걸친 태행산맥(太行山脈).
12) 恒嶽 : 오악(五嶽)의 하나. 북악 항산(北嶽恒山). 하북성(河北省) 곡양현(曲陽縣) 서북쪽에 있다.

東陵聖母

　동릉성모(東陵聖母)는 광릉(廣陵)[1]의 해릉(海陵)[2] 사람이다. 두씨(杜氏)에게 시집을 가서 유강(劉綱)[3]을 스승으로 하여 도술(道術)을 배워 출몰(出沒)을 맘대로 하며 형용을 바꾸어 변화할 수가 있었다. 두씨는 선도(仙道) 같은 것을 믿지 않고 언제나 그가 하는 일을 노여워했다.

　성모(聖母)는 병을 고쳐 사람을 돕고 있었으나 찾아오는 사람이 있으면 두씨는 더욱 성을 내어 이 일을 윗사람에게 호소했다.

　"성모는 몹쓸 여자로서 집안 일을 돌보려 하지도 않는다."

는 것이었다. 이에 관리는 성모를 찾아서 감옥에 가두었다. 그러나 얼마 안 되어 감옥의 창문으로부터 날아가는 것을 여러 사람들이 목격(目擊)했다. 둥둥 구름 속으로 들어가더니 그 뒤에 보니 그가 신고 있던 신 한 짝이 창문 밑에 남겨져 있다.

　이로부터 원근(遠近) 사람들이 사당에 제사를 지내게 되고 사람들로부터 신앙(信仰)을 받게 되었다. 기원(祈願)을 하면 현저한 효험이 있었다. 예배(禮拜)하는 곳에는 언제나 한 마리의 푸른 새가 있었다. 사람이 무엇이나 잃은 물건이 있어서 그 행방(行方)을 물으면 즉시 푸른 새가 물건을 훔친 사람의 위로 날아가기 때문에 노상(路上)에서 흘린 물건을 주워 가는 사람도 없게 되고 제법 세월이 흘렀는데도 역시 그런 일을 하는 사람이 없었다.

　지금에 이르기까지 해릉현(海陵縣) 안에는 불의(不義)나 도둑질

같은 것을 할 수가 없다. 지독한 경우에는 풍파(風波)에 빠지거나 범이나 이리에게 죽음을 당하고 가벼울 때라도 즉시 병에 걸리는 것이었다.

註——————————————————————————

1) 廣陵 : 광릉군(廣陵郡), 강소성(江蘇省) 강도현(江都縣).
2) 海陵 : 해릉현(海陵縣). 강소성(江蘇省) 태릉(泰陵).
3) 劉綱 : 이 책 번부인(樊夫人) 조(條)에 보라.

葛 玄

　갈현(葛玄)의 자(字)는 효선(孝先)이라고 했다. 좌원방(左元放)[1]에게 사사(師事)하여 《구단금액선경(九丹金液仙經)》[2]을 전수(傳授)받았으며 아직 금단(金丹)을 만드는 데에까지는 이르지 못했다. 언제나 창출(蒼朮)을 복용(服用)하고 특히 병 치료하는 데에 능해서 마물(魔物) 따위도 모두 정체(正體)를 나타내어 어떤 것은 쫓겨가고 어떤 것은 죽음을 당했다.

　곡식을 끊고도 몇 해까지 주리지 않고 있을 수가 있었으며 또 나무를 쌓아 놓고 불을 놓고서 그 위에 앉아서 나무가 다 타도 의관(衣冠)에 불이 붙는 일이 없었다. 술을 한 섬이나 마시고 깊은 골짜기 내의 물 속에 들어가 자다가 술이 깨면 나온다. 그러나 몸은 젖지 않았다.

　갈현은 오경(五經)에 정통(精通)하고 또 의논도 좋아했다. 흥미(興味)를 느낀 젊은이 수십 명이 찾아와서 갈현에게 배웠다.

　어느 날 배를 타고 여행(旅行)을 떠났다. 도구(道具) 따위의 용기(容器) 속에는 호부(護符) 수십 장이 들어 있었다. 이에 그 호부의 효험에 대하여 질문(質問)하여,

　"무슨 일을 하는 것인가 한 번 보여줄 수 없겠는가?"

하자 즉시 한 장의 호부를 떼어 내어 물에 던지자 부적은 하류(下流)로 흘러 내려갔다.

　"어떤가?"

하고 갈현이 말하자 그 손은,

"내가 던져도 이와 같을 것이오."

했다. 갈현이 또 부적 하나를 떼어서 물에 던지자 이번에는 역류(逆流)해서 흘러갔다.

"어떤가?"

하고 묻자 손은,

"기묘(奇妙)한 일이로군!"

했다. 또 하나의 부적을 물에 던지자 정지(停止)한 대로 움직이지 않았다. 조금 있자니 하류(下流)의 부적은 상류(上流) 쪽으로, 상류의 부적은 하류로 움직여서 3장의 부적이 한 장소로 모여들어서 갈현은 이것을 집어 올렸다.

냇가에서 빨래를 하는 한 사람의 여인이 있었다. 갈현이 젊은이들에게,

"내가 제군(諸君)을 위해서 저 여인을 도망가게 해 보일 테니 어떤가?"

하자 모두들,

"재미있겠군!"

하므로 부적 한 장을 물에 던지니 그 여인은 놀라서 도망가기 시작하여 십수 길이나 갔는데도 오히려 그치지 않았다. 갈현이,

"머물게 하여 보이리라."

하고 부적 한 장을 다시 물에 던지자 여인은 걸음을 멈추고 제자리로 돌아왔다. 무엇이 두려워서 도망했느냐고 하자,

"나 자신(自身)도 전혀 모르겠습니다."

고 대답했다.

갈현이 잘 머무는 여관(旅館)의 주인이 병이 있어서 무당에게 부탁하여 정령(精靈)[3]에 제사지내고 있었다. 정령(精靈)의 지시(指示)로 갈현에게도 술을 주라고 했다. 그러나 정령의 말씨가 공

손치 못하여 갈현은 크게 노하여,
"이 괴물(怪物) 같은 것, 건방진 시늉을 하지 말라."
하고, 다섯 사람의 귀신의 관리에게 명하여 정령을 잡아다가 기둥에 잡아매고 매를 때리게 했다. 무엇인가가 정령을 잡아온 것처럼 보였는데 뜰에까지 오더니 기둥에 잡아매고 옷을 벗겨서 땅에 집어던졌다. 매 때리는 소리가 들리고 피가 흘러내렸다. 이에 정령은 괴물 같은 소리를 내어 목숨을 빌었다. 갈현이,
"그대를 죽이는 것만은 용서해 준다. 그 대신 그대는 인간의 병을 고칠 수가 있는가 없는가?"
하니,
"고칠 수 있습니다."
하고 대답했다.
"그렇다면 이제 3일의 유예(猶豫)를 준다. 병자(病者)가 낫지 않았을 때는 그대를 처분할 것이다."
하여 정령은 겨우 방면(放免)되었다.

어느 날 갈현은 여행을 하다가 어떤 사당 앞을 지나고 있었다. 이 사당의 신(神)은 그 앞을 왕래하는 사람들이 백 보(步)의 거리에 가까이 오기 전에 말에서 내리게 하는 것이 보통이었다. 경내(境內)에는 수십 그루의 큰 나무가 있고 나무 위에는 새가 무리를 지어 있어 아무도 손을 대는 자가 없었다. 그런데 갈현이 수레를 타고 지나가면서 수레에서 내리지 않자 갑자기 큰 바람이 불어서 갈현의 수레를 쫓아내려 하니 먼지가 하늘을 덮고 종자(從者)들이 모두 두려워하여 뒤로 돌아서려 했다. 이에 갈현은 크게 노하여,
"사신(邪神)! 무슨 짓을 하는 것이냐?"
하고 손을 들어 바람을 막자 금시에 바람은 멎었다. 갈현은 돌아와서 부적을 사당 안에 던지자 나무 위의 새가 모두 땅에 떨어져

서 죽었다. 그 후 수일이 지나자 사당 근처의 나무는 한여름인데
도 모두 마르고 드디어 사당의 건물(建物)에도 불이 나서 자취도
없이 타 없어졌다.

　물가에서 물고기를 파는 자를 보고 갈현이,

　"이 물고기를 물의 신(神)에게 돌려보내려 하는데 좋겠는가?"
하고 물고기 장수에게 물었다. 그 사람이,

　"물고기가 죽어 있으니 그것은 무리(無理)입니다."
했으나,

　"아니야, 관계 없다."
하고 갈현이 말하므로 장수는 물고기를 갈현에게 주었다. 이 때
갈현은 붉은 글씨를 쓴 종이를 물고기의 배에 놓아서 물 속에 던
졌다. 잠시 있자니 물고기는 돌아와서 언덕에 뛰어 올라 먹으로
쓴 글씨를 토해 내더니 푸른 나뭇잎처럼 날아갔다.

　갈현에게는 손님이 찾아와서 뒤에 오는 손님이 찾아왔을 때에
는 언제나 나가서 그를 맞았으나 자리에는 또 한 사람의 갈현이
있어 먼저 온 손님과 이야기하고 있다. 손님을 보내고 맞는 것이
모두 이와 같았다. 어느 추운 날 찾아온 손님에게,

　"가난하게 살기 때문에 여러분에게 각각 화롯불을 드릴 수는 없
　습니다. 그러므로 불을 피워서 여러분이 함께 쪼이게 하는 것이
　어떻겠습니까?"
하고 갈현이 입을 벌려 숨을 내뱉자 불이 환하게 타올라 금방
방 안에 가득히 퍼졌다. 손님들은 햇볕에 있는 것과 같은 기분이
되었으나 그렇다고 뜨거운 감각이 있었던 건 아니었다.

　서생(書生)들이 갈현에게 무언가 재미있는 놀이를 해 보여 달라
고 청했다. 그러나 이 때 갈현은 열(熱)이 높아 몸에 가루를 칠하
고 있는 중이어서 옷에 끈도 매지 않고 있었다.

　"열이 높아서 일어나 재미있는 놀이를 할 수가 없다."

고 대답했다. 그로부터 갈현은 서서히 배를 가지고 집의 서까래를 수십 번 문지르고 나서 다시 침상(寢牀)으로 돌아왔다. 서까래에서 내려올 때는 무럭무럭한 구름과 같이 보였다. 서까래에 묻었던 배에 있던 가루는 그 후로도 수일 동안 남아 있었다.

갈현이 손님과 대좌(對坐)해서 식사(食事)를 하고 있었다. 다 먹고 나서 입을 양치질하자 입 속에 있던 밥알이 모두 수백 마리의 큰 벌이 되어 소리를 내면서 날아 다녔다. 조금 있다가 입을 열자, 벌의 무리는 또 입 속으로 날아 들어갔다. 그것을 갈현이 씹는 것을 보니 그것은 밥알이었다.

갈현이 침대를 손으로 두드리자 두꺼비를 비롯하여 새·제비·참새·물고기·자라 따위까지 거기에 따라서 춤추어 모든 사람이 음악(音樂)에 맞추는 것과 같다가 갈현이 손으로 중지시키면 그 자리에서 그치는 것이었다.

한겨울인데도 손님을 위해서 싱싱한 참외를 내오거나 여름에도 얼음이나 눈을 꺼내 오기도 했다. 또 돈 수십 냥을 꺼내어 그것을 우물 속에 던졌다. 갈현은 서서히 그릇을 손에 들고 위에서부터 돈을 불러 냈다. 그러면 한 장씩 물에서 날아 그릇 속으로 들어갔다.

손님에게 술을 권하는데 술잔을 돌릴 사람이 없으면 술잔이 저절로 그 사람 앞으로 갔다. 그리고 술을 비우지 않으면 술잔도 그 자리에서 움직이지 않았다. 또 물이 흐르는 것을 그리면 이내 그것이 열 길이나 깊게 역류(逆流)하는 일이 있었다.

그 당시에 한 사람의 도사(道士)가 있어서 남의 병을 치료하는 일에 자신(自信)을 가졌다. 중부 지방(中部地方)에서 온 사람인데,

"나는 수백 세가 된다."

는 등의 말을 하여 사람들을 속이고 있었다. 갈현은 그가 거짓말

葛玄 215

한다는 것을 알고 그 뒤에 여러 사람이 모인 자리에서 가장 친한 자에게,
 "저 사람의 나이가 알고 싶지 않은가?"
하고 물었다. 그 사람이,
 "그거 재미있군요!"
했다. 이 때 갑자기 하늘 위에서 사람이 내려왔다. 자리에 가득한 사람이 주목(注目)하는 가운데 지상(地上)에 내려앉았다. 붉은 옷을 입고 진현관(進賢冠)⁴⁾을 쓴 사람이 그 도사(道士)의 앞으로 가서,
 "귀공(貴公)은 사람들을 속이고 있는 모양인데 귀공의 정명(定命)이 얼마냐고 천제(天帝)께서 묻고 계십니다."
하자, 도사는 크게 두려워 의자(椅子)에서 내려와 무릎을 꿇고,

進賢冠

 "여쭐 말씀이 없습니다. 실은 당년(當年) 73세입니다."
하고 대답했다. 이에 갈현이 손을 치면서 크게 웃자 붉은 옷을 입은 사람은 갑자기 모습이 사라졌다. 도사는 크게 부끄러워하여 드디어 행방(行方)을 알 수 없었다.
 오(吳)의 대제(大帝)⁵⁾가 갈현을 만나보고 높은 벼슬자리를 주려고 생각했으나 갈현은 들어 주지 않고 그렇다고 해서 딴 곳으로 가려 해도 허락해 주지 않기 때문에 빈객(賓客)으로서의 대우를 받게 되어 항상 유연(遊宴)을 함께 하고 있었다. 자리 위에서 바라보고 있자니 길 위에서는 사람들이 나와서 비를 빌고 있었다. 제(帝)가,
 "백성들이 비를 빌고 있는데 어떻게 될 수 없는가?"
하자 갈현은,

"아주 쉬운 일입니다."
하고, 곧 부적을 확인(確認)하여 이것을 신(神)의 자리에 놓아 두었다. 금시에 천지(天地)가 어두워지더니 큰 비가 내려 뜰의 평지(平地)에도 한 자가 넘게 물이 고였다. 제(帝)가,
"이 물에 물고기가 있게는 할 수 없는가?"
하자,
"좋습니다."
하고 또 부적을 써서 물 속에 던지자 금시에 한두 자 길이나 되는 큰 고기가 백여 마리나 나타나 물 속을 헤엄치고 있었다.
"저것은 먹을 수가 있는가?"
하고 제가 말하자,
"먹어도 되고말고요."
하고, 그것을 잡아서 요리(料理)를 시켰더니 그것은 진짜 물고기였다. 제를 따라서 배를 타고 나갔을 때의 일이다. 큰 바람을 만나서 백관(百官)이 탄 배는 크고 작은 것이 없이 모두 침몰(沈沒)했고, 갈현의 배도 행방불명(行方不明)이 되었다. 이에,
"갈현 선생은 도(道)를 가지고 있는 분이지만 역시 배가 침몰하는 것은 면치 못하나보다."
하고 탄식했다. 하지만 그는 조금 후에 사망산(四望山)[6]에 상륙(上陸)해서 배를 언덕에 대고 있었다. 갈현의 배는 침몰한 지 이미 하룻밤이 지났지만 갈현은 갑자기 물 위에 나타났다. 그가 육지에 도착했을 때는 약간의 술기운을 띠고 있었다.
"어제 술대접을 하고 있는데 오자서(伍子胥)[7]에게 무리하게 끌려서 거절할 수가 없어 황제(皇帝)를 물 위에 버린 채 이렇게 무례(無禮)를 범했습니다."
하고 사과했다.
갈현은 여행을 떠나서 생각지도 못했던 친한 사람을 만나는 일

이 있으면 이 사람을 길가 나무 그늘로 불러서 풀을 베고 나무를 꺾어 술잔 위에 놓으면 거기에서 즙(汁)이 샘물처럼 흘러 내리다가 잔에 가득 차면 그친다. 이것을 마시면 모두 좋은 술과 같다. 또 여기에는 흙과 돌, 풀과 나무로 안주를 했다. 그런데 이것을 입에 넣으면 모두 사슴의 건육(乾肉)이었다. 뾰족이 나온 나무에서 술잔으로 즙을 받을 때 술잔을 가지고 가면 즙이 흘러나오지만 잔에 가득 차면 그친다. 그러나 다른 사람은 아무리 해 보아도 나오지 않는다.

  갈현을 초대(招待)한 사람이 있었다. 별로 가고 싶지도 않았지만, 그 주인이 기어이 와달라고 해서 할 수 없이 사자(使者)를 따라 갔다. 수백 보(步)쯤 가다가 갈현은 복통(腹痛)이 나서 그 자리에 서서 땅바닥에 눕더니 그대로 죽어 버렸다. 머리를 들어 올리면 머리가 아래로 떨어지고 사지(四肢)를 들어 올리면 사지가 제각각 흩어졌다. 그 위에 금시에 썩어서 구더기가 끓어 가까이 갈 수가 없었다. 그를 부르러 왔던 사자가 놀라 갈현의 집으로 알리러 갔더니 또 한 사람의 갈현이 마루 위에 있는 것이 보였다. 사자는 아무 말도 못하고 먼저 시체(屍體)가 있던 곳으로 돌아와 보니 갈현의 시체는 이미 없어져 버렸다.

  사람과 길을 동행(同行)해서 가는데 지상(地上) 3, 4척(尺)의 곳을 나란히 걸어갈 수가 있었다.

  갈현이 회계(會稽)[8]에 여행할 때의 일이다. 중부 지방(中部地方)에서 온 한 상인(商人)이 어떤 사당에 참배했다. 그 사당의 신(神)이 신직(神職)의 입을 빌려 그 상인에게 말하기를,

  "한 통의 편지를 갈공(葛公)에게 보내고 싶은데 이것을 보내 주었으면 좋겠다."

했다. 이에 신직이 편지 상자를 상인의 배에 던지자 못으로 박은 것처럼 떨어지지가 않았다. 이리하여 회계에 도착하여 곧 갈현에

게 알렸더니 갈현은 자신(自身)이 받으러 와서 찾아갔다.

　그의 제자인 장대(張大)라는 자에게 한 말에 보면,

　"나는 천자(天子)에게 무리하게 붙들려서 단약(丹藥)을 만들 여가(餘暇)도 없었다. 이제부터 시해(尸解)할 셈이다. 8월 13일 대낮에 떠나기로 한다."

했다. 그 날이 되자 갈현은 의관(衣冠)을 정돈하고 방에 들어가더니 가로 누워서 숨을 끊었으나 얼굴빛은 변치 않았다. 제자들은 향을 피우고 이를 지키기를 3일 동안 밤중에 갑자기 큰 바람이 불어 오더니 지붕을 걷고 나무를 부러뜨리고 천둥 같은 소리가 나면서 화롯불도 꺼졌다. 잠시 후에 바람은 멎었으나 갑자기 갈현의 모습은 보이지 않고, 다만 침상(寢牀) 위에 의복(衣服)만이 남아 있고 띠를 푼 흔적도 없었다. 이튿날 아침 이웃집에 물어 보았더니 이웃집 사람의 이야기로는 큰 바람은 전혀 불지 않았다고 한다. 바람이 멎은 뒤에 보니 다만 한 채의 집만이 담도 나무도 모두 바람에 날려 부러져 있었다.

註

1) 左元放 : 좌자(左慈)를 보라.
2) 九丹金液仙經 : 연단술(鍊丹術)의 글. 《포박자(抱朴子)》 4에도 《금액단경(金液丹經)》의 이름이 보인다.
3) 精靈 : 여기에서 원문(原文)은 '정인(精人)'으로 되어 있는데 곧 무당에 빙의(憑依)한 하급(下級)의 신령(神靈).
4) 進賢冠 : 유자(儒者)가 쓰는 관(冠).
5) 大帝 : 오(吳)의 손권(孫權). 죽은 뒤에 대황제(大皇帝)라 일컬었다.
6) 四望山 : 강소성(江蘇省) 강녕현(江寧縣) 성 서북쪽의 산.
7) 伍子胥 : 오원(伍員). 춘추 시대(春秋時代) 오(吳)의 신하. 오왕(吳王) 부차(夫差)로 해서 죽음을 당했다.
8) 會稽 : 절강성(浙江省) 소흥현(紹興縣).

8
立身의 길과 養生의 術

鳳　綱/衛叔卿/墨　子
孫　博/天門子/玉　子
沈　羲/陳安世/劉　政

　자기에게 훌륭한 수레가 있는 것을 버려두고, 이웃집에 한 대의 깨진 가마가 있는 것을 훔치려 합니다. 자기의 비단옷을 버려두고 이웃집에 거친 베가 있으면 그것을 훔치려 합니다. 자기의 아름다운 음식은 버려 두고 이웃집의 지게미가 있으면 이것을 훔치려 합니다. 이는 대체 어떠한 종류의 사람입니까?

鳳　綱

　봉강(鳳綱)은 어양(漁陽)[1] 사람이다.

　항상 각종(各種)의 초화(草花)를 채취(採取)하여 물에 담갔다가 진흙으로 봉인(封印)해서 정월에서부터 9월까지 백 일 동안 흙 속에 묻어 둔 후에 몇 번이고 불에 굽는다. 급사(急死)한 사람이라도 이 약을 입에 넣으면 모두 금시에 살아난다. 봉강은 이 약을 상용(常用)하여 수백 세가 되어도 늙지 않았다.

　그 뒤에 지폐산(地肺山)[2]에 들어가서 승선(昇仙)했다.

註
1) 漁陽 : 한(漢)의 어양현(漁陽縣). 지금의 하북성(河北省) 밀운현(密雲縣).
2) 地肺山 : 강소성(江蘇省)의 구곡산(句曲山) 또는 섬서성(陝西省)의 종남산(終南山)을 모두 지폐산(地肺山)이라고 불렀다.

衞叔卿

衞叔卿

위숙경(衞叔卿)은 중산(中山)[1] 사람으로서 운모(雲母)를 복용(服用)하여 선인(仙人)이 되었다.

한(漢)나라 원봉(元封) 2년[2] 8월 임진(壬辰)에 효무제(孝武帝)가 대궐에 한가로이 있노라니 흰 사슴이 끄는 운거(雲車)를 타고 오는 사람이 갑자기 하늘에서 내려와 대궐 앞에 나타났다. 그 사람은 나이 30세쯤 되었는데 안색(顏色)은 동자(童子)와 같고 우의(羽衣)[3]를 입고 성관(星冠)[4]을 쓰고 있었다.

무제(武帝)가 놀라서,

"그대는 누구인가?"

하고 묻자 그 사람은,

"저는 중산(中山)의 위숙경(衞叔卿)입니다."

하고 대답한다.

"중산(中山) 사람이라면 짐(朕)의 신하이다. 가까이 와서 같이 이야기하는 것이 좋겠다."
하고 무제(武帝)가 말했다.

　숙경(叔卿)이 무제(武帝)를 뵙고자 한 것은 제(帝)는 선도(仙道)를 좋아하기 때문에 제(帝)를 뵈오면 우대(優待)할 것이라고 생각했기 때문이다. 그러나 무제(武帝)에게 짐(朕)의 신하라는 말을 듣자 크게 실망(失望)하여 잠자코 대답도 하지 않고 있다가 조금 후에 모습이 보이지 않았다.

　무제(武帝)는 몹시 후회(後悔)하여 즉시 사자(使者) 양백(梁伯)을 중산(中山)에 보내어 숙경(叔卿)의 행방(行方)을 찾게 했으나 만나지 못하고 다만 그 아들 도세(度世)라는 자를 만날 수가 있어서 곧 데리고 와서 뵙게 했다.

"그대의 아버지는 지금 어디에 있는가?"
하고 무제(武帝)가 묻자,

"신(臣)의 아비는 젊어서부터 선도(仙道)를 좋아하여 복약(服藥)하고 도인(導引)하여 세상과 사귀지 않고 집을 버리고 나간 지가 이미 40여 년이 됩니다. 이제부터 태화산(太華山)으로 들어간다는 이야기였습니다."
하고 대답했다.

　이에 무제(武帝)는 즉시 사자(使者)를 보내어 도세(度世)와 함께 태화산(太華山)[5]에 가서 아비를 찾게 했다. 산기슭까지 와서 이제부터 산에 오르려 하자 갑자기 산에 불이 나서 오를 수가 없었다. 이것이 수십 일이나 계속된 때문에 도세(度世)는 사자(使者)에게 말했다.

"이것은 나를 남과 함께 올라 오지 못하게 하기 위한 것이 아니겠는가?"

　이에 재계(齋戒)하고 혼자서 산에 올라갔다. 정상(頂上)에 올라가기 전에 단애 절벽(斷崖絶壁) 밑에서 아버지가 두어 사람과 함께 돌 위에서 바둑을 두는 모습이 바라다보였다. 그 위에서는 자운(紫雲)이 피어 오르고 걸상은 백옥(白玉)으로 만들어졌으며 또 두어 명의 선동(仙童)이 깃발을 손에 들고 그 등뒤에 서 있었다.

도세(度世)가 여기에 배례(拜禮)하자,

"너는 무엇하러 왔느냐."

하고 숙경(叔卿)이 말했다.

"황제(皇帝)께서는 저번에 너무 창졸(倉卒)이어서 아버님과 이야기할 사이도 없었다는 것을 유감(遺憾)으로 생각하시고 사자(使者) 양백(梁伯)과 저를 보내신 것입니다. 바라건대 이제 한 번 아버님과 대면(對面)하고 싶다는 것입니다."

하고 도세(度世)가 말하자 숙경(叔卿)은 대답했다.

"저번에 태상(太上)[6]에게서 사람을 보내셨기에 제(帝)에 대해서 큰 재앙의 시기와 그 위난(危難)을 구제할 방법을 계고(戒告)하여 나라의 운수를 연장시키려고 생각했으나 스스로 높은 체하고 공손치 못하여 참다운 도(道)를 알지 못하고 도리어 나를 신하로 취급하려 했다. 말할 것도 없어서 떠나 왔을 뿐이다. 이제부터 중황(中黃)[7]·태을(太乙)[8]과 함께 천원(天元)[9]을 정할 터인즉 이제 나는 두 번 다시 가지 않을 것이다."

이 때 도세(度世)가,

"아까 아버님과 동석(同席)해 있던 이는 어떤 분이셨습니까?"

하고 묻자,

"그것은 홍애 선생(洪崖先生)[10]·허유(許由)[11]·소부(巢父)[12]·화저공(火低公)[13]·비황자(飛黃子)[14]·왕자진(王子晋)[15]·설용(薛容)[16] 등 여러 분이시다. 이제 세상은 크게 어지러워지고 천하는 편안치 못하다. 이 후 수백 년 사이에는 토(土)도 금(金)[17]도 멸망할 것이다. 너는 돌아가거든 나의 재실(齋室)[18] 서북쪽

모퉁이에 있는 큰 기둥 밑의 옥함(玉函)을 꺼내거라. 상자 속에는 《소서(素書)》가 간직되어 있으니 그것을 꺼내어 처방(處方)에 의하여 약을 조제(調劑)하여 복용(服用)하거라. 1년이 되면 구름을 타고 날 수 있을 것이다. 선도(仙道)를 성취(成就)하는 날에는 내게로 오는 것이 좋다. 한(漢)나라의 신하는 되지 말아라."

이에 도세(度世)는 사표(辭表)를 내고 산에서 내려와 양백(梁伯)을 만났으나 내용을 자세히는 말하지 않았다. 양백(梁伯)은 도세(度世)가 반드시 무엇인가를 얻었을 것이라고 생각하고 도세(度世)에게 머리를 조아리고 도술(道術)을 빌어 구했다. 이보다 먼저 도세(度世)는 양백(梁伯)과 동행(同行)해 다녀서 그의 성정(性情)과 행위(行爲)가 모두 온후(溫厚)하고 독실(篤實)하다는 것을 보아왔기 때문에 이에 사정(事情)을 말해 주었다.

다만 양백(梁伯)은 기둥나무 밑에 있던 신비(神祕)한 약방문(藥方文)만은 보지 못했다.

그 뒤에 옥함(玉函)을 파내어 보니 비선(飛仙)의 향(香)¹⁹⁾이 봉해져 있었다. 이것을 떼어 복용(服用)해 보니 그것은 오색(五色)의 운모(雲母)였다. 이에 이것을 약으로 조제(調劑)해서 먹고 양백(梁伯)과 함께 신선이 되어 갔다. 그 아들에게도 약방문(藥方文)을 남겨 두었기 때문에 세간(世間)에서도 이것을 입수(入手)한 자가 많았다.

註
1) 中山 : 한(漢)의 중산군(中山郡). 하북성(河北省) 정현(定縣).
2) 元封 2년 : 혹은 천한(天漢) 2년이라고도 했다.
3) 羽衣 : 새의 깃으로 만든 의복(衣服). 하늘에 날아 올라간다는 뜻으로, 후세(後世)의 도사(道士)를 우사(羽士)라고도 한다.

4) 星冠 : 관(冠)의 1종. 칠성관(七星冠).
5) 太華山 : 섬서성(陝西省)의 서악 화산(西嶽華山).
6) 太上 : 태상노군(太上老君). 노자(老子)를 말함.
7) 中黃 : 신선의 이름. 중황장인(中黃丈人).
8) 太乙 : 태을신(太乙神). 북극성(北極星)의 신(神).
9) 天元 : 천하통일(天下統一)의 중심(中心)의 뜻.
10) 洪崖先生 : 옛 선인(仙人)의 이름. 황제(黃帝)의 신하인 영윤(伶倫)이라고도 하고, 제요(帝堯) 이미 3천 세였다고도 말함.
11) 許由 : 고대(古代)의 고사(高士). 요(堯)가 천하를 주겠다는 말을 듣고 영수(潁水)에서 귀를 씻었다고 말한다.
12) 巢父 : 요(堯) 때의 고사(高士). 나무 위에 집을 짓고 살았다 해서 소부(巢父)라고 불렸다. 요(堯)가 천하를 사양했으나 역시 받지 않았다고 한다.
13) 火低公 : 미상. 혹은 태현공(太玄公)이라고도 말한다.
14) 飛黃子 : 미상.
15) 王子晋 : 《열선전(列仙傳)》에 나오는 왕자교(王子喬).
16) 薛容 : 미상.
17) 金 : 오행상생(五行相生)의 이치에 의하여, 화덕(火德)으로 왕이 된 한(漢)의 다음에는 토덕(土德)·금덕(金德)의 왕조(王朝)가 교체(交替)한다는 뜻.
18) 齋室 : 신선을 제사지내고 수행(修行)하는 방.
19) 香 : 향(香)을 '인(印)'이라고 한 책도 있다.

墨 子

묵자(墨子)의 이름은 적(翟), 송(宋)¹⁾나라 사람으로서 송(宋)나라에서 벼슬하여 대부(大夫)가 되었다. 밖으로는 경전(經典)을 연구하고 안으로는 도술(道術)을 수행(修行)하여 10여 편(篇)을 저술하여 이것을 이름하여 《묵자(墨子)》라고 했다. 당시 이에 대해서 배우는 자가 많았으나, 유가(儒家)와는 가는 방향을 달리하여 애써 검약(儉約)을 숭상하고 자못 공자(孔子)를 비난(非難)하는 것이었다.

墨 子

공수반(公輸般)²⁾이라고 하는 자가 있어, 초(楚)나라를 위해서 운제(雲梯)³⁾라는 도구(道具)를 만들어서 이것으로 초(楚)나라를 공격했다. 묵자(墨子)는 이 말을 듣고 초(楚)나라를 찾아 갔다. 발을 다쳐서 옷을 찢어 발을 싸매면서 7일 7야(夜)를 걸려서 도착했다. 공수반(公輸般)을 만나서 그를 설득(說得)하기를,

"그대는 운제(雲梯)를 만들어서 이것으로 송(宋)나라를 치려고

하고 있지만 송(宋)나라에 무슨 죄가 있다는 것인가. 귀국(貴國)에는 영토(領土)에 여유가 있지만 인민(人民)이 부족하다. 그런데 부족한 인민을 죽여서 여유가 있는 토지(土地)를 위해 싸운다는 것은 지혜롭다고 말할 수 없다. 또 송(宋)나라에는 아무런 죄도 없는데 이것을 친다는 것은 어질다고 말할 수 없다. 그런 것을 알면서 왕에게 간(諫)하지 않는 것은 충성되다고 말할 수가 없다. 간(諫)해서 왕을 설득(說得)시키지 못하는 것은 의지(意志)가 견고(堅固)하다고 할 수 없다."

이에 공수반(公輸般)은 대답했다.

"나로서는 어떻게 할 수 없으니 왕에게 말씀드려 주십시오."

했다. 이에 묵자(墨子)는 왕을 뵙고 말했다.

"지금 여기에 이러한 사람이 있다고 합니다. 자기에게 훌륭한 수레가 있는 것을 버려 두고 이웃집에 있는 깨진 가마를 훔치려 합니다. 자기의 비단옷은 버려 두고 이웃집에 거친 베가 있으면 그것을 훔치려 합니다. 자기의 아름다운 음식은 버려 두고 이웃집의 지게미가 있으면 이것을 훔치려 합니다. 이는 대체 어떠한 종류의 사람입니까?"

왕은 대답했다.

"만일 그렇다면 그것은 필시 미친 사람일 것이오."

이에 묵자(墨子)는 말했다.

"초(楚)나라에게는 운몽(雲夢)4)의 사슴, 장강(長江)·한수(漢水)의 물고기와 거북이 있어서 천하의 자원(資源)이 되고 있습니다. 그러나 송(宋)나라에는 꿩도 토끼도 붕어도 없습니다. 이는 곧 아름다운 음식과 쌀겨를 비교하는 것과 같은 것입니다. 초(楚)나라에는 소태나무(杞)·가래나무(梓)·녹나무(楠)가 있으나 송(宋)나라에는 두어 길 되는 나무조차도 없습니다. 이것은 마치 비단옷과 누더기옷을 비교하는 것과 같습니다. 저는 왕께서 또 송(宋)나라를 치려는 계획을 세우고 계신 것으로 알고 있사온데 그것은 이와 같은 일이옵니다."
이에 왕은 대답했다.
"좋소. 하지만 공수반(公輸般)은 이미 운제(雲梯)를 만들어 기어이 송(宋)나라를 친다고 말하고 있소."
이에 묵자(墨子)는 공수반(公輸般)을 만나기로 했다. 묵자(墨子)는 띠를 풀러서 성으로 삼고 두건(頭巾)을 가지고 병기(兵器)로 삼았다. 공수반(公輸般)은 성을 치는 작전(作戰)을 세워서 아홉 번이나 작전(作戰)을 변경했으나 묵자(墨子)는 그럴 때마다 이것을 막았기 때문에 공수반(公輸般)의 공성(功城)의 병기(兵器)는 동이 났지만 묵자(墨子)의 수비(守備)는 충분히 여력(餘力)이 있었다.
공수반(公輸般)은 말했다.
"나는 그대를 공격할 수단을 알고 있지만 그것은 말하시 않을 것이오."
이에 묵자(墨子)도 말했다.
"그대가 나를 공격할 수단이라면 나도 그것을 알고 있지만 그것은 말하지 않겠소."
이 때 왕이 그 까닭을 묻자 묵자(墨子)는 대답했다.
"공수반(公輸般)의 생각으로는 다만 나 하나만 죽이면 송(宋)나라는 지키지 못할 것이라는 것입니다. 하지만 저의 제자 금활리(禽滑釐)[5] 등 3백 인은 이미 저의 방어(防禦)의 병기(兵器)를 가지고 송(宋)나라 성 위에서 초군(楚軍)의 침입(侵入)을 기다리고 있습니다. 가령 제가 죽었다고 해서 이것을 중지하는 일은 없을 것입니다."
했다. 이에 초(楚)나라는 출병(出兵)하는 것을 중지하고 두 번 다시 송(宋)나라를 치는 일은 없었다.

묵자(墨子)는 나이 82세가 되어,

"세속(世俗)의 일은 이제 모든 것을 알았다. 영화스러운 자리도 언제까지나 보존되는 것은 아니다. 이제부터는 세속(世俗)을 버리고 적송자(赤松子)와 사귀는 것으로 하리라."

하고, 주적산(周狄山)⁷⁾으로 들어가 도법(道法)에 전념(專念)하고 신선을 동경(憧憬)하게 되었다.

이로부터 여러 지방의 산간(山間)에서 어떤 사람인가가 글을 외우는 소리가 가끔 귀에 들렸다. 묵자(墨子)가 잠자리에 든 뒤에도 어떤 사람인가가 나타나서 옷을 발에 걸쳐 주기도 했다. 묵자(墨子)가 정신을 차리고 있자니 갑자기 한 사람이 나타났으므로 일어나서 물었다.

"그대는 산악(山岳)의 신령(神靈)이십니까? 아니면 세상 밖에 있는 신선이 아니십니까? 바라건대 자주 여기에 오시어 도(道)의 대요(大要)를 가르쳐 주십시오."

하니, 신인(神人)은 말했다.

"그대가 도(道)를 좋아하는 뜻이 있다는 것을 알고 이렇게 와서 뵙는 것이오. 그런데 그대는 무엇을 구하는 것이오?"

이에 묵자(墨子)는,

"원컨대 천지(天地)와 함께 끝까지 장생(長生)하고 싶습니다."

하고 대답하는 것이었다.

이에 신인(神人)은《소서(素書)》및 주영환방(朱英丸方)·도령교계(道靈敎戒)·오행변화(五行變化) 등 전 25편(篇)을 주면서,

"그대는 선골(仙骨)을 가지고 있고 또 총명(聰明)하기 때문에 이것만 가지면 장차 성취(成就)할 것이오. 이제 스승을 기다릴 것도 없고."

하고 말했다.

묵자(墨子)는 절하고 이것을 받아가지고 약을 조제(調劑)해서,

드디어 효험이 있었다. 이에 그 요지(要旨)를 따서 《오행기(五行記)》⁸⁾를 만들었다. 장차 지선(地仙)이 되어 은둔(隱遁)하여 전국(戰國)의 세상을 피했던 것이다. 한(漢)나라 무제(武帝) 때가 되어 사자(使者) 양위(楊違)라는 자를 보내어 예물(禮物)을 갖추어 묵자(墨子)를 초빙(招聘)했으나 묵자(墨子)는 나오려 하지 않았다. 그 안색(顏色)을 보면 항상 50세쯤 되어 보이는 사람과 같고 오악(五嶽)을 주유(周遊)하여 한 곳에 정주(定住)하는 일이 없었다.

註 ─────────────────────────────

1) 宋 : 주대(周代)의 나라 이름. 하남성(河南省) 상구(商丘)에 도읍했다.
2) 公輸般 : 공수노반(公輸魯般)으로도 쓴다. 뒤의 공장(工匠)의 조사(祖師) 노반야(魯般爺)로 불리었다. 묵자(墨子)와의 공방(攻防)에 대해서는 《묵자(墨子)》 공수(公輸) 제50편에 자세히 나와 있다.
3) 雲梯 : 높아서 구름에 닿을 만한 높은 사다리. 공성(功城)에 쓰는 기구(器具).
4) 雲夢 : 운몽택(雲夢澤). 고대(古代)의 초(楚)나라에 있었다는 수택(藪澤)의 땅. 호북성(湖北省) 안육현(安陸縣) 남쪽 지방의 땅.
5) 禽滑釐 : 묵자(墨子)의 제자로서 전국(戰國) 때 위(魏)나라 사람.
6) 赤松子 : 옛 선인(仙人)의 이름. 《열선전(列仙傳)》에 보임.
7) 周狄山 : 미상.
8) 五行記 : 《묵자오행기(墨子五行記)》 5권이 있었던 것을 유군안(劉君安)이 아직 선거(仙去)하기 전에 그 요점(要點)을 따서 1권으로 만들었다는 것이 《포박자(抱朴子)》에 보인다.

孫 博

孫博

손박(孫博)은 하동(河東)[1] 사람이다. 재주가 뛰어나서 문장에 능했다. 백여 편(篇)의 글을 저술하고 경서(經書) 수십만 자를 암송(暗誦)하더니, 만년(晚年)에 와서는 도(道)에 열중(熱中)하여 묵자(墨子)의 도술(道術)을 수행(修行)하여, 초목(草木)·금석(金石)을 모두 불에 넣어 수 리(里)를 비칠 수가 있었다. 또 자신(自身)을 불에 넣기도 하고 입 속에서 불을 토하기도 하며, 큰 나무나 살아 있는 풀을 가리키면 타서 마르고 다시 한번 가리키면 또 본래의 모양이 된다. 이러한 일도 할 수 있었다.

어떤 사람의 노예가 도망하여 군대 속에 몸을 감췄기 때문에 붙잡을 수가 없었을 때 손박(孫博)은 그 노예의 주인에게,

"그대를 위하여 내가 저 영사(營舍)를 불타게 하겠소. 그러면 노예는 도망해 나올 것이 틀림없소. 그 때에 그대는 잘 보고 있다가 붙잡으시오."

하고 손박(孫博)이 한 개의 붉은 단자(團子)²⁾를 영문(營門)에 던지자 갑자기 큰 화재가 나서 과연 노예가 도망해서 나오므로 쉽게 그를 붙잡았다. 이 때 손박(孫博)이 다시 푸른 단자(團子)를 던지자 불은 즉시 꺼지고 건물(建物)이나 모든 것이 본래 그대로 여서 조그만 손상(損傷)도 없었다.

 손박(孫博)이 불을 일으켜 집을 타게 할 때 딴 사람이 물을 아무리 부어도 꺼지지 않던 것이 손박이 불을 끌 때는 즉시 쉽게 꺼졌다.

 물이나 불 속을 걸어 다녀도 젖지 않고 타지 않고, 또 많은 사람을 자기의 뒤에 따라오게 하여 밟아도 젖거나 타는 자가 없었다. 다른 사람과 함께 물 위를 걷고 방석을 깔고 앉아 식사(食事)도 하고 음악도 연주한다. 산간(山間)의 석벽(石壁)이나 땅 위의 반석(盤石)이라도 손박(孫博)이 그 속에 들어가려고만 하면 점차로 몸이 들어가서 나중에는 등과 두 귀가 보일 뿐이다. 그러면서 전신(全身)이 감추어진다.

 또 수천 자루의 도검(刀劍)을 삼키거나 벽 속을 출입(出入)할 수도 있다. 마치 거기에 구멍이라도 뚫려 있는 것과 같다. 혹은 거울을 잡아 늘려서 칼을 만들고 칼을 구부려서 거울을 만들기도 한다. 그것이 언제까지나 본래의 모양대로 되지 않는데 손박(孫博)이 손가락으로 가리키면 본래의 모양으로 돌아오는 것이다.

 그 뒤에 임려산(林慮山)³⁾으로 들어가 신단(神丹)을 먹고 선거(仙去)했다.

註
1) 河東 : 하동군(河東郡). 산서성(山西省) 영제현(永濟縣) 동남쪽.
2) 團子 : 원문(原文)에는 적환자(赤丸子).
3) 林慮山 : 백화(帛和)의 주(註)에 나와 있다.

天門子

 천문자(天門子)의 성(姓)은 왕(王), 이름은 강(綱)¹⁾. 보정 양생(補精養生)의 요지(要旨)에 특별히 밝았기 때문에 그의 천문자경(天門子經)에는 다음과 같이 말하고 있다.
 "양(陽)은 인(寅)에서 나서 서는 것으로서 순목(純木)의 정(精)인 것이다. 음(陰)은 신(申)에서 나서 서는 것으로 순금(純金)의 정(精)인 것이다. 대체로 목(木)을 가지고 금(金)에 던지면 상(傷)하지 않는 것이 없다. 그렇다면 음(陰)은 능히 양(陽)을 피로하게 할 수가 있는 것이다. 음인(陰人)이 지분(脂粉)을 바르는 것은 금(金)의 흰 것을 본받은 것이다.
 그렇기 때문에 진인(眞人)이나 도사(道士)는 여기에 유의(留意)하지 않는 자가 없다. 그 미묘(微妙)함에 정통(精通)하고, 그 성쇠(盛衰)를 살펴 내가 청룡(靑龍)을 행하면 저쪽은 백호(白虎)를 행한다. 저쪽은 주작(朱雀)을 잡고 나는 현무(玄武)를 삼는다. 이것이 불사(不死)의 도(道)인 것이다. 또 음인(陰人)의 정(情)이란 항상 양(陽)을 구하기에 급한 것이지만, 외면(外面)은 스스로 억제(抑制)해서 억지로 양(陽)을 믿으려고 하지 않는 것은 금(金)이 목(木) 때문에 굽히는 일이 없다는 것을 잘 알기 때문이다. 양(陽)의 성품은 기(氣)가 강(强)하고 경조(輕燥)하여 의지(意志)와 절조(節燥)도 소략(疎略)하다.
 그러나 유연(遊宴)을 하게 되면 말도 온화하고 기운도 부드

러우며 언사(言辭)도 낮게 하는 것은 목(木)이 금(金)을 두려워한다는 것을 잘 알기 때문인 것이다."

천문자(天門子)가 이 도(道)를 행하게 되면서부터 나이가 280세인데도 오히려 동자(童子)와 같은 안색(顏色)을 가지고 있었다. 이로부터 진주(眞珠)를 녹인 술을 먹어서 선화(仙化)하여 현주산(玄洲山)[2]으로 들어가 버렸다.

註 ─────────────────────
1) 綱 : 혹은 강(剛)으로도 쓰고 있다.
2) 玄洲山 : 미상. 다만 현주(玄洲)는 선계(仙界)의 이름으로서 회남왕(淮南王)이 승선(昇仙)한 곳이라고 한다.

玉 子

玉 子

옥자(玉子)는 성(姓)은 위
(韋), 이름은 진(震)으로서 남
군(南郡)¹⁾ 사람이다. 젊어서부
터 열심히 많은 경서(經書)를
배웠다. 주(周)의 유왕(幽王)²⁾
이 그를 불렀으나 나와 벼슬하
지 않고 탄식하기를,

"사람은 세상에 살아 있어도
날마다 하루씩 잃어가서 생
(生)에서 떠나가는 것이 점
점 멀어지고 죽음과의 거리
가 점점 가까워진다. 그런데
다만 부귀(富貴)만을 탐하
고 성명(性命)을 기르는 것
을 알지 못하고 있으나 수명(壽命)이 다하고 숨이 끊어지면 죽
어 버리는 것이다. 왕후(王侯)의 지위(地位)를 얻고 산과 같은
금옥(金玉)을 가졌어도 티끌만큼의 보람이 있겠는가. 다만 신
선이 되어 세상을 초월하는 것에 의해서만 무궁(無窮)한 것이
되는 것이다."

했다. 이로부터 장상자(長桑子)³⁾에게 사사(師事)하여 자세하게

여러 가지 도술(道術)을 전수(傳授)받았다. 장차는 또 독자(獨自)의 법을 편집(編輯)해서 도서(道書) 백여 편(百餘篇)[4]을 저술했다.

그 도술(道術)은 무괴(務魁)[5]라고 일컫는 법을 주장으로 하여, 오행(五行)에 정통(精通)하고 그 미묘(微妙)한 움직임을 부연(敷衍)하여, 성품을 길러 병을 고치고 재화(災禍)를 없앤다고 하는 것이다. 돌풍(突風)을 일으켜 지붕을 날리고 나무를 꺾고 뇌우(雷雨)와 운무(雲霧)를 일으킬 수도 있고, 수목(樹木)이나 와석(瓦石)을 가지고 갑자기 수축(獸蓄)과 용호(龍虎)로 변하게 할 수도 있다.

분신(分身)의 법으로 백 사람 천 사람으로도 되고 하수(河水)나 바다를 밟고 건너가고, 물을 입에 물었다가 품으면 이것이 모두 주옥(珠玉)이 되어 변하지 않는다. 때로는 숨을 죽인 채 호흡(呼吸)을 하지 않아 일으켜도 일으켜지지 않고 밀어도 움직이지 않고 굽혀도 굽혀지지 않으며, 펴도 똑바로 되지 않는다. 그것이 때로는 수십 일이나 백 일 만에 일어나는 일도 있었다.

제자들과 함께 여행을 하는데 언제나 진흙으로 말(馬)을 만들어 주었다. 모두에게 눈을 감게 하고 있으면 금시에 커다란 말이 되어 있었다. 이것을 타고 하루에 천리도 걸어가는 것이었다.

또 오색(五色)의 숨을 토해 내어 능히 두어 길 높이로도 세워 올리기도 하고 나는 새를 보고 손가락으로 가리키면 떨어졌다. 연못에 서서 호부(護符)를 던지고 물고기와 자라 따위를 부르면 모두 모여들어서 언덕으로 올라왔다. 제자들에게 눈을 들어 천리나 되는 먼 곳까지 보게 할 수도 있었으나 오래 볼 수는 없었다.

그가 무괴(務魁)를 행할 때에는 그릇에 물을 넣고 두 팔꿈치 사이에 놓고서 여기에 숨을 불면 물 위에는 이내 붉은빛이 번쩍번쩍하고 한 길이나 서서 올라갔다. 이 물은 병을 치료하는 것으로서 병이 몸 안에 있는 자에게는 이것을 마시게 하고 몸 밖에 있는 자에게는 이것으로 씻으면 모두 그 즉시 쾌유(快癒)된다.

그 뒤에 공동산(控桐山)⁶⁾에 들어가서 단약(丹藥)을 만들어 백일(白日)에 승천(昇天)했다.

註
1) 南郡: 진(秦)의 남군(南郡). 초(楚) 나라의 국경으로서 수도(首都)는 영(郢)에 있었다.
2) 幽王: 서주(西周)의 최후의 임금. 포사(褒姒)를 총애(寵愛)했고 견융(犬戎) 때문에 공격하여 죽음을 당했다.
3) 長桑子: 주(周)의 장상공자(長桑公子)인지. 또 편작(扁鵲)의 제자에도 장상군(長桑君)이란 자가 있었다.
4) 道書百餘篇:《포박자(抱朴子)》에 '玉子五行要眞經'을 들고 있다.
5) 務魁: 아래에 설명이 나와 있다. 혹은 무(務)는 활동시키는 것, 괴(魁)는 작자(杓子)를 가지고 하는 부수(符水)의 방술(方術)인 듯싶다.
6) 控桐山: 황제(黃帝)가 광성자(廣成子)를 찾았던 산.

沈 羲

심희(沈羲)는 오군(吳郡)[1] 사람으로서 촉(蜀)에 가서 선도(仙道)를 배웠으나 다만 재앙을 없애고 병을 고치며 사람들을 구제하는 일이 될 뿐 약을 복용(服用)하는 일은 알지 못했다. 그러나 그 공덕(功德)이 하늘을 감동시켜 천신(天神)이 이를 인정(認定)하고 있었다.

심희(沈羲)가 그 아내인 가씨(賈氏)와 함께 수레를 타고, 아들의 아내인 탁공영(卓孔寧)의 집을 찾는 길에 백록(白鹿)

沈 羲

의 수레가 한 대, 청룡(靑龍)의 수레가 한 대, 백호(白虎)의 수레가 한 대에 각각 종자(從者)가 수십 기(騎)인데 모두 붉은 옷을 입고 창을 들고 칼을 차고서 길 가득히 빛나는 일행을 만났다. 그들이 심희(沈羲)에게 말하기를,

"그대가 심희 선생(沈羲先生)이시오?"

하고 묻자 심희(沈羲)는 깜짝 놀라 무슨 영문인지 몰라,

"그렇습니다만 왜 물으십니까?"
했다. 이에 말 탄 사람이,
"심희 선생(沈義先生)은 백성들에게 공덕(功德)이 있고 마음에서 도(道)를 잊지 않았으며 어렸을 때부터 그 행동에 과실이 없었으나 정명(定命)이 길지 않아서 장차 수명(壽命)이 다하려 한다. 지금 황제(黃帝)·노군(老君)이 선관(仙官)을 보내어 하늘에서 맞으러 내려왔다. 시랑(侍郎) 박연지(薄延之)는 백록(白鹿)의 수레에 타고 있는 분이다. 도세군(度世君) 사마생(司馬生)은 청룡(靑龍)의 수레가 그것이다. 맞으러 온 사자(使者)는 서복(徐福)인데 백호(白虎)의 수레가 그것이다."
한다. 조금 있자니 우의(羽衣)를 입고 부절(符節)을 손에 든 세 선인(仙人)이, 백옥(白玉)의 간책(簡册)에 청옥(靑玉)의 종이, 단옥(丹玉)의 글씨를 쓴 것을 심희(沈義)에게 주었으나 심희(沈義)는 그것을 읽지 못한 채 그대로 수레에 태워져 승천(昇天)했다.

승천(昇天)할 때 길가에서 농사를 짓던 사람들은 모두 이것을 바라보고 있었는데 무엇인지 알지 못하는 중에 지독한 안개가 끓어올랐고 안개가 걷혔을 때는 심희(沈義)의 소재(所在)를 알지 못하게 되었다.

다만 그가 타고 있었던 수레의 소만이 밭 가운데에서 풀을 먹고 있었다. 그것이 심희(沈義)의 우차(牛車)였다는 것을 기억하고 있는 자가 있어서 심희(沈義)의 집에 알렸다.

제자들은 자칫하면 마물(魔物)이 심희(沈義)를 산골짜기에 감추었는지도 모른다고 생각하여 백 리 사방을 두루 찾았으나 발견하지 못하고 말았다.

그 후 4백여 년이 되어 갑자기 향리(鄕里)로 돌아와 찾고 찾아서 몇 대(代) 후의 자손인 회희(懷喜)라는 사람을 만났다.

"선조(先祖) 대대(代代)의 말을 들으면 집에 신선이 된 선조

(先祖)가 있어서 언제까지나 돌아오지 않는다는 것이었습니다."
고 말하고 있었다.

　수십 일 머물렀으나 심희(沈義)의 말에 의하면 처음 승천(昇天)했을 때에는 천제(天帝)는 뵙지 못했으나, 보니 노군(老君)이 동쪽을 향해서 앉아 있고 좌우 사람들이 심희(沈義)에게 명하여 예(禮)의 말을 하지 않고 다만 잠자코 앉아 있을 뿐이었다.

　궁전(宮殿)은 울울(鬱鬱)하여 구름과 같고 오색(五色)이 장중(莊重)하여 형용할 수가 없다. 시자(侍者)가 수백 명, 그 중 많은 사람은 여자이고 남자는 적었다. 뜰에는 주옥(珠玉)의 나무가 있고 영지(靈芝) 따위가 무더기로 나 있으며 용과 범이 무리를 지어 그 가에서 놀고 있다.

　동철(銅鐵)을 치는 것 같은 낭랑(琅琅)한 소리가 들려 왔지만, 무엇을 하고 있는지 전혀 알 수 없었다. 사방의 벽은 빛났으며 부적을 쓴 것이 거기에 걸려 있었다. 노군(老君)은 키가 1장(丈)쯤 되고 머리털을 묶었으며 무늬가 있는 옷을 입었고 몸에서는 빛이 났었다.

　조금 있자니 두어 명의 선녀(仙女)가 금(金)으로 만든 받침과 옥으로 만든 술잔을 가지고 나타나 심희(沈義)에게 주면서,

　"이것은 신단(神丹)이라고 하는 것인데 이것을 마시는 자는 죽지 않게 된다. 부부(夫婦)가 각각 한 잔씩을 마시면 만 년을 산다."

하고 다시,

　"다 마시고 나서도 다만 배례(拜禮)할 뿐이다. 인사말은 할 것이 없다."

고 주의시켰다.

　그 약을 먹고 나자 크기가 계란(鷄卵)만한 대추 두 개와 다섯 치쯤 되는 건육(乾肉)을 주었다. 심희(沈義)를 돌려보낼 때,

"잠시 인간계(人間界)에 돌아가서 사람들의 병을 치료해 주는 것이 좋겠다. 만일 하늘에 올라오고 싶을 때는 이 부적을 써서 대나무 끝에 달아 두라. 그렇게 하면 그대를 맞으러 갈 것이다."
하고, 부적 한 벌과 선약(仙藥) 만드는 법을 쓴 글을 주었다.
심희(沈羲)가 꿈을 꾸는 사이에 몸은 이미 지상(地上)에 와 있었다. 그 부적은 여러 가지 효험을 보였다.

註

1) 吳郡 : 강소성(江蘇省) 오현(吳縣).

陳安世

　　진안세(陳安世)는 경조(京兆) 사람이었다. 권숙본(權叔本)의 집에서 품팔이를 하고 있었는데 나면서부터 인정(人情)이 많아서 길에서 새나 짐승을 만나면 놀라게 하지 않으려고 언제나 길 옆으로 피해서 다니기도 했다. 살아 있는 벌레를 밟지 않고 물건을 죽이는 일도 없었다. 당시 나이는 13, 4세 때였다.

　　권숙본(權叔本)은 선도(仙道)를 좋아하여 신(神)을 믿고 있었다. 어느 날 누 선인(仙人)이 서생(書生)자림이 되어 숙본(叔本)을 사귀어 그를 시험해 보기로 했다. 그러나 숙본(叔本)은 그것이 선인(仙人)인 줄 몰랐기 때문에 시무룩한 표정(表情)이었다.

　　숙본(叔本)이 집에서 마침 맛있는 음식을 만들게 하고 있는데, 그 두 선인(仙人)이 찾아와서 진안세(陳安世)를 보고,

　　"숙본(叔本)님은 집에 계신가?"

하고 물었다.

　　"계십니다."

하고 대답하고 안으로 들어가서 숙본(叔本)에게 알렸다. 숙본(叔本)이 바로 나가려고 하자 그 아내가 말리면서,

　　"배고픈 서생(書生)들이 몰려 왔으니 배가 부르도록 먹고 갈 것이오."

하므로 숙본(叔本)은 안세(安世)에게 밖으로 나가서 집에 없다고 대답하게 했다.

"먼저는 집에 계시다고 대답하더니 금시에 계시지 않다고 하니 대체 어찌된 일인가?"
하고 두 사람이 말하자,
"주인 어른이 그렇게 말하라고 하셨습니다."
한다.
두 선인(仙人)은 그의 정직(正直)함을 칭찬하고 거기에 비교하면 숙본(叔本)은 여러 해 동안 힘써 왔는데도 불구하고 마침 우리들 두 사람을 만났다는 것으로 마음을 놓고 있었기 때문에 운(運)이 나쁘며 성공을 목전(目前)에 두고 실패한 것이라고 생각했다. 이에 이번에는 안세(安世)를 보고,
"너는 노는 것을 좋아하느냐?"
하고 묻자,
"좋아하지 않습니다."
한다.
"선도(仙道)는 좋아하느냐?"
하자,
"좋아하기는 하지만 어떻게 하면 그것을 알 수 있는지 전혀 방법이 없습니다."
한다. 이에 두 사람은,
"네가 확실히 도(道)에 열심이겠으면 내일 이른 아침에 길 북쪽의 큰 나무 밑에서 만나기로 하자."
한다.
안세(安世)는 그 말대로 이튿날 아침 약속한 장소로 가 보았다. 그러나 해가 기울 때가 되어도 한 사람의 그림자도 보이지 않았다. 이에 안세(安世)는 이제 돌아가려고 일어서서,
"서생(書生)은 나를 감쪽같이 속였구나."
하자, 두 사람은 바로 옆에까지 와 있는 것이다.

"안세(安世)야! 너는 왜 그렇게 늦었느냐."
하고 소리치자,
"아침 일찍부터 와 있었지만 그대들을 만나지 못했을 뿐입니다."
하고 대답하자,
"우리들은 네 옆에 앉아 있었다."
하고 두 사람은 말했다.
 그 후에 두세 번이나 만날 약속을 했으나 안세(安世)는 언제나 일찍부터 와 있었다. 이에 두 사람은 환약(丸藥) 두 개를 안세(安世)에게 주면서,
"너는 집에 돌아가더라도 음식을 먹지 말고 딴 장소에서 거처하도록 하라."
하고 가르쳐 주었다.
 안세(安世)가 가르쳐 준 대로 하고 있자니 두 사람도 항상 그곳을 왕래하게 되므로 숙본(叔本)은 이상하게 생각하고,
"안세(安世)는 빈 집에 살고 있을 터인데 어찌해서 사람의 소리가 나는 것인가?"
하고 가 보았으나 딴 사람의 모습은 보이지 않았다.
"지금까지 여러 사람들의 소리가 들렸는데 이제 한 사람의 모습도 보이지 않으니 어떻게 된 일이냐?"
하고 묻자,
"제가 혼자 말한 것입니다."
한다.
 안세(安世)가 식사도 하지 않고 물만 마시면서 딴 장소에서 거처하는 것을 보고 숙본(叔本)은 그가 비범(非凡)한 사람이 아닌가 하고 의심했다. 이에 자기가 위대(偉大)한 사람을 알아보지 못했다는 것을 인정(認定)하고,

"대체로 도덕(道德)의 높은 것은 연령의 위에 있을 수는 없다. 부모(父母)는 나를 낳아 주었으나 그러나 스승이 아니면 나를 장생(長生)시켜 줄 사람이 없다. 먼저 도(道)를 말해 준 사람이 바로 스승인 것이다."

하며 탄식하고, 이로부터는 제자로서의 예(禮)를 갖추고 아침 저녁으로 안세(安世)에게 절하고 섬기면서 신변(身邊)의 일을 돌보았다.

안세(安世)는 선도(仙道)를 이루어 승천(昇天)했는데 떠날 때 도술(道術)의 요의(要義)를 숙본(叔本)에게 전수(傳授)해 숙본(叔本)도 얼마 후에 선거(仙去)했다.

劉 政

 유정(劉政)은 패(沛)¹⁾ 땅 사람이었다. 재주가 높고 박식(博識)해서 모든 서적(書籍)을 읽고 있었다. 세상의 부귀(富貴)와 영화(榮華)는 한때의 일에 지나지 않고 선도(仙道)를 배워야만 장생(長生)할 수 있다고 생각하여 이로부터 입신(立身)의 길을 단념(斷念)하고 양생(養生)의 술(術)을 구했다.

 좀 변한 말이 있으면 천 리를 멀다 하지 않고 찾아갔으며 만일 자기보다 뛰어난 사람이 있으면 비록 그가 심부름꾼이라 하더라도 반드시 그에게 사사(師事)했다.

 또《묵자오행기(墨子五行記)》²⁾를 연구하고 이와 동시에 주영환(朱英丸)을 복용(服用)하여 나이 180여 세인데도 안색(顏色)은 동자(童子)와 같고 변화은형(變化隱形)의 술(術)에 능해서, 한 사람을 나누어 백 사람으로 만들고, 백 사람을 나누어 천 사람으로 만들고, 천 사람을 나누어 만 사람으로 만들 수가 있었다.

 그 이외에 삼군(三軍)의 병사(兵士)를 숨겨서 한 떨기의 숲으로 변하게 하고 혹은 새나 짐승으로도 변화시킨다. 시험삼아 남의 도구(道具)를 가져다가 장소를 바꾸어 놓아도 남은 알아차리지 못한다. 또 능히 각종의 과수(果樹)를 심어서 즉석(卽席)에서 열매를 먹게도 한다. 가만히 있으면서 도중(道衆)의 식사를 가져오고 반찬도 수백 명의 몫을 준비한다.

 또 숨을 내쉬어서 바람을 일으켜 모래와 돌을 공중으로 말아 올

린다. 손으로 건물(建物)이나 언덕, 혹은 기명(器皿) 같은 것을 손가락으로 가리켜서 그것을 부수고자 생각하면 부술 수도 있고, 다시 가리키면 금시에 본래의 모양대로 된다.

미녀(美女)의 모양으로 변할 수도 있고 물이나 불을 일으킬 수도 있다. 또 하루 사이에 수천 리를 간다. 물에 숨을 내쉬면 구름이 일어나고 손을 흔들면 안개가 인다. 흙을 모아 산을 만들고, 땅을 뚫으면 못이 된다.

노인(老人)이 되기도 하고 젊은 사람이 되기도 하며 크게도 되고 작게도 된다. 물에 들어가도 젖지 않고 물 위를 걷기도 한다. 강이나 바닷속에 있는 물고기·거북·용·악어 따위를 불러 내면 모두 언덕으로 올라간다.

혹은 입으로 오색(五色)의 숨을 토하면 10리 사방(四方)이 그대로 똑바로 하늘로 서서 올라간다. 혹은 하늘로 뛰어올라가서 땅에서 수백 길에 이르기도 한다.

그 후에 어디론가 가서 행방(行方)을 알 수 없었다.

註

1) 沛 : 한(漢)의 패군(沛郡). 안휘성(安徽省) 숙현(宿縣)의 서북쪽.
2) 墨子五行記 :《포박자(抱朴子)》에 墨子五行記가 나와 있다.

城郭은 옳은데 人民은 잘못되었네

茅　君/孔安國/尹　軌
介　象/蘇仙公
成仙公/郭　璞/尹　思

"몸을 다스리는 도(道)는 신(身)을 소중히 하는 것이 필요하다. 성품을 기르는 술(術)은, 죽음이 숨고 삶이 나타나는 것이다. 항상 능히 이것을 실천(實踐)하면, 천지와 함께 영원(永遠)해진다. 삶에 의하여 삶을 구할 때 참다움이 생긴다. 쇠를 가지고 쇠를 달군다. 이것을 참이라 한다. 사람을 가지고 사람을 도야(陶冶)한다. 이것을 신(神)이라고 한다."

茅 君

모군(茅君)은 유주(幽州)[1] 사람이다. 제(齊)나라에서 선도(仙道)를 배우다가 20년 후에 수행(修行)을 마치고 집으로 돌아왔다. 그의 양친(兩親)은 그를 보자 매우 화를 내어,

"이 불효(不孝)한 놈아! 부모도 섬기지 않고 쓸데없는 요술(妖術)을 찾아서 사방으로 방랑(放浪)하고 돌아다니다니."

하고, 매를 때리려 했다.

모군(茅君)은 무릎을 꿇고 사죄했다.

茅 君

"저는 하늘로 올라오라는 명령을 받고 어떻게라도 해서 도(道)를 얻지 않으면 안 된다고 생각했습니다. 그 때문에 두 가지 일을 동시에 행할 수가 없어서 효양(孝養)의 도리에 벗어났던 것입니다. 긴 세월을 허비하면서 제대로 유익한 것도 없었사오나, 이제는 온 집안이 안온(安穩)하게 살고 양친(兩親)께서도 장생(長生)하실 수가 있게 되었습니다. 그 방법도 이미 수득(修得)

하고 있사오니 매 때리시는 것을 중지해 주시옵소서."

그러나 아버지는 아직도 노여움이 가시지 않아 지팡이를 들고 아들을 향해서 손을 들려고 하는 참인데 금방 지팡이가 부러져 수십 조각이 나서 흩어진다. 그것은 마치 활로 화살을 쏘는 것과 같이 벽에 맞으면 벽이 뚫어지고 기둥에 맞으면 기둥에 구멍이 뚫렸다. 아버지는 그제야 매 때리는 것을 중지했다.

"아까 말씀드린 것은 이렇게 되는 것을 두려워했기 때문입니다. 다시 뵈온 자리에 사람을 상할까 걱정하기 때문입니다."

하고 모군(茅君)이 말했다.

"너는 도(道)를 얻었다고 말했는데 그렇다면 죽은 사람도 살릴 수가 있느냐?"

하고 아버지가 말하자,

"죽은 사람도 죄가 중한 자이면 살릴 수가 없지만 횡사(橫死)했다든가 요절(夭折)한 사람은 즉시 살려 보이겠습니다."

하고 대답한다. 이에 아버지가 그렇게 시켜 보았더니 과연 그대로였다. 모군(茅君)의 아우는 관리가 되어 현(縣)의 지사(知事)에까지 올라갔다. 그가 부임할 때 향리(鄕里)에서 전송 나온 사람이 수백 명이나 되었다. 모군(茅君)도 역시 그 자리에 있었다. 그 자리에서 말하기를,

"나는 지사(知事)는 되지 못했지만 신령(神靈)의 직책에 오르게 되어 아무 달 아무 날에는 부임할 것이다."

했다. 손님들이 입을 모아,

"전송을 나오고 싶은데요."

했으나,

"일부러 전송을 오신다니 그 후의(厚誼)에는 감사하지만 그러실 것이 없습니다, 제가 한 자리를 마련할 것이오니."

하고 모군(茅君)은 말했다.

그 날이 되자 손님들은 모두 몰려 와서 대연회(大宴會)가 되었
다. 푸른 비단으로 장막을 둘러치고 아래에는 흰 융단을 깔고,
진미(珍味)와 가효(佳肴)가 향기롭게 벌어졌다. 기녀(妓女)들이
음악을 연주하고 합주(合奏)의 소리는 천지를 진동시켜 수 리(數
里) 저 멀리까지 울려 퍼졌다. 이 모임에 참석한 자가 모두 천여
명인데 모두가 배불리 마시고 먹고 했다.
 이윽고 영접의 선관(仙官)이 찾아왔다. 문관(文官)은 붉은 옷을
입고 흰 띠를 띤 자가 수백 명, 무관(武官)은 갑주에 깃대를 세우
고 무구(武具)도 햇빛에 빛나는 것이 몇 리에 뻗쳐 있었다.
 이 때 모군(茅君)은 부모와 친척(親戚)에게 작별을 고하고 좀
있다가 비취로 장식한 수레를 타고 떠났다. 깃발은 구름처럼 펄럭
이는데 용을 타고 범을 멍에 메어 새와 짐승은 공중을 날아 맴
돌고, 구름과 안개는 날아서 그 좌우에 비꼈다. 집에서 10여 리
(里)쯤 가다가 갑자기 보이지 않았다.
 원근(遠近)의 사람들은 그를 위하여 사당을 지어 제사를 지내게
되었다. 모군(茅君)은 장막 안에 있어서 사람들과 이야기를 하고,
그가 출입(出入)할 때에는 인마(人馬)를 낼 때도 있고 또는 변해
서 백학(白鶴)이 될 때도 있었다. 병자(病者)가 와서 기원(祈願)
하는 자가 있으면 언제나 부드러운 알 열 개를 장막 속에 넣었
다. 그러면 조금 있다가 하나씩 던져 돌려 보냈다. 집에 돌아가서
그것을 깨쳐 보아서 속이 누른빛이면 병자(病者)는 반드시 낫지
만 만일 속에 흙이 들어가 있으면 병이 낫지 않았다. 항상 이것
을 가지고 점치는 것이었다.

註
 1) 幽州 : 하북(河北)에서 동북쪽으로 가는 지역(地域).

孔安國

공안국(孔安國)은 노(魯)[1]나라 사람이었다.

항상 행기(行氣)에 의하여 호흡(呼吸)을 조절(調節)하고 연단(鍊丹)을 복용(服用)하여, 나이 3백 세가 되었는데도 안색(顏色)은 동자(童子)와 같았다.

잠산(潛山)[2]에 숨어 사는데 따르는 제자가 수백 명이나 되었다. 곡식을 끊기 위하여 한 방에 들어가면 1년 반 만에 두 번 나타나는데, 점점 젊어지고 있었다. 방에 들어가지 않았을 때에는 음식도 평상(平常) 때와 같아 세상 사람과 다름이 없었다.

안국(安國)은 나면서부터 침착(沈着)하고 돈후(敦厚)하며 그 위에 특히 선도(仙道)의 요체(要諦)를 중시(重視)하여, 경솔히 사람들에게 전하지는 않았다. 여기에 사사(師事)하는 사람은 5, 6년 사이에는 그 사람됨의 지향(志向)을 충분히 관찰(觀察)한 뒤에 그 사람에게 전수(傳授)하기로 하고 있었다.

진백(陳伯)이란 사람이 있었다. 안락(安樂)[3]의 출신(出身)으로서 공안국(孔安國)에게 부탁해 왔다. 안국(安國)은 그를 제자로 하여 3년 동안 머무른 뒤에 그 성실(誠實)함을 인정(認定)하여 이렇게 말했다.

"나도 젊었을 때에는 더욱 애써서 도술(道術)을 탐구(探求)하여 여러 곳에도 가 보았지만 아무리 해도 신단팔석등선(神丹八石登仙)[4]의 법이 얻어지지 않았다. 다만 지선(地仙)이 되는 법을 전수(傳授)받아서 다행히 불사(不死)로 있을 수가 있는 것이다. 이리하여 옛날 해변(海邊)의 어부(漁父) 노인에게 사사(師事)한 일이 있었다. 이 어부(漁父) 노인이란 본래 월(越)나라 재상이었던 범려(范蠡)[5]이다. 이분이 성(姓)을 바꾸고 이름을 숨기고서 난세(亂世)를 피하고 있는 것이지만 내가 뜻이 있다는 것을 어여삐 여겨 세상을 초월(超越)할 수 있도록 복이(服餌)의 비방(祕方)을 가르쳐 준 것이다.

까닭에 대오(大伍)[6]·사성(司誠)·자기(子期)·강백(姜伯)·도산(塗山)은 모두 나이 천 세가 되어서도 젊고 원기(元氣)가 있었다. 나는 선도(仙道)를 전수(傳授)받은 뒤로 복약(服藥)해 온 지 3백여 년에 그 하나의 제법(製法)을 최중경(崔仲卿)에게 가르쳐 주었다. 중경(仲卿)은 그 때 나이 84세였으나 복약(服藥)해 온 지가 벌써 33년이 된다. 그 피부를 보면 기운이 넘치도록 장건(壯健)하여 수염노 머리털도 희어지지 않고 이발도 말끔히 그대로이다. 그분에게 가서 만나 그를 사사(師事)하는 것이 좋다."

이리하여 진백(陳伯)은 그에게로 가서 사사(師事)하여 그 제법(製法)을 전수(傳授)받아 그도 역시 불로(不老)의 선인(仙人)이 될 수 있었다.

또 장합(張合)이라는 자의 아내는 나이 50에 이 약을 복용(服用)하여 20세쯤의 사람처럼 젊어져서 고을 안의 사람들이 이를 이상히 여기더니 86세에 한 남자 아이를 낳았다.

또 두어 사람에게 이 법을 가르쳤더니 모두 4백 세까지 살았고 뒤에 산으로 들어가 버렸다.

이 밖에 선인(仙人)이 되지 못한 사람들도 있었는데 이들은 방중술(房中術)을 행했기 때문이었다.

註
1) 魯 : 산동성(山東省) 곡부현(曲阜縣).
2) 潛山 : 안휘성(安徽省) 잠산현(潛山縣)의 서북쪽.
3) 安樂 : 안락현(安樂縣). 하북성(河北省) 순의현(順義縣)의 서남쪽.
4) 神丹八石登仙 : 단약 丹藥을 만들어 백일 승천(白日昇天)하는 법.
5) 范蠡 : 《열선전(列仙傳)》 상권(上卷)에 나와 있음.
6) 大伍 : 이하 5인은 모두 신산의 아들.

반고(盤古)의 천지창조

천지(天地)를 창조한 신(神)을 중국에서는 '반고'라고 한다. 단, 반고란 이름이 기록에 나타나기 시작한 것은 비교적 늦어서 삼국시대(三國時代 : 서기 3세기)에 씌어진 서정(徐整)의 《삼오역기(三五曆記)》라는 책이다.

그 기록에 의하면 태초에는 천지가 나누어져 있지 않고 혼돈했는데 계란의 노른자위 같았다는 것이다. 이윽고 그 속에서 병아리가 나오는 것처럼 반고가 태어났다. 그리고 1만 8천 년이 지나가 맑고 밝은 것이 하늘이 되었으며 탁하고 어두운 것이 땅이 되었다.

오랜 세월 동안 잠자고 있던 반고는 하루에 1장(丈)씩 성장하는 엄청난 위력을 발휘했고 그 체력으로 하늘과 땅을 아래위로 갈라 놓았다. 이처럼 1만 8천 년이 지나자 그 성장은 극에 달했으며 그의 키에 의하여 갈라진 하늘과 땅의 간격은 무려 9만 리에 이르렀다고 한다.

원시(原始)의 혼돈에서 천지를 갈라 놓고 세계를 창조했다고 하는 이 반고의 신화(神話)는 태초에 좁았던 하늘과 땅 사이를 아래위로 밀어 내어 오늘날과 같은 상태로 만들었다는 폴리네시아 신화 등과 같은 계열로써 거인(巨人)에 의한 천지창조 신화이다.

尹 軌

  윤궤(尹軌)의 자(字)는 공도(公度)로서 태원(太原)[1] 사람이었다. 널리 오경(五經)을 연구하고 그 중에서도 천문성상(天文星象)·역학(易學)·예언(豫言)의 일에 밝고, 정통(精通)하지 못한 것이 없었다.
  만년(晚年)에는 선도(仙道)를 배워 황정(黃精)[2]의 꽃을 상복(常服)하기를 하루에 3합(合), 나이는 수백 세를 세었다.
  천하의 성쇠(盛衰)·안위(安危)·길흉(吉凶)에 대하여 예언(豫言)하면 그것이 사실로 나타나지 않는 것이 없었다. 옻칠을 한 죽통(竹筒) 십수 개를 허리에 차고 있는데 그 통 속에는 어느 것이나 약이 들어 있었다. 이것으로 병란(兵亂)이나 역질(疫疾)을 피할 수가 있다고 하여, 언제나 사람들에게 환약(丸藥) 한 알을 주어 그것을 몸에 지니고 있게 했다.
  마침 세상이 크게 어지러워 향리(鄉里) 사람들이 모두 난(難)을 만났는데, 그 집 사람들만은 재액(災厄)을 면했다. 또 역질(疫疾)이 유행했을 때 커다란 환약(丸藥) 한 알을 손에 가지고 있는 자가 있어 그것을 문에 발라 두었더니 그 집 사람은 병에 걸리지 않았다.
  제자 중에 황리(黃理)라는 사람이 육혼산(陸渾山)[3] 속에 사는데 범이 울부짖어 괴로움을 당하고 있었다. 윤궤(尹軌)는 황리(黃理)에게 명하여 나무를 잘라서 기둥으로 만들어 가지고 집에서 수십 정(丁) 거리의 사방에 각각 하나씩 묻게 했다. 그리고 윤궤(尹軌)가 여기에 봉인(封印)을 해 주었더니 범은 모습을 나타내지 않게 되었고 수십 정(丁)의 곳까지 왔다가 그대로 돌아가는 것이었다.

어느 집 지붕에 괴조(怪鳥)가 와서 앉은 일이 있었다. 이것을 윤궤(尹軌)에게 말하자 윤궤(尹軌)는 호부(護符) 한 장을 써주어, 새가 우는 곳에 부치게 했더니 밤이 되자 새는 호부(護符) 밑에서 죽어 있었다.

어떤 사람이 불행한 일을 당했으나 집이 가난해서 장사를 지낼 준비가 되지 못했다. 윤궤(尹軌)가 조문(弔問)을 가자 상주(喪主)는 자기의 비참한 사정을 말하므로 윤궤(尹軌)는 그를 몹시 동정(同情)하게 되었다. 이에 한 조각의 납[鉛]을 가지고 형산(荊山)⁴⁾에 들어가서 화로에 넣어 납을 녹였다. 그리고 가지고 간 쌀알만한 것을 납 속에 넣어 저으니 모두 은(銀)이 되었다. 이것을 상주(喪主)에게 주면서 주의시켰다.

"나는 그대가 가난해서 장례도 지내지 못하는 것을 불쌍히 여겨 이렇게 도와주는 것이니 결코 가외의 생각은 하지 말도록 하라."

또 어떤 사람이 관청에서 빌린 돈 백만의 부채(負債) 때문에, 잡혀서 감옥에 들어갔다. 윤궤(尹軌)는 어느 부자(富者)에게서 돈 수천 냥을 빌려가지고 와서 그 사람에게 주면서 주석(錫)을 찾게 했다. 이 주석을 녹이고 사시로 조그만 약품(藥品)을 던져 넣자, 그것이 황금(黃金)이 되었기 때문에 그것으로 관금(官金)을 갚도록 했다.

윤궤(尹軌)는 그 뒤에 태화산(太和山)⁵⁾에 들어가 신선이 되었다.

註
1) 太原 : 태원군(太原郡). 산서성(山西省) 태원현(太原縣).
2) 黃精 : 백합과(百合科)의 식물(植物). 뿌리를 따서 약용(藥用)으로 쓴다.
3) 陸渾山 : 하남성(河南省) 숭현(嵩縣)에 한(漢)의 육혼현(陸渾縣)이 있고, 그 땅에 육혼산(陸渾山)이 있는데 방산(方山)이라고도 일컫는다.
4) 荊山 : 이 형산(荊山)은 하남성(河南省)의 복부산(覆釜山)으로서 황제(皇帝)가 솥을 만들었다고 전한다.
5) 太和山 : 호북성(湖北省) 균주(均州)의 무당산(武當山). 윤궤(尹軌)는 이 산에 들어갔다.

반고(盤古)의 시체

 하늘과 땅 사이를 밀어낸 거인(巨人) 반고가 죽음에 이르렀을 때 그가 쉬던 호흡은 풍운(風雲)이 되었으며 그가 지른 목소리는 뇌성(雷聲)이 되었다. 또 두 눈은 해와 달이 되었고 수족(手足)과 몸은 하늘을 지탱하는 네 개의 기둥[四極]과 나섯 개의 명산(名山 : 五嶽)이 되었고 혈액은 강, 힘줄과 맥(脈)은 대지(大地)의 골짜기, 살은 전답이 되었다. 또 머리털과 수염은 별이 되었고 피부의 털은 초목(草木)으로 변했으며 딱딱한 이와 뼈는 금속과 돌로 화했고 정수(精髓)는 주옥(珠玉)이 되었다. 그런가 하면 흐르는 땀은 우로(雨露)가 되었고 몸 속에 기생하고 있던 여러 종류의 벌레는 인간으로 변했다고 한다.
 또 다른 설에 의하면 반고의 눈물은 대하(大河)가 되었고 내쉬는 숨은 바람, 외치던 목소리는 천둥, 그리고 눈빛은 번개가 되었다고 한다. 이 반고의 시체에서 일월산천(日月山川) 등의 삼라만상이 발생했다고 하는 신화는 인도의 푸루샤 신화, 북유럽의 이밀 신화 등과 공통된다. 거인(巨人) 시체 화생(化生)에 의한 세계 발생 신화이다. 중국에는 이 반고를 매장한 곳이라고 전하는 사방 수백 리의 묘(墓) 전설이 곳곳에 있다.

介 象

介 象

개상(介象)의 자(字)는 원칙(元則)이니 회계(會稽)[1] 사람이었다. 학문은 오경(五經)에 능통하고 백가서(百家書)에도 눈을 돌려 문장에도 능했다.

뒤에 동산(東山)에 들어가 선학(仙學)을 배워서 사귀(邪鬼) 금압(禁壓)의 술(術)을 배웠다. 띠 위에서 불을 피우고 그것으로 닭을 태워도 타지 않는다든가, 한 마을 인가(人家)에서 밥을 지어도 밥이 타지 않게 한다든가, 3일 동안 닭이나 개가 울지도 짖지도 않게 한다든가, 시중(市中) 사람이 모두 앉은 채로 일어나지 않게 한다든가, 몸을 감추어 초목(草木)이나 조수(鳥獸)로 변한다든가 여러 가지 일을 할 수가 있다.

《오단경(五丹經)》이라는 책이 있다는 소리를 듣고 천하를 주유(周遊)하여 찾아 구했으나 적당한 스승을 발견할 수가 없었다. 이에 산 속에 들어가 생각을 가다듬어 모아서 오로지 신선을 찾아

만날 것을 원하고 있었다.

몹시 몸이 지쳐서 돌 위에 가로누워 있었다. 이 때 한 마리의 범이 나타나 개상(介象)의 이마를 핥았다. 눈을 뜬 개상(介象)은 범을 보고,

"하늘이 너를 나의 호위(護衛)로 보냈으면 잠시 여기에 있는 것이 좋다. 만일 산신(山神)이 나를 시험하기 위해서 보낸 것이라면 즉시 돌아가라."

하자, 범은 그대로 가 버렸다.

개상(介象)이 산에 들어가자 골짜기 사이에 둥근 돌이 있었다. 그 돌은 자줏빛으로서 푸른 광택(光澤)이 아름답고 크기가 계란(雞卵)만한 것이 수없이 많았다. 그 중에서 두 개를 집었다. 골짜기가 깊어서 앞으로는 나갈 수가 없어서 돌아오는데 산 속에서 한 사람의 미녀(美女)를 만났다. 나이는 15, 6세의 비범(非凡)한 미녀(美女)로서 오색(五色)의 옷을 입고 있었다. 이깃은 신선일 것이라 보고 개상(介象)은 그에게 장생(長生)의 법을 물었다. 그러자 여자는,

"그대가 손에 가지고 있는 물건을 본래 있던 장소에 도로 갖다놓고 오도록 하라. 그것은 그대가 아직 찾아서는 안 될 물건이다. 그래서 여기에서 기다리고 있는 중이다."

했다. 개상(介象)이 그 돌을 갖다 놓고 오자 여인은 역시 본래의 장소에 있었다. 그는,

"그대는 육식(肉食)의 냄새가 없어지지 않고 있다. 3년 동안 곡식을 끊고서 다시 오도록 하라. 나는 여기에서 그 때까지 기다릴 것이다."

했다.

집으로 돌아와서 3년 동안 곡식을 끊은 뒤에 다시 가 보았더니 그 여인은 역시 먼저의 장소에 있었다. 여기에서 《환단경(還

丹經)》한 권을 개상(介象)에게 주면서,
 "이것만 있으면 신선이 될 것이다. 이제 딴 일은 하지 않아도 된다."
하므로, 예(禮)를 말하고 집으로 돌아왔다.
 개상(介象)은 흔히 제자 낙정아(駱廷雅)의 집에 가서 장막을 내린 침상(寢牀) 속에 있었다. 서생(書生) 두어 사람이 좌전(左傳)²⁾에 대해서 이야기하고 있었으나 이치에 맞지 않는 말들을 하고 있는 것을 듣고 개상(介象)은 참을 수가 없어서 분연(憤然)히 단정(斷定)을 내렸다. 서생(書生)들은 이는 범인(凡人)이 아니라는 것을 깨닫고 비밀히 개상(介象)을 오왕(吳王)에게 추천했다. 개상(介象)은 이것을 알고 직무(職務)에 구속당하기는 싫다고 하여 돌아가려 했다.
 낙정아(駱廷雅)가 억지로 그를 붙들고 있는데 오왕(吳王)이 무창(武昌)³⁾까지 부르러 와서 몹시 그를 존경하여 개군(介君)이라고 부르기로 했다. 왕명(王命)으로 저택(邸宅)을 지어 주고 장막 따위도 모두 수놓은 비단을 쓰고 황금(黃金) 2천여 냥(兩)을 주어서 그에게 은형(隱形)의 술(術)을 배웠다. 시험삼아 안 대궐로 돌아가 보았더니 출입(出入)하는 데도 아무에게도 모습이 보이지 않는 등, 이런 따위의 일이 여러 가지가 있었다.
 오왕(吳王)⁴⁾을 위해서 야채(野菜)나 과수(果樹)를 심었더니 어느 것이나 금시에 생장(生長)해서 먹게 된 일도 있었다.
 또 오왕(吳王)이 회(膾)를 쳐서 먹는 생선은 무엇이 맛이 좋은가 하는 말을 하다가 개상(介象)은,
 "숭어(鯔)의 회가 최상(最上)입니다."
하고 대답했다.
 "아니야. 이 근방에 있는 생선에 대해서 말하는 것이다. 그것은 바다에 있는 생선으로 손에 넣을 수가 없지 않은가."

하고 오왕(吳王)이 말했다.
 그러나 개상(介象)은,
 "손에 넣을 수 있고말고요."
하더니 대궐 앞 뜰 모퉁이에 구멍을 뚫게 하고 거기에 물을 가득 부었다. 이번에는 낚싯대를 가져오게 하여 개상(介象)은 일어서서 낚싯대에 밥을 달아 그 구멍에 드리우니 조금 있다가 숭어가 잡혀 올라오므로 오왕(吳王)은 놀라고 기뻐하여,
 "그것은 먹을 수 있는 것인가?"
한다.
 "일부러 폐하(陛下)께 드리려고 낚은 것인데 먹지 못할 것을 낚겠습니까?"
하고 주방(廚房)에 말하여 요리(料理)를 하게 했다.
 오왕(吳王)이 말했다.
 "촉(蜀)에서 온 사자(使者)의 말에 촉(蜀)의 생강(生薑)을 찧어 섞으면 참으로 맛이 있다고 하지만 이런 때에 그것이 없는 것은 몹시 서운한 일이로군!"
하자 개상(介象)이,
 "촉(蜀)의 생강을 손에 넣는 것은 어려울 것이 없습니다. 사자(使者)에게 그 값을 주어 보내 주십시오."
하자 오왕(吳王)은 가까이 있는 한 사람을 지명(指名)하여 그에게 돈 50냥을 주었다.
 이에 개상(介象)은 한 장의 호부(護符)를 써서 이것을 푸른 대나무 지팡이 속에 넣어서 사자(使者)에게는 눈을 감고 지팡이를 타게 하고 지팡이가 멈추는 곳에서 생강을 사고, 이 일이 끝나면 다시 눈을 감도록 시켰다. 사자(使者)가 시키는 대로 지팡이를 타자 조금 후에 지팡이가 정지(停止)했는데 보니 이미 성도(成都)에 도착해 있었으나 그것이 어디인지 알 수가 없었다. 사람들에

게 물어서 겨우 그것이 촉(蜀)의 시중(市中)이라는 것을 알고 생강을 사서 챙겼다.
 그 당시 오(吳)의 사자(使者)인 장온(張溫)이라는 자가 먼저 촉(蜀)에 와 있었는데 시중(市中)에서 만나자 깜짝 놀라서 편지를 써 주면서 자기 집에 전해달라고 부탁한다. 사자(使者)는 생강을 사고 나자 편지를 가지고 생강을 등에 지고서 지팡이에 타고 눈을 감자 이내 오(吳)에 도착했다. 때마침 주방(廚房)에서는 생선을 회(膾)로 다 치고 난 때였다.
 개상(介象)은 또 여러 가지 호부(護符)의 글자를 읽을 수가 있었다. 그것은 마치 책을 틀리지 않고 읽는 것과도 같았다. 이것을 이상하게 여긴 사람이 여러 가지 부적에서 거기의 주(註)를 떼어내고 개상(介象)에게 보였더니 일일이 모두 그것을 식별(識別)한다. 이러한 환법(幻法)은 변화 다양(變化多樣)해서 이루 다 셀 수가 없었다.
 그 후 개상(介象)은 병이라고 일컬어 보고했다. 이에 오왕(吳王)은 좌우의 여인(女人)을 시켜 좋은 배 한 상자를 개상(介象)에게 주었다. 그러나 개상(介象)은 이것을 먹고 나자 이내 죽어갔다. 오왕(吳王)이 그를 장사지냈더니 정오(正午)쯤에 죽은 것이 저녁 때에는 벌써 건업(建業)5)에 가 있어 하사(下賜)받은 배를 어원(御苑)의 관리에게 주어 그 씨를 심게 했다. 그 뒤에 관리가 이 사실을 아뢰자 제(帝)가 관(棺)을 열고 보니 다만 한 장의 호부(護符)가 있을 뿐이었다.
 오왕(吳王)은 그를 추모(追慕)하여 사당을 세워 주고 때로는 친히 가서 여기에 제사를 지냈다. 그 때 가끔 흰 학(鶴)이 자리 위에 날아와서 천천히 춤추다가 돌아가는 것이었다.
 그 뒤에 제자가 개죽산(蓋竹山)6) 속에서 만났는데 안색(顏色)은 더욱 젊어보였다고 한다.

註
1) 會稽 : 절강성(浙江省) 소흥현(紹興縣).
2) 左傳 : 《춘추좌씨전(春秋左氏傳)》.
3) 武昌 : 무창현(武昌縣). 지금의 호북성(湖北省) 악성현(鄂城縣).
4) 吳王 : 오(吳)의 대제(大帝) 손권(孫權)
5) 建業 : 오(吳)의 건업현(建業縣). 강소성(江蘇省) 남경(南京)의 동남쪽.
6) 蓋竹山 : 절강성(浙江省) 임해현(臨海縣) 남쪽에 있는 산.

삼황(三皇)

반고(盤古)에 이어서 최고(最古)의 신화적 세계에 출현하는 세 사람의 제왕(帝王, 三柱神)을 '삼황'이라고 부르는데 누구누구를 삼황으로 꼽느냐에 대해서는 여러 가지의 설이 있다.

일설에 의하면 천황(天皇)·지황(地皇)·인황(人皇)을 꼽는데, 이것은 물론 천(天)·지(地)·인간의 세 가지를 의인화(擬人化)하여 설명하려는 합리주의적 신화이다.

그 밖에 복희(伏羲)·여와(女媧)·신농(神農)을 삼황으로 꼽기도 하는데 그 중 여와를 축융(祝融) 혹은 수인(燧人)으로 대치하는 설도 있으며 《십팔사략(十八史略)》에서는 복희·신농·황제(皇帝)를 꼽기도 했다.

이 가운데서도 여와의 인간 창조와 천지 보수(天地補修)의 신화는 이색(異色) 정채(精彩)가 가장 많으며 다른 신(神)들에게는 각각 인간 문명 생활의 창조자 혹은 후진자의 역할이 할당되고 있다.

蘇仙公

　소선공(蘇仙公)은 계양(桂陽)[1] 사람으로서 한(漢)의 무제(武帝) 때 득도(得道)했다.
　선생(先生)은 일찍이 아버지를 여의었으나 향리(鄕里)에서는 인정이 두텁고 효심(孝心)이 돈독(敦篤)하다고 알려져 있었다. 집은 군성(郡城)의 동북쪽에 있어서 어떠한 천후(天候)의 날이라도 마음놓고 왕래했고 식물(食物)도 맛이 있고 없는 것에 구애하지 않았다.
　선생(先生)은 집이 가난했기 때문에 언제나 자기의 소를 치고, 마을의 소년들과 하루 교대로 목동(牧童)이 되었다. 선생(先生)이 소를 칠 때는 소는 그 몸 둘레를 걸어 돌 뿐으로 몰지 않아도 혼자서 집으로 돌아온다. 그러나 딴 소년이 칠 때는 소는 제각각 헤어져서 언덕이나 산을 넘어서 가버리기 때문에 소년들이,
　"너는 어떤 방법을 쓰느냐."
고 물어도 선생은,
　"너희들이 알 수 있겠느냐."
하고 대답할 뿐이었다.
　언제나 한 마리의 사슴에 타고 있었다. 선생은 어머니와 함께 식사를 하는 것이 보통이었으나 어머니가,
　"김치를 담글 소금에 절인 물고기가 없어졌으니 언제 저자에 가서 사다 다오."

했다.

　이 때 선생은 먹던 밥에 수저를 꽂아 놓은 채 돈을 가지고 나가더니 금시에 소금에 절인 생선을 들고 돌아왔다. 어머니는 그것을 먹으면서,

　"어디서 사가지고 왔느냐."

하고 물었다.

　"편현(便縣)의 저자에서 사 왔습니다."

　"편현(便縣)이라면 여기에서 120리(里)나 떨어져 있고 길도 험한데 그 곳을 이내 갔다 왔다는 것은 네가 나에게 거짓말을 하는 것이 아니냐."

하고 매를 때리려 한다.

　이 때 선생은 무릎을 꿇고,

　"생선을 살 때 백부(伯父)님을 저자에서 뵈었는데 내일 이 곳으로 오신다고 하셨습니다. 백부(伯父)님을 뵈오면 제 말이 거짓말인지 참말인지 아실 수 있을 것입니다."

하므로, 어머니도 때리는 것을 중지했다. 이튿날 이른 새벽에 과연 백부(伯父)가 오더니 어제 편현(便縣)에서 생선을 사는 것을 보았다고 말하므로 어머니도 깜짝 놀라서 비로소 그의 이상한 힘을 알게 되었다.

　선생은 한 자루의 대나무 지팡이를 가지고 있었다. 사람들은,

　"소 선생(蘇先生)의 지팡이는 본래 용(龍)이다."

하고 말했다.

　몇 해 후에 선생(先生)은 문정(門庭)을 청소(淸掃)하고 담과 집을 수리(修理)했다. 이웃 친구가,

　"어느 분이 오시는 것인가?"

하고 묻자,

　"선인(仙人) 친구가 내려올 거야."

하고 대답한다. 조금 있자니 하늘 서북쪽 모퉁이에 무럭무럭 자줏빛 구름이 피어 오르고 수십 마리의 백학(白鶴)이 그 언저리를 날아 도는 것이 보이더니 소씨(蘇氏)의 문에 훨훨 날아 내려와서 그것이 모두 젊은 사람으로 변한다. 모양도 단아(端雅)한 18, 9세의 사람으로 보이는데 상냥하게 몸도 가벼운 태도였다.

　선생은 위의(威儀)를 갖추고 이들을 맞아 바로 어머니 앞에 무릎을 꿇고,

　"저는 명령을 받고 선인(仙人)이 될 것입니다. 부르시는 시간의 한도도 있고 해서 의위(儀衛)의 여러분도 이미 도착하고 있사오니 이제 이미 효양(孝養)을 드릴 수도 없게 되었습니다."

하고 모자(母子)가 눈물을 흘리면서 우는 것이었다.

　"네가 가 버리면 이 뒤로 나는 어떻게 지내란 말이냐?"

하고 어머니가 말하자,

　"내년이 되면 천하에 역질(疫疾)이 유행(流行)할 것입니다. 뜰 가에 있는 우물물과 처마 밑에 있는 귤나무, 이것이 지내시는 자료(資料)가 될 것입니다. 우물물 한 되와 귤잎 한 장으로 한 사람의 병을 고칩니다. 그 위에 봉해 놓은 나무상자를 놓아둘 것이오니 무엇이나 부족한 것이 있을 때에는 이 상자를 두드리고 필요한 것을 말하면 그 물건이 바로 올 것이지만 함부로 상자를 열어서는 안 됩니다."

하더니, 문을 나서서 서운하다는 듯이 뒤를 돌아보고 구름 속으로 뛰어 올라갔다. 자줏빛 구름이 발을 부축하고 학의 무리가 날아 돌면서 드디어 하늘 높이 올라가 버렸다.

　이듬해에 과연 역질(疫疾)이 유행(流行)했다. 원근(遠近) 없이 모두 몰려와서 그 어머니에게 치료(治療)의 방법을 빌었다. 이에 우물물과 귤잎새를 썼더니 치료되지 않는 자가 없었다. 또 필요한 물건이 있으면 상자를 두드리면 그 물건이 금방 나타났다.

이렇게 3년이 지난 후에 어머니는 이상하다는 생각이 나서 상자를 열어 보았더니 두 마리의 백학(白鶴)이 날아갔다. 그 이후로는 상자를 아무리 두드려도 반응(反應)이 없었다.
　어머니는 나이 1백여 살이 되는 어느 날 병도 없이 죽었다. 마을 사람들이 그를 세상의 평상(平常)의 예(例)에 의하여 장사지냈다. 장례(葬禮)가 끝나고 나서 얼핏 보니 고을 동북쪽의 우비산(牛脾山)에 자줏빛 구름이 산마루를 덮고 어떤 사람인가의 우는 소리가 들렸다. 그것이 소선인(蘇仙人)의 신이(神異)였다는 것을 모두 눈치채고 군(郡)의 장관(長官)도 마을 사람들도 하나같이 산에 가서 조문(吊問)을 했더니 다만 우는 소리만 들리고 사람의 모습은 보이지 않는 것이었다.
　군수(郡守)와 마을 사람이 꼭 한번 만나보고 싶다고 간청(懇請)하자 공중으로부터 대답이 있어,
　"속계(俗界)를 띠닌 지 오래여서 모습도 형체도 모두 세상의 정상(正常)한 것이 아니오. 만일 모습을 나타낼 때에는 놀라고 괴상히 여길 것이오."
한다. 그래도 모든 사람들이 간청(懇請)하므로 얼굴의 반쪽만 보이고 한쪽 손만 내보였다. 거기에는 가느다란 털이 나 있어서 보통 사람과는 달랐다.
　이 때 군수(郡守)와 마을 사람들에게,
　"먼 길에 일부러 조문(吊問)을 와 주셔서 고맙습니다. 도중(道中)에 길이 험하니 곧바로 돌아가십시오. 아예 뒤를 돌아다보는 일이 없도록 하시오."
하더니 고개 근처에 다리가 놓여 그것이 군(郡)의 성(城)에까지 직통(直通)하고 있다. 도중에 관리의 한 사람이 몇 번이나 뒤돌아 보았더니 다리를 헛디디어 물로 떨어졌다. 그 다리 밑에는 한 마리의 붉은 용(龍)이 꿈틀거리면서 가는 것이 보였다.

선생이 흐느껴 운 장소에는 계죽(桂竹)이라는 대나무 두 그루가 있어서, 바람이 없는데도 땅을 씻어서 거기는 언제나 항상 청정(淸淨)했다. 3년이 지난 뒤에는 이제 우는 소리도 들리지 않게 되고 산마루에서는 능히 백마(白馬)를 볼 수가 있게 되었다. 이에 우비산(牛脾山)을 백마령(白馬嶺)이라고 고쳤다.

그 뒤에 백학(白鶴)이 군성(郡城)의 동북쪽의 다락에 와서 깃들였다. 누군가가 활로 이것을 쏘자 학은 발톱으로 다락에 마치 옻으로 쓴 것과 같이 글씨를 썼다.

"성곽(城郭)은 옳은데 인민(人民)은 잘못되었네. 3백 년의 갑자(甲子) 때마다 한 번씩 돌아올 것이니 나는 소군(蘇君)이니 그대가 치면 무엇하랴."

했다.

지금에 이르기까지 수도(修道)하는 사람들은 갑자일(甲子日)이 될 때마다 소선공(蘇仙公)의 옛 집에서 향을 피우고 예배(禮拜)하는 것으로 되어 있다.

註

1) 桂陽 : 한(漢)의 계양군(桂陽郡).

成仙公

　성선공(成仙公)의 본명(本名)은 무정(武丁). 계양(桂陽)[1]은 임무(臨武)[2]의 오리(烏里) 사람이었다. 후한 시대(後漢時代)에 나이 13세로서 신장(身長)이 7척이나 되었다. 현(縣)의 낮은 관리가 되었지만 풍채(風采)가 남과 다르고 말이 없고 남보다 뛰어나고, 남과 잘 사귀지 않아서 사람들은 그를 바보로 취급했다.
　어려서부터 경학(經學)에 조예(造詣)가 깊었으나 그것은 스승에게서 배운 것이 아니고 다만 자연(自然)의 성향(性向)에 의한 것이었다.
　어느 날 서울까지 심부름을 갔다가 돌아오는 길에 장사군(長沙郡)[3]을 지나게 되었다. 역(驛)의 숙사(宿舍)에서 잘 것인데 거기까지 가지 못하고 드디어 야외(野外)의 나무 그늘에서 야숙(野宿)을 하게 되었다. 갑자기 나무 위에서 사람 소리가 나더니,
　"장사(長沙)로 약을 팔러 가자."
고 하는 소리가 들렸다. 이튿날 아침이 되어 자세히 보니 그것은 두 마리의 학이었다.
　이상히 여기면서 장사(長沙)를 향하여 가노라니 두 사람은 흰 우산을 쓰고 나란히 걸어서 간다. 선생(先生)은 그를 불러 멈추어서 식사를 제공했더니 그것을 다 먹고 나자 예(禮)도 하지 않고 가버렸다. 선생이 이 길을 따라 수 리(數里)를 가자 두 사람은 뒤돌아보면서,

"그대는 무슨 욕심이 있어서 어디까지나 따라오는가?"
한다.

"저는 어려서부터 비천(卑賤)한 곳에서 태어났사온데 그대가 제생(濟生)의 술(術)을 아신다고 들었기에 이렇게 동행(同行)을 하는 것입니다."

하자 두 사람은 얼굴을 마주보면서 웃더니 옥함(玉函) 속에서 《소서(素書)》를 꺼내어 살펴보니 역시 무정(武丁)의 성명(姓名)이 있었다. 이에 환약(丸藥) 두 알을 주어 먹게 했다.

두 사람은 선생에게,

"그대는 지선(地仙)이 될 것이오."

하고 집으로 돌아가게 했다. 이로부터는 만물(萬物)을 뚫어보고, 새와 짐승의 우는 소리까지 모두 이해(理解)할 수 있게 되었다.

이리하여 선생이 집으로 돌아온 뒤의 일이다. 현(縣)의 관청에서 부(府)의 지사(知事)에게로 식량(食糧)을 보내 주라는 명령을 받았다. 부(府)의 지사(知事)인 주흔(周昕)[4]은 인물(人物)을 보는 눈이 있어서 선생을 보자 앞으로 불러서,

"그대의 성명(姓名)은 무엇이라고 하는가?"

하고 물었다.

"성(姓)은 성(成), 이름은 무정(武丁)이라 하고 현(縣)의 관청의 낮은 관리입니다."

하고 대답하자 부(府)의 지사(知事)는 이는 남과 다른 사나이라고 생각하여 자기 곁에 머물러 두기로 했다. 그 후 얼마 있다가 그를 문학주부(文學主簿)라는 비서(祕書)의 직책에 임명했다.

어느 날 사람들과 동석(同席)하고 있었는데 참새의 무리가 우는 것을 듣고 웃었다. 사람들이 까닭을 묻자,

"거리의 동쪽에서 수레가 전복(顚覆)하여 쌀이 흩어졌기 때문에 참새들이 서로 불러 대어 이것을 먹으러 가는 길이다."

한다. 이에 사람을 시켜 가 보게 했더니 과연 그 말대로였다.
　당시의 군(郡)의 이속(吏屬)이나 세력이 있는 자들은 신분(身分)이 천한 사람을 채용(採用)해서 지위(地位)와 직무(職務)를 어지럽힌다고 비난(非難)했지만 지사(知事)는,
　"그대들이 알 바 아니다."
하고 10일쯤 되자 선생에게 숙직(宿直)을 시키도록 했다.
　연초(年初)의 신년연회(新年宴會)의 날이 되었다. 여기 모인 자는 3백여 명. 지사(知事)는 선생에게 명하여 손님들에게 술을 권하여 자리를 돌게 했다. 술이 한 순배 돌았을 때 선생은 급히 술잔의 술을 입에 물더니 동남쪽을 향해서 '푸' 하고 뿜었다. 손님들이 놀라서 이것을 꾸짖자 지사(知事)는,
　"필시 무슨 까닭이 있을 것이다."
하고 그 까닭을 물었다.
　"임무현(臨武縣)에 화재가 났기 때문에 이 불을 끈 것입니다."
하고 대답하자, 손님들은 모두 웃기 시작했다.
　이튿날 관원 한 사람이,
　"무정(武丁)은 불경(不敬)합니다."
하고 아뢰자, 지사(知事)는 임무현(臨武縣)에 사자(使者)를 보내어 조사시켰더니 현(縣)의 장제(張濟)라는 자가 보고해 왔다. 그 사람의 보고에 의하면 신년연회(新年宴會)에서 술을 마실 무렵, 갑자기 서북쪽에서 실화(失火)하여 관청이 연소(延燒)되었다. 그런데 이 때는 하늘이 말끔히 개어 있고 힘찬 남풍(南風)이 불고 있었는데 얼핏 보니 일진(一陣)의 구름이 서북쪽에서 곧바로 피어오르더니 현(縣)에까지 와서 그쳤다고 생각되더니 큰 비가 내려서 불은 곧 꺼졌다. 그런데 그 비에서는 모두 술냄새가 풍기므로 사람들은 모두 기이(奇異)하게 여겼다. 이리하여 선생이 비범(非凡)한 사람이라는 것을 사람들이 알게 되었다.

그 후 지사(知事)는 선생을 군성(郡城)의 서쪽에 살게 하여 주택(住宅)을 세워서 거주(居住)하게 했다. 가족(家族)은 어머니와 아우와 아이들 둘뿐이었다. 장차 2년이 되었을 때, 선생은 병이 있다고 말하더니 4주야(晝夜) 만에 죽었다. 지사(知事)가 친히 가서 입관(入棺)을 지켜 보았다.

이틀이 되어 아직 장사도 지내기 전인데 선생의 친구가 임무(臨武)에서 오는 도중(途中)에 무창강(武昌岡) 위에서 흰 나귀를 타고 서쪽으로 가는 선생을 만났다.

"해가 저물어가는데 어디를 가는가?"
하고 친구가 묻자,

"잠깐 미계(迷溪)까지 갔다가 곧 돌아올 것이네. 아까 집에서 나올 때 큰 칼을 문 옆에 신을 닭장에 놓아 두고 잊어버리고 그대로 나왔으니 집에 들러서 이것을 치우도록 일러 주게."
한다. 친구가 그 집에 가서 보니 곡성(哭聲)이 들려 온다. 깜짝 놀라서,

"조금 전에 무창강(武昌岡)에서 선생을 만나서 이야기를 했는데 잠깐 미계(迷溪)까지 갔다가 온다고 하면서 집 사람에게 말하여 칼과 신을 치우라고 했었는데 대체 어찌된 일입니까?"
하고 물었더니,

"칼과 신은 모두 관(棺) 속에 넣었으니 문 밖에 있을 리가 없습니다."
했다.

이 일을 재빨리 지사(知事)에게 가서 보고했다. 지사(知事)가 관(棺)을 열게 하고 보니 유해(遺骸)는 보이지 않고 관(棺) 속에는 길이 7척(尺)쯤 되는 푸른 대나무 지팡이가 하나 있을 뿐이다. 이로 인해서 겨우 선생이 지팡이에 모습을 의탁(依托)해서 선거(仙去)했다는 것을 알았다.

선생이 무창강(武昌岡)에서 나귀에 타고 있었다는 당시 사람들의 이야기에서 이름을 고쳐 나강(騾岡)이라고 부르게 되었다. 이곳은 군(郡)의 서쪽 10리쯤에 있다.

註
1) 桂陽 : 앞의 소선공(蘇仙公)의 주(註)에 보라.
2) 臨武 : 한(漢)의 임무현(臨武縣). 호남성(湖南省) 계양주(桂陽州) 임무현(臨武縣).
3) 長沙郡 : 호남성(湖南省) 장사현(長沙縣).
4) 周昕 : 《후한서(後漢書)》·《공손찬전(公孫瓚傳)》에 원소(袁紹)의 장수 주흔(周昕)의 이름이 보인다.

郭　璞

郭　璞

곽박(郭璞)의 자(字)는 경순(景純)이라고 하는데 하동(河東)¹⁾ 사람이다. 박학(博學)하고 아는 것이 많았으며 초범(超凡)의 통찰력(通察力)이 있어서 천문 지리(天文地理)·하도 낙서(河圖洛書)²⁾·점복 예언(占卜豫言)·묘상 가상(墓相家相) 등은 모두 깊은 뜻을 연구하지 않은 것이 없고 능히 죽은 자의 영혼(靈魂)의 실정(實情)도 헤아려 알 수가 있었다. 이홍범 한림(李洪範翰林)의 명도론(明道論)에 보면 경순(景純)은 글에 능하여 문장을 하는 사람들은 모두 그를 우두머리로 삼았다고 했다.

　진(晋)나라의 중흥(中興) 때에 왕도(王導)³⁾는 곽박(郭璞)의 성안(成案)에 좇아서 건국(建國)의 기초를 정했으나 거기에는 곽박(郭璞)이 일체의 제도(制度)를 기획(企劃)하여 위로는 천문 성상(天文星象)을 본받고 아래로는 하도 낙서(河圖洛書)를 본보기로 삼았다. 언제나 제왕(帝王)이 흥기(興起)할 때면 반드시 하늘과 사람의 조력(助力)이 있어야 한다고 했다.

왕돈(王敦)⁴⁾이 남주(南州)⁵⁾의 사령관(司令官)이 되어 반역(反逆)을 계획할 때 곽박(郭璞)을 불러서 참모(參謀)로 삼았다. 당시 진(晋)의 명제(明帝)는 15세인데 어느 날 저녁 조사(朝士)들을 모아서 점복(占卜)의 관원에게 물었다.

"왕돈(王敦)은 과연 천하를 잡을 수가 있겠는가?"

하자,

"왕돈(王敦)은 천자(天子)를 불러오게는 할 수 있어도 천하를 잡을 수 있는 사람은 아닙니다."

하고, 명제(明帝)를 따라서 단기(單騎)로 미행(微行)해서 고숙성(姑熟城)⁶⁾으로 들어갔다.

그 때 마침 왕돈(王敦)은 곽박(郭璞)과 식사를 하고 있는 중이었는데 곽박(郭璞)은 삼시 그 일을 왕돈(王敦)에게 보고하시 않고 있었다. 이를 안 왕돈(王敦)이 놀라서,

"나는 지금 중대(重大)한 계략(計略)에 대해서 협의(協議)하고 있다고 하는데 귀관(貴官)은 어찌해서 곧바로 보고시키지 않았는가?"

했다. 이에 곽박(郭璞)은 대답했다.

"먼저 일월성신(日月星辰)의 정기(精氣)도 오악 사해(五嶽四海)의 신(神)도 모두가 전후의 의장(儀仗)이 되어 있는 것을 보았기에 소관(小官)은 공구(恐懼)하고 전율(戰慄)하여 그 법도를 잃어 즉시 장군께 말씀드리지 못했던 것입니다."

이에 왕돈(王敦)은,

"소동(小童)들이 말을 타고 돌면서 놀고 있다. 그 비위(非違)를 규명(糾明)한다."

고 말하고 30기(騎)를 보내어 추적(追跡)시켰으나 따라가지 못했

다. 왕돈(王敦)이 물었다.
"어젯밤 나는 석두성(石頭城)⁷⁾ 밖 강 가운데에서 쟁기를 손에 잡고 밭을 갈고 있는 꿈을 꾸었다. 이것을 가지고 점을 쳐보도록 하라."
하자 곽박(郭璞)은 대답하기를,
"큰 강에서 쟁기를 잡고 밭을 갈아도 이것을 다 갈 수는 없습니다. 혹시 다 간다고 해도 성공(成功)은 하지 못합니다."⁸⁾
했다. 왕돈(王敦)은 노해서,
"귀관(貴官)의 수명(壽命)은 얼마에 다하는가."
하자,
"소관(小官)의 수명(壽命)은 오늘로 끝납니다."
고 대답했다. 왕돈(王敦)은 곽박(郭璞)을 죽였다. 그랬더니 장강(長江)의 물이 갑자기 시중(市中)에 범람(氾濫)하여 곽박(郭璞)의 시체(屍體)가 성남(城南)의 흙구멍⁹⁾에 나타났다. 자세히 보니, 곽박(郭璞)의 집 사람이 관(棺)과 장례(葬禮)의 용구(用具)를 운반해다가 확실히 구멍 곁에 놓아 두었고 두 그루의 소나무 사이에는 까치집이 있다. 이것들은 곽박(郭璞)이 미리 집 사람에게 알린 편지와 같았다.
처형(處刑)의 관리를 보고 말했다.
"내가 13세 때에 책당(柵塘)¹⁰⁾에서 상의(上衣)를 벗어서 그대에게 준 일이 있었다. 나의 생명(生命)은 그대의 수중(手中)에 있을 터이니 내 칼을 쓰는 것이 좋다."
고 하자 처형(處刑)의 관리는 옛 은의(恩義)에 감격해서 눈물을 흘리면서 형(刑)을 집행(執行)하였다.
입관(入棺) 후 3일이 되어 남주(南州)의 시중(市中) 사람이 본 바에 의하면 곽박(郭璞)이 그 평생에 입던 의복과 장신구(裝身具)를 팔러 와서 아는 사람과 이야기를 하는 것을 본 자가 한 사람만이 아니었다는 것이었다. 왕돈(王敦)은 이것을 믿지 않고 관(棺)을 열고 보니 시체(屍體)는 없어졌다. 곽박(郭璞)은 병해(兵解)[11]의 술(術)을 알고 있었던 것이다. 지금은 물의 신(神)[12]이 되어 있다.

《산해경(山海經)》[13]의 하소정(夏小正)과 《포아(甫雅)》의 방언(方言)에 주석(注釋)을 달았고 또 《유선시(遊仙詩)》,《강부(江賦)》,《복요(卜繇)》,《객방(客傲)》,《통림(洞林)》을 저술했다고 한다.

註
1) 河東 : 산서성(山西省) 문희현(聞喜縣).
2) 河圖洛書 : 하도(河圖)는 황하(黃河)에서 나온 용마(龍馬)의 등에 그려진 그림. 역(易)의 괘(卦)의 시초. 낙서(洛書)는 낙수(洛水)에서 나온 신귀(神龜)의 등의 글, 홍범(洪範)의 근본이 되었다 한다.
3) 王導 : 진(晋)나라 원제(元帝)·명제(明帝)·성제(成帝)의 삼대(三代)에 벼슬한 현상(賢相).
4) 王敦 : 왕도(王導)의 종형(從兄). 군공(軍功)에 의해서 대장군이 되어, 영(寧)·익(益) 두 주(州)의 도독(都督)이 되었으나 반역(反逆)을 기도(企圖)하여 명제(明帝)의 공격을 받았을 때 병사(病死)했다.
5) 南州 : 진서(晋書) 본전(本傳)에서는 왕돈(王敦)은 당시 무창(武昌)에 있었다.
6) 姑熟城 : 고숙(姑熟)은 안휘성(安徽省) 당도현(當塗縣).
7) 石頭城 : 강소성 강녕현(江寧縣) 서쪽 석두산(石頭山)에 있는 성.
8) 成功… : 반역(反逆)의 실패(失敗)를 말함.
9) 城南土穴 : 원문(原文)에는 성남갱(城南坑)이라 했다.
10) 柵塘 : 호북성(湖北省)에 있는 지명(地名).
11) 兵解 : 칼로 베어짐으로 해서 선인(仙人)이 되는 술(術).
12) 水神 : 물을 맡은 신선.
13) 山海經 : 작자 미상의 중국 주진간(周晋間)의 지리서. 산천·초목·조수에 관한 기괴한 이야기가 실려 있음. 모두 18권.

여와(女媧)의 인간 제조

《구약 성경(舊約聖經)》의 여호와 하느님이 흙으로 인간을 빚으시고 생기를 불어 넣으시며,
"사람이 생령(生靈)이 될지니라."
고 하셨더라고 했는데 여와의 인간 제조도 이와 비슷하다.

단, 여와의 인간 제조의 재료는 보통 흙이 아니라 황토(黃土)이다. 그것을 손으로 뭉쳐서 인간을 만드는데 중국은 워낙 넓은 땅이므로 굉장히 많은 인간을 만들어야 했을 것이니 여간 힘든 일이 아니었다. 그래서 여와는 쉽게 만드는 묘안을 강구해냈다.

우선 황토를 개어 진흙으로 만든 다음 그 속에 거칠게 꼰 동아줄을 넣고 휘젓는다. 그리고 그 동아줄을 끌어올리면 그 끝에서 진흙이 뚝뚝 떨어졌고 그것이 굳어지면 인간이 되었던 것이다.

말하자면 대량 제조 생산의 공정(工程)이다. 그러나 이처럼 마구 만들어 낸 인간은 여와가 처음에 정성껏 만들었던 인간과 차이가 있었다. 즉 인간 사회에는 부귀한 자와 빈천한 자가 있게 마련인데 그것은 이 제조 공정의 차이가 원인이었다고 한다.

尹 思

　윤사(尹思)는 자(字)를 소룡(小龍)이라고 했는데 안정(安定)[1] 사람이었다.

　진(晋)의 원강(元康) 5년[2] 정월 15일 밤에 집 안에 있으면서 아들에게 명하여 달 속에 이물(異物)이 있는지 어떤자를 보도록 했다. 아들이,

　"올해는 홍수(洪水)가 있을 것임에 틀림이 없습니다. 달 속에 도롱이를 입고 칼을 찬 사람이 있습니다."

했다. 윤사(尹思)는 자신이 잘 보고 나서,

　"큰 난리가 급히 일어날 것임에 틀림없다."

고 말했다.

　"어떻게 해서 그것을 압니까?"

하고 묻자 윤사(尹思)는,

　"달 속에 있는 사람이 갑주(甲冑)를 입고 창을 가지고 있으므로 30년의 큰 난리가 있고 나서 장차 일시의 평화(平和)가 올 것이다."

했다. 그 후에 과연 예언(豫言) 그대로였다.

註
1) 安定 : 안정현(安定縣). 감숙성(甘肅省) 경천현(涇川縣).
2) 元康五年 : 원강(元康)은 서진(西晋) 혜제(惠帝)의 연호(年號).

10
北極의 星座에 輔星이 있다

沈文泰/皇化/北極子/涉正/李修
柳融/陳永伯/葛越/董仲君
王仲都/離明/劉京/淸平吉/黃山君
靈壽光/李根/黃敬/甘始/平仲節
宮嵩/王眞/陳長/班孟/董子陽
東郭延/戴孟/魯女生/陳子皇/封衡

"육체(肉體)는 항상 움직일 것, 먹는 것은 항상 적게 할 것. 노동(勞動)도 도(道)를 지나서는 안 되고, 절식(節食)도 공복(空腹)은 안 되는 것이다. 기름기가 많은 것은 먹지 않고, 신맛이나 짠맛도 절제(節制)해야 한다. 사려(思慮)를 감하고, 희로(喜怒)의 정(情)을 억제하고, 남과 다투지 않고, 방사(房事)를 삼간다."

沈文泰

　　심문태(沈文泰)는 구의(九疑)[1] 사람이었다. 홍천신단법(紅泉神丹法)[2]과 토부연년익명(土符延年益命)[3]의 도를 깨닫고 이것을 복용하니 효과가 있었다. 곤륜에 가려고 안식국(安息國)[4]에 체류하기 20여 년, 법을 이문연(李文淵)에게 전했다. 그는 말하기를, "토부(土符)는 늙는 것을 방지(防止)하는 것이지만 복약(服藥) 해서 도(道)를 행하지 않으면 유익할 것이 없다."
고 했다. 이문연(李文淵)은 비결(秘訣)을 전수(傳授)받이 그도 뒤에 승선(昇仙)했다. 후세(後世)에 대나무 뿌리의 즙(汁)을 달여서 단약(丹藥)을 만들고 또 황백(黃白)[5]으로 삼시(三尸)[6]를 구제(驅除)하는 법은 이 두 사람에서 시작된 것이다.

註
1) 九疑: 구의산(九疑山). 호남성(湖南省) 영원현(寧遠縣)의 남쪽.
2) 紅泉神丹法:《포박자(抱朴子)》에, "이문단법(李文丹法)은 백소(白素)를 가지고 단(丹)을 싸고 대나무 즙(汁)으로 이것을 달여 홍천(紅泉)이라고 이름한다." 했는데, 여기의 이문(李文)은 이문연(李文淵)으로 생각된다.
3) 土符延年益命: 영부(靈符)의 일종.
4) 安息國: 고대(古代) 서아시아의 왕국. 페르시아
5) 黃白: 황백(黃白)은 금은(金銀). 연금술(鍊金術)을 말함.
6) 三尸: 인신(人身) 속에 사는 귀신으로서 하늘에 올라가서 인간의 죄과를 사명신에게 보고하고 사람의 목숨을 빼앗는다고 믿어왔다.

皇 化

구령자(九靈子)의 성(姓)은 황(皇), 이름은 화(化)인데 연년불로(延年不老)·태식내시(胎息內視)[1]의 비결(祕訣)과 오행(五行)의 도(道)를 체득(體得)했다.

그 경(經)에서는 이렇게 말하고 있다.

"이 술(術)은 여러 가지 험난(險難)을 피하고 호랑(虎狼)을 물리쳐서 내 몸을 안전(安全)히 하여 가문(家門)을 지키고 자손을 보존하며, 내외(內外)가 서로 화목하여 만난 사람은 기뻐하고 만나지 못한 사람은 사모해 준다.

종군(從軍)하는 데에도 좋고 먼 여행(旅行)에도 이익이 있다. 딴 사람이 나에 대해서 기도(企圖)하는 일이 있어도 이것을 소멸(消滅)시켜 성공(成功)시키고 여러 가지 재화(災禍)도 숨고 나타나지 않게 한다.

사악(邪惡)의 도(道)를 막고 요괴(妖怪)가 스며드는 것을 끊는다. 저주(詛呪)를 해도 그 재앙이 성공하지 못하고 남을 미워하는 자가 있어도 그 재앙이 행해지지 않는다. 천하의 현인(賢人)도 모두 와서 나를 종(宗)으로 삼는다. 심령(心靈)의 마음을 움직이고 백성의 뜻을 얻을 수가 있다."[2]

인간계(人間界)에 산 지 5백여 년이 되었는데 안색(顏色)은 더욱 젊어졌다. 뒤에 또 단약(丹藥)을 연제(鍊劑)하여 승선(昇仙)해 갔다.

註
1) 胎息內視 : 태식(胎息)은 행기(行氣)를 말하는 것으로 심호흡법(深呼吸法)을 말한다.
2) 百姓之意… : 진선도감(眞仙道鑑)에 보면 '爭利得勝 百事皆利 行此道者 大得其妙'라 했다.

北極子

　북극자(北極子)의 성(姓)은 음(陰), 이름은 항(恒)이었다. 그의 경(經)에는 다음과 같이 쓰여 있다.
　"몸을 다스리는 도(道)는 신(身)을 소중히 하는 것이 필요하다. 성품을 기르는 술(術)은 죽음이 숨고 삶이 나타나는 것이다. 항상 능히 이것을 실천(實踐)하면 천지와 함께 영원(永遠)해진다. 삶에 의하여 삶을 구할 때 참다움이 생긴다. 쇠를 가지고 쇠를 달군다. 이것을 참이라 한다. 사람을 가지고 사람을 도야(陶冶)한다. 이것을 신(神)이라고 한다."
　뒤에 그는 신단(神丹)을 복용(服用)하고 신선이 되어 갔다.

涉　正

　　섭정(涉正)은 자(字)를 현진(玄眞)이라고 하는데 파동(巴東)[1] 사람이다. 진시황(秦始皇)의 시대에 있었던 일을 이야기하는데 몹시 뚜렷하여 마치 자기가 보고 온 것 같았다.

　　한(漢)의 말년에 28인의 제자를 데리고 오(吳)에 왔는데, 섭정(涉正)이 눈을 뜨고 있는 것을 본 사람은 아무도 없었다. 제자 한 사람이 기어이 보여달라고 부탁해서 눈을 떠보였는데 눈을 뜨는 순간 벽력(霹靂) 같은 소리가 나면서 그 빛

涉　正

은 번개와 같이 제자들을 비쳐서 모두 저절로 땅에 엎드렸다. 잠시 후에 겨우 일어날 수가 있었으나 그 때에 섭정(涉正)은 예전대로 눈을 감고 있었다.

　　섭정(涉正)의 도술(道術)은 성취(成就)되었으나 무엇을 복용(服用)하고 무엇을 실행(實行)하고 있는지 본 사람은 없었다. 제자들에게 전수(傳授)한 것은 대개 호흡(呼吸)을 가다듬고 방사

(房事)를 끊는 것, 그리고 석뢰소단(石腦小丹)[2]을 복용(服用)하는 일이었다고 한다.

註
1) 巴東 : 파동군(巴東郡). 사천성(四川省) 봉절현(奉節縣) 동북쪽.
2) 石腦小丹 : 석뢰(石腦)는 석지(石芝)라고도 하여 땅 속에서 나는 종유석 (鍾乳石)의 일종.

李 修

절동자(絶洞子)의 성(姓)은 이(李), 이름은 수(修)라고 했다. 그 경(經)에는 아래와 같이 쓰여 있다.

"약한 것은 능히 강한 것을 제어하고 음(陰)은 능히 양(陽)을 가린다. 항상 깊은 데에 임(臨)해서 위태로운 것을 밟고 수레에 타고서 분마(奔馬)가 달리는 것과 같이 한다. 이야말로 장생(長生)의 도(道)이다."

나이 4백여 세가 되었는데도 안색(顏色)은 쇠하지 않았다. 저서(著書) 40편(篇), 이름하여 도원(道源)이라고 했다. 뒤에 환단(還丹)[1]을 복용(服用)하고 승천(昇天)했다.

註

1) 還丹 : 단사(丹砂)를 수은(水銀)으로 변하여 다시 단사(丹砂)로 환원(還元)시킨 단약(丹藥).

柳　融

　남극자(南極子)의 성(姓)은 유(柳), 이름은 융(融)이었다.

　가루를 입에 물고 계란(鷄卵)과 같이 만들었다가 이것을 토해 내기를 수십 개, 또 이것을 구워서 먹으면 계란(鷄卵)과 다르지 않았다.

　노른자 속에는 어느 것이나 가루가 손톱만큼 조금씩 남아 있고, 술잔을 손에 들고 여기에 주문(呪文)을 걸면 갑자기 거북이 되어 구워 먹을 수가 있다. 내장(內臟)까지도 모두 갖추어져 있고 술잔은 거북의 껍질이 된다. 구워서 고기를 꺼내면 껍질은 다시 술잔이 된다. 물을 손에 들고 주문(呪文)을 외우면 즉석(即席)에서 아름다운 술로 변하여 이것을 마시면 취한다.

　손을 들면 이내 큰 나무가 되고 그 조그만 가지를 잘라서 집에 꽂으면 계속해서 그대로 있지만 차츰 시들어서 마른다. 전혀 진짜 나무와 변함이 없었다.

　운상단(雲霜丹)[1]을 복용(服用)하고 선거(仙去)했다.

註

1) 雲霜丹 : 운모(雲母) 가루를 태워 만든 단약(丹藥).

陳永伯

　진영백(陳永伯)은 남양(南陽)[1] 사람이다.
　회남왕(淮南王)의 칠성산(七星散)의 비방(秘方)을 입수(入手)하여 시험삼아 조제(調劑)하여 먹은 지 21일 만에 갑자기 행방(行方)을 알지 못하게 되었다.
　영백(永伯)에게는 형의 아들 증족(增族)이라는 자가 있었다. 나이 17세에 역시 이것을 복용(服用)하고 있는 것을 그 아버지가 발을 묶어서 밀실(密室)에 가두어 두고 밤낮없이 감시(監視)시켰으나 28일째가 되는 날, 그도 역시 모습이 사라져 행방 불명(行方不明)이 되었다.
　그 약의 처방(處方)에는,
　"복용(服用)한 지 30일이면 선인(仙人)이 된다."
고 했으나, 진씨(陳氏)의 두 사람은 복용(服用)한 지 30일도 되기 전에 행방(行方)을 알지 못하게 되었는데 후에 사람들은 자진(自進)해서 복용(服用)하려 하지 않았다.
　신선이 되어 갈 때에는 반드시 선관(仙官)이 맞으러 온다. 다만 보통 사람들에게는 그것이 보이지 않을 뿐이었다.

註

1) 南陽 : 남양군(南陽郡). 하남성(河南省) 남양현(南陽縣).

葛　越

황로자(黃盧子)의 성(姓)은 갈(葛), 이름은 월(越)이라고 했다.

병을 고치는 것에 능해서 천 리의 먼 곳에서도 성명(姓名)만 알려 주면 이를 치료하여 모두 완쾌(完快)시키고 병자(病者)의 몸을 진찰(診察)할 것도 없었다.

또 금주(禁呪)[1]의 법에 능해서 호랑(虎狼)이나 그 밖의 생물(生物)에게 주술(呪術)을 걸면 짐승이 모두 움직이지 못하고 새도 날지 못하고 물도 1리쯤이나 역류(逆流)하는 것이었다. 280세인데 그 힘은 천균(千鈞)의 무거운 것도 들어 올리고 걸어가면 달리는 말도 따라갈 수 있었다. 머리 위에는 항상 오색(五色)의 기운이 높이가 한 길이 넘게 올라가 있었다. 천하에 큰 가뭄이 들었을 때에는 못에 가서 용을 불러내어 재촉하여 하늘에 올라가게 해서 비를 내리게 할 수도 있었다.

이러한 일이 이따금 있더니 어느 날 친척과 아는 사람들에게 작별하고 용을 타고 가버린 채 드디어 두 번 다시 돌아오지 않았다.

註

1) 禁呪 : 금기(禁氣). 주술(呪術)에 의해서 귀신과 조수(鳥獸)를 압복(壓伏)시키는 일.

董仲君

　동중군(董仲君)은 임회(臨淮)[1] 사람이었다. 젊어서부터 호흡(呼吸)을 고르게 하여 신체(身體)를 단련(鍛鍊)하여 나이가 1백여 세가 되어서도 늙지 않았다.
　어느 날 사실이 없는 죄로 무고(誣告)를 받아 감옥에 갇혔는데, 죽은 체하고 썩어서 구더기가 끓었다. 감옥의 관리가 업고 나오자 살아나서 시해(尸解)[2]하여 신선이 되었다.

註
1) 臨淮 : 임회군(臨淮郡). 안휘성(安徽省) 우이현(盱眙縣).
2) 尸解 : 혼(魂)이 육체(肉體)를 버리거나 또는 육체(肉體) 그대로 승선(昇仙)하는 것. 시해선(尸解仙).

王仲都

　왕중도(王仲都)는 한중(漢中)[1] 사람이다. 일설(一說)에는 도사(道士)였다고도 말한다. 양산(梁山)[2]에서 선도(仙道)를 배우다가 태백진인(太白眞人)[3]을 만나서 홍단(虹丹)[4]을 전수(傳授)받고, 추위와 더위를 막는 일이 되면서부터 이미 2백 년이 경과되고 있었다.

　한(漢)의 원제(元帝)[5]가 서울로 불러서 그 방술(方術)을 시험해 본 일이 있었다. 엄동(嚴冬) 때에 원제(元帝)와 함께 유람(遊覽)을 나갔는데 중도(仲都)에게는 홑옷을 입힌 채로 말 4필이 끄는 마차(馬車)를 타고 상림원(上林苑)[6]의 곤명지(昆明池)[7] 주위를 달려 돌게 하였는데 원제(元帝)는 모피(毛皮)의 외투(外套)를 입고서도 오히려 추위를 느끼는데, 중도(仲都)는 얼굴빛도 변하지 않고 등에서 뭉게뭉게 뜨거운 기운이 올랐다.

　또 무더운 여름 날 대낮에 열 개의 화로에 둘러싸였는데도 덥다고 하지 않고 몸에서는 땀도 나지 않았다. 뒤에는 역시 선인(仙人)이 되어 갔다. 환군산(桓君山)[8]이 쓴 신론(新論)에는 그 인물을 칭찬하고 있다.

註

1) 漢中 : 한중군(漢中郡)으로서 섬서성(陜西省) 남정현(南鄭縣).
2) 梁山 : 섬서성(陜西省) 남정현(南鄭縣) 동남쪽에 있는 산.

3) 太白眞人 : 미상.
4) 虹丹 :《포박자(抱朴子)》금단편(金丹篇)에 각종의 단법(丹法)이 열거(列擧)되었으나 홍단(虹丹)의 이름은 보이지 않는다. 다만《태평어람(太平御覽)》에 범막(范邈)이라는 사람이 홍경단(虹景丹)을 먹어 득도(得道)했다고 했고 또《진선통감(眞仙通鑑)》에는 여자화(呂子華)라는 사람이 홍단(虹丹)을 먹었다고 나와 있다.
5) 元帝 : 전한(前漢)의 원제(元帝).
6) 上林苑 : 한(漢)의 왕실(王室)에서 이용하던 사냥터. 섬서성(陝西省) 장안(長安) 서쪽에 있었다.
7) 昆明池 : 한(漢)의 무제(武帝)가 쓰던 못. 장안(長安) 서쪽에 있었다.
8) 桓君山 : 환담(桓譚). 군산(君山)은 그의 자(字). 한(漢)나라 무제(武帝) 때 사람. 저작(著作)으로 신론(新論) 29편(篇)이 있다.

離 明

　태양자(太陽子)의 성(姓)은 이(離), 이름은 명(明)이다. 본래 옥자(玉子)[1]와 동년(同年)의 벗이었다.

　옥자(玉子)가 선도(仙道)를 배워서 일찍 성취(成就)하자 태양자(太陽子)는 옥자(玉子)에게 사사(師事)하여 제자로서의 예(禮)를 다하여 게을리하는 일이 없었다. 그러나 옥자(玉子)가 특별히 그를 친애(親愛)한 일은 문인(門人) 3천여 인 중에서 그와 필적(匹敵)할 사람이 없었기 때문이다.

　술을 좋아해서 언제나 취해 있었기 때문에 이로 인해서 항상 질책(叱責)을 받았다. 하지만 오행(五行)의 도(道)에 능해서 머리는 백발(白髮)투성이지만 피부(皮膚)는 살이 쪘고 안색(顔色)에도 윤기(潤氣)가 있어서 3백여 세인데도 전혀 변하지 않았다.

　옥자(玉子)는 말했다.

　"그대는 몸을 닦고 성품을 길러 모든 사람을 위하여 뛰어난 법을 가르치는 스승이 될 분인데 술에 취해서 본성(本性)을 잃고 수행(修行)도 하지 않고 단약(丹藥)을 만들려고도 하지 않고 있소. 이렇게 하다가는 가령 천 년의 나이를 얻는다고 해도 결국은 죽음을 면치 못할 것이오. 더구나 수백 세 정도로서는 더욱 아무것도 아니오. 이러한 일은 범용(凡庸)한 사람이라도 하지 않을 것이오. 도(道)의 달인(達人)이라고 하는 사람이 이것이 무슨 일이오?"

하자, 이명(離明)은 대답했다.

"만학(晚學)의 몸이라서 나면서부터 제멋대로여서 속물(俗物)의 근성(根性)을 벗어나지 못합니다. 그래서 스스로 술을 가지고 그것을 쫓아내려 하는 것입니다."

하여, 그의 고만(高慢)함이 이와 같았다.

《칠보수(七寶樹)》[2]의 술(術)이라는 책을 저술하여 깊이 선도(仙道)의 비결(祕訣)을 터득하고 또 단약(丹藥)을 복용(服用)하여 선인(仙人)이 될 수가 있었다. 때때로 속계(俗界)에 나타나서 살았고 5백 세가 되어도 얼굴은 소년(少年)과 같이 보였다. 술을 지나치게 마셔서 그 머리털은 모두 세었다.

註
1) 玉子 : 이름은 위진(韋震). 《신선전(神仙傳)》권 8에 옥자(玉子)가 나와 있다.
2) 七寶樹 : 불전(佛典)에 보이는 7종의 보물로서, 금(金)·은(銀)·유리(瑠璃)·파려(玻瓈)·산호(珊瑚)·마노(碼磁)·진거(硨磲)의 7종을 말함.

劉 京

　유경(劉京)은 본래 한(漢)나라 문제(文帝)[1] 때의 궁내관(宮內官)이었다. 한단(邯鄲)[2]의 장군(張君)에게 나가서 선도(仙道)를 배우고 운모(雲母)·단사(丹砂)를 약으로 하는 제법(製法)을 전수(傳授) 받아서 이것을 복용(服用)하여 130세가 되었는데도 30대(代)의 사람으로 보였다.

　능히 날마다의 길흉(吉凶)을 알고 또 남을 위하여 하늘에 제사지내어 연명(延命)을 빌었는데 그 중에는 10년이나 5년의 연명(延命)을 얻는 자도 있었다.

　위(魏)의 무제(武帝)[3] 때가 되자 유경(劉京)은 제자들의 집을 돌았다. 황보융(皇甫隆)이란 사람이 이 말을 듣고 사사(師事)하자 유경(劉京)은 그에게 운모구자(雲母九子)의 약방(藥方)을 가르쳤다. 황보융(皇甫隆)은 이것을 조합(調合)해서 복용(服用)하여 3백여 수(壽)를 얻었다. 다만 그 법을 끝까지 연구하지 않았기 때문에 해탈(解脫)하여 선인(仙人)이 될 수는 없었다.

　또 왕공(王公)이라는 사람이 있어서 유경(劉京)에게서 구자환(九子丸)을 손에 넣었다.

　왕공(王公)은 당시 이미 70세가 되었는데 이것을 복용(服用)하면서 80명의 첩(妾)을 사랑하여 20명의 자식을 낳게 하고 사냥을 나가서 2백 리나 걸었고 술은 한 섬을 마셔도 취하지 않고 2백세의 장수(長壽)를 얻었다.

註
1) 文帝 : 전한(前漢)의 문제(文帝).
2) 邯鄲 : 하북성(河北省) 한단현(邯鄲縣)
3) 武帝 : 조조(曹操).

여와(女媧)의 보천(補天)

인간 창조와 함께 여와가 해낸 대사업은 '보천(補天)', 즉 천공(天空) 수선의 사업이었다.

어느 때 수신(水神)인 공공(共工)과 화신(火神)인 축융(祝融)이 크게 싸움을 벌였는데 이 싸움에서 진 공공은 화가 나서 자기 머리를 부주산(不周山)에 마구 부딪혔다.

부주산 정상에는 하늘을 받치는 천주(天柱)와 그것을 대지에 연결시키는 지유(地維)가 있었는데 공공의 이 난폭한 행동으로 천주는 부러지고 지유는 끊어졌다.

그 때문에 하늘은 서북쪽으로 땅은 동남쪽으로 기울었고 구멍이 뚫린 하늘에서는 폭우(暴雨)가 쏟아져서 하천마다 넘치는 대홍수가 일어났다. 그리고 숲속에 살던 맹수와 흉조(凶鳥)들이 달려들어 인간을 마구 잡아먹었다.

그것을 본 여와는 서둘러 오색(五色)돌을 주워다가 불에 녹이고 제련(製鍊)해서 천공을 막고 또 바닷속에 사는 거대한 바다거북의 네 다리를 잘라다가 천주 대신 세웠다. 또 강가의 창포를 베어다가 그것을 태워서 재를 만들어 범람하는 강물을 막고 맹수 흉근들을 잡아 죽여 겨우 지상의 평온을 되찾았다.

그러나 천지(天地)의 경사(傾斜)만은 그대로였기 때문에 오늘날에도 중국 대륙은 서북쪽이 높고 동남쪽이 낮다. 그로 인하여 강물은 모두 동남쪽으로 흐르고 있다.

淸平吉

청평길(淸平吉)은 패국(沛國)[1] 사람으로서 한(漢)의 고황제(高皇帝)[2]의 위병(衛兵)이었다.

광무제(光武帝)[3] 때가 되어도 용색(容色)은 늙지 않았고 뒤에 시해(尸解)해서 갔다. 백여 년이 지나서 다시 고향에 돌아왔다가 수일 만에 또다시 시해(尸解)해서 갔다.

註
1) 沛國 : 안휘성(安徽省) 숙현(宿縣). 한(漢)의 고조(高祖)가 출생(出生)한 곳.
2) 高皇帝 : 한(漢)의 고조(高祖) 유방(劉邦).
3) 光武帝 : 후한(後漢) 초대(初代)의 황제(皇帝) 유수(劉秀)를 말함.

黃山君

황산군(黃山君)¹⁾은 팽조(彭祖)의 술(術)을 닦아서 수백 세가 되어서도 오히려 젊음을 보존하고 있었다. 지선(地仙)이 되는 수행(修行)을 하고 승천(昇天)할 것은 생각지 않았다.

팽조(彭祖)²⁾가 선거(仙去)했기 때문에 그 의견(意見)을 뒤에 모아서 《팽조경(彭祖經)》을 썼다. 《팽조경(彭祖經)》을 입수(入手)할 수 있는 것은 나무 중 송백(松柏) 같은 사람이라고 할 수 있다.

―註―
1) 黃山君:《초학기(初學記)》에서는 잘못하여 황석군(黃石君)으로 되어 있다.
2) 彭祖: 이 책 팽조(彭祖)를 보라. 그 글 말미(末尾)에 황산군(黃山君)이 보인다.

靈壽光

영수광(靈壽光)은 부풍(扶風)[1] 사람이었다. 나이 70여 세에 주영환(朱英丸)[2]의 약방문(藥方文)을 손에 넣고 이것을 조합(調合)해서 복용(服用)해 보았더니 효과가 나타나 더욱 젊어져서 20대(代)로도 보였다.

한(漢)나라 헌제(獻帝)의 건안(建安) 원년에는 수광(壽光)은 이미 220세가 되어 있어 언제나 강릉(江陵)[3]의 호전(胡田)[4]이라는 사람의 집에 기우(奇寓)하고 있었는데 병도 없이 죽어버렸다. 호전(胡田)은 그를 가매장(假埋葬)하고 1백여 일이 되었는데 그가 소황(小黃)[5]에서 호전(胡田)에게 편지를 보낸 것을 보았다.

호전(胡田)이 이 편지를 읽어 보고 무덤을 파 보았더니 관(棺) 속에는 아무것도 없는데 관(棺)의 못도 빠지지 않았고 관(棺) 속에는 다만 그의 신만이 남아 있었다.

註
1) 扶風 : 부풍군(扶風郡). 섬서성(陝西省) 함양현(咸陽縣)의 동쪽.
2) 朱英丸 : 단사(丹砂)로 만든 환약(丸藥).
3) 江陵 : 한(漢)의 강릉현(江陵縣).
4) 胡田 : 수경주(水經注)에는 호망(胡岡)이라고 했다.
5) 小黃 : 한(漢)의 소황현(小黃縣). 하남성(河南省) 진류현(陳留縣)의 동북쪽.

李　根

　　이근(李根)의 자(字)는 자원(子源)이라고 했는데 허창(許昌)[1] 사람이었다.
　　조매(趙買)라는 사람이 있어서 그 부조(父祖)의 전하는 말에 의하면 대대(代代)로 이근(李根)을 만난 일이 있다는 말을 듣고 조매(趙買)는 어려서부터 이근(李根)에게 사사(師事)하고 있었다. 그런데 조매(趙買)가 84세가 되었는데도 이근(李根)은 젊은 그대로여서 나이를 먹지 않았다.
　　일찍이 수춘(壽春)[2]의 오태문(吳太文)의 집에 살고 있었는데 태문(太文)은 그에게서 선도(仙道)를 배워 금은(金銀)을 만드는 방법(方法)을 터득했다. 이근(李根)은 능히 변화해서 물이나 불 속에도 들어갈 수가 있고 또 그가 있는 장소에서 여행용(旅行用) 요리(料理)를 만들어 20명의 사람에게 줄 수도 있었다. 그것은 모두 손에 익은 음식으로 사방의 진귀(珍貴)한 산물(産物)뿐이어서 그 주변(周邊)에서는 얻을 수 없는 물건들이었다.
　　어느 날 갑자기 태문(太文)에게 말했다.
　　"왕릉(王陵)[3]은 반드시 패배(敗北)하여 수춘(壽春)은 적의 손에 함락될 것이 틀림없으니 이제 여기에 있을 수 없다. 급히 옮기도록 하자."
했다. 이에 태문(太文)은 비밀히 이것을 아우에게 말했더니 아우는 아무 생각 없이 이 말을 딴 사람에게 옮겨 왕릉(王陵)은 그 말을 듣고 유언비어(流言蜚語)로 세상 사람을 현혹시킨다 하여 이근(李根)을 잡아 죽이려고 했다.

이 때 마침 이근(李根)은 책의 주석(註釋)을 집필(執筆)하고 있는데 갑자기 문 밖에서 천여 명의 사람이 오태문(吳太文)의 집을 포위하고 이근(李根)을 찾는 소리가 들렸다.

이 때 이근(李根)은 태문(太文)의 아버지에게 주의를 시켰다.

"아무 일 없습니다. 내가 관청에서 찾는 것도 모르고 어제 외출(外出)했다고 말하면 될 것이오."
했다.

태문(太文)이 문 밖으로 나가서 뒤를 돌아보니 이근(李根)의 모습은 보이지 않고 신변(身邊)에 있던 책이나 도구(道具) 따위도 모두 보이지 않았다. 여기에 관병(官兵)이 들어와서 수색(搜索)을 시작하여 쌀 창고와 온 집 안을 샅샅이 찾아보았으나 이근(李根)은 눈에 띄지 않는다.

잠시 있다가 태문(太文)이 나와 보니 이근(李根)은 여전히 전과 같이 앉아 있어 그전 그대로였다.

"왕장관(王長官 : 王陵)은 일족(一族)이 모두 베임을 당할 것입니다. 또 그대의 아우는 남에게 이 말을 누설했기 때문에 반드시 10일 안에 급사(急死)할 것이오."
하고 태문(太文)에게 말했는데 과연 그 말 그대로였다.

어떤 제자의 집에서 그 딸을 이근(李根)의 집에 보낸 일이 있다. 이 여인은 책을 읽을 줄 알았다. 이근(李根)이 외출했을 때 남몰래 이근(李根)의 《소서(素書)》 한 권을 집어서 읽어 보는데 거기에 있는 이근(李根)의 자필(自筆)로 된 선도수행(仙道修行)의 주기(註記)가 눈에 띄었다. 거기에는,

"한(漢)의 원봉(元封) 연간(年間)[4]에 모씨(某氏)에게서 선도(仙道)를 배웠다."

고 씌어 있었다. 그래서 나이를 계산해 보니 이근(李根)은 이미 7백여 세가 되고 있었다.

또 오태문(吳太文)의 말에 의하면 이근(李根)은 두 눈이 모두 동자가 모나 있었다고 한다. 선경(仙經)을 보면,

"8백 세가 된 사람은 그 눈동자가 방형(方形)이다."

했다.

이근(李根)은 제자들에게 말했다.

"나는 신단대도(神丹大道)의 비결(祕訣)은 얻지 못했으나 다만 지선(地仙)이 되는 방법은 터득했기 때문에 천지와 함께 살 수 있다. 하지만 이 지상(地上)의 인간은 되지 않을 것이다."

註

1) 許昌 : 하남성(河南省) 허창현(許昌縣).
2) 壽春 : 수춘현(壽春縣). 안휘성(安徽省) 수현(壽縣).
3) 王陵 : 삼국(三國) 때 위(魏)의 장군. 군공(軍功)에 의해서 남향후(南鄕侯)에 봉해지고 사마제왕(司馬齊王) 때 태위(太尉)에 임명되었으나 제왕(齊王)의 폐립(廢立)을 계획하다가 태부(太傅)인 사마선왕(司馬宣王)의 공격을 받고 자살했다.
4) 元封年間 : 원봉(元封)은 무제(武帝)의 연호.

黃 敬

　황경(黃敬)은 자(字)를 백엄(伯嚴)이라고 하는데 무릉(武陵)[1] 사람이다. 젊어서 경서(經書)를 읽고 익혀서 주(州)에 벼슬하여 속관(屬官)이 되었으나 뒤에 세상을 버리고 곽산(霍山)[2]에서 수행(修行)하기 80여 년이었다.

　또 중악(中嶽)[3]에서도 숨어서 오로지 복기(服氣)[4]와 단식(斷食)을 행하고 기(氣)를 삼키고 뱉어서 호흡(呼吸)을 조정(調整)하는 수행(修行)을 하고 육갑(六甲)[5]과 옥녀(玉女)[6]를 불러다가 음양부(陰陽符)를 삼키는 등의 일을 했다.

　또 적성(赤星)[7]을 외우면 그것이 거실(居室)의 앞에서 갈수록 커져서 전신(全身)이 불꽃에 싸인 것과 같게 되었다. 2백 세가 되었는데도 더욱 젊고 장건(壯健)했다.

　도사(道士) 왕자양(王紫陽)이란 자가 자주 찾아와서 비결(祕訣)을 배우고 싶다고 청했다. 그러나 황경(黃敬)은 말했다.

　"나는 복약(服藥)의 방법은 배우지 못하고 다만 자연(自然)을 지킬 뿐이므로 말하자면 지선(地仙)에 지나지 않소. 물어볼 만한 것도 없소. 신야(新野)의 음군(陰君)[8]에게 신단승천(神丹昇天)의 방법을 물어보는 것이 좋겠소. 이야말로 참으로 대도(大道)의 극치(極致)인 것이니 그대는 여기에 대해서 배우도록 하오. 기욕(嗜慾)을 버리고 나와 같이 되고자 하는 사람이 있으면 내가 하는 일을 배워도 좋소."

했다. 그래도 자양(紫陽)이 기어이 부탁하므로 황경(黃敬)은 다음과 같이 가르쳤다.

"북극(北極)의 성좌(星座)에 보성(輔星)이 있다. 생각하여 이것을 보면 일(一)에 모인다. 적동(赤童)은 여기에 있어 주정(朱庭)을 가리킨다. 가리켜서 이것을 흔들면 신형(身形)을 연마(練磨)하고 삼시(三尸)9)를 소견(消遣)하여 죽음의 이름을 없앤다. 조심하여 능히 이것을 지키면 장생(長生)할 수 있고 이것을 잃으면 오래지 않아 유명(幽冥)에 잠긴다."

자양(紫陽)은 이것을 전수(傳授)받아 장생(長生)의 도(道)를 얻었다.

註
1) 武陵 : 무릉현(武陵縣). 호북성(湖北省) 죽계현(竹溪縣).
2) 霍山 : 곽산(霍山)이라고 불리는 산은 여러 곳에 있지만 특히 산서성(山西省) 곽현(霍縣)의 곽태산(霍太山)과 안휘성(安徽省) 곽산현(霍山縣)의 곽산(霍山)이 알려져 있다.
3) 中嶽 : 숭산(嵩山).
4) 服氣 : 행기(行氣)와 같은데 청신(淸新)한 기(氣)를 마시는 일.
5) 六甲 : 신(神)의 이름. 하늘의 사자(使者).
6) 玉女 : 선녀(仙女).
7) 赤星 : 남쪽 방위의 붉은 별. 또는 별의 신(神)의 이름.
8) 陰君 : 음장생(陰長生)을 말함.
9) 三尸 : 인신(人身) 속의 세 벌레. 사람의 악한 일을 하늘에 보고하여 수명(壽命)을 빼앗는다고 믿었다.

甘 始

감시(甘始)는 태원(太原)[1] 사람이다.

행기(行氣)를 잘하여 음식을 먹지 않고 또 천문동(天門冬)[2]을 복용(服用)하여 방중(房中)의 일을 실천(實踐)했다.

용성(容成)·원소(元素)[3]의 법에 근본하고 다시 이것을 부연(敷衍)하여 책 한 권을 만들었으나 이것을 쓰면 제법 즉효(卽効)가 있어서 병을 치료하는 데도 침구(鍼灸)나 탕약(湯藥)을 쓰지 않아도 나았다.

1백여 년 동안 세상에 살고 있었으나 장차 왕옥산(王屋山)[4]에 들어가 선거(仙去)했다.

註

1) 太原: 산서성(山西省) 태원현(太原縣).
2) 天門冬: 백합과(百合科)의 식물(植物). 그 뿌리를 약용(藥用)으로 쓴다.
3) 容成·元素: 용성(容成)은 용성공(容成公), 원소(元素)는 원녀(元女)·소녀(素女)로서 팽조(彭祖)·자도(子都)와 함께 어느 것이나 방중(房中), 남녀교접(男女交接)의 술(術).
4) 王屋山: 산서성(山西省) 양성현(陽城縣) 서남쪽에 있는 산.

平仲節

괄창산(括蒼山)¹⁾에 도(道)를 배우는 자 중에 평중절(平仲節)이 있었다. 하중(河中)²⁾ 사람으로서 대호(大胡)³⁾가 중국을 어지럽힐 때 장강(長江)을 건너서 괄창산(括蒼山)으로 들어갔다. 스승인 송군(宋君)에게서 존심경(存心鏡)⁴⁾의 도(道)를 전수(傳授) 받아 백신(百神)을 공양(供養)하고 동방(洞房)⁵⁾의 일을 행했다.

이리하여 45년 동안 연찬(硏鑽)하는 동안에 신체(身體)도 더욱 젊어지고, 체내(體內)에 진기(眞氣)가 모아지게 되었다.

진(晋)의 목제(穆帝)의 영화(永和) 원년⁶⁾ 5월 1일에 중앙황로(中央黃老)⁷⁾에게서 마중을 와서 즉일(即日)로 구름과 용을 타고 승천(昇天)했다. 지금은 창랑운태(滄浪雲台)⁸⁾에 살고 있다.

註─────
1) 括蒼山 : 절강성(浙江省) 선거현(仙居縣) 서남쪽의 산.
2) 河中 : 하중(河中)은 한(漢)의 하동군(河東郡)으로서 산서성(山西省) 영제현(永濟縣)을 말하는데 하중부(河中府)라고 고친 것은 당대(唐代) 이후의 일이다.
3) 大胡 : 《진선통감(眞仙通鑑)》의 주(註)에 보면, "대호(大胡)의 난(亂)이란 유연(劉淵)·유총(劉聰)의 때이다. 석륵(石勒)은 소호(小胡)라고 한다. 유연(劉淵)은 서진(西晋)의 말년에 독립(獨立)하여 태원(太原)을 점령하고 제위(帝位)를 참칭(僭稱)했다.
4) 存心鏡 : 《태평어현(太平御賢)》에는 '存心之道'로 되어 있다.

5) 洞房 : 동방(洞房)은 보통 방중술(房中術)이지만 눈을 감고 정밀히 생각
하여 신선을 관상(觀想)하는 행법(行法)으로도 생각된다.
6) 永和元年 : 동진(東晋) 목제(穆帝)의 연호(年號).
7) 中央黃老 : 중앙황로군(中央黃老君). 《주자양전(周紫陽傳)》에 의하면 서쪽에 놀아 공산(空山)에 올라 동방(洞房) 속에서 좌편에 무영군(無英君), 우편에 백원군(白元君), 중앙의 황로군(黃老君)과 만난다. 중앙황로군(中央黃老君)은 태극사진왕(太極四眞王)의 사로(師老)라고 말하고 있다.
8) 滄浪雲台 : 선궁(仙宮)의 이름을 말함.

도조신(道祖神)

여와(女媧) 때, 난폭한 짓을 하여 천지를 혼란 속에 빠뜨렸던 수신(水神) 공공(共工)은 이른바 거친 신(神)으로서 어떻게 손쓸 수 없는 난폭자였다.

그리고 그 자손과 부하들도 모두 그를 따라 난폭했는데 단 한 명 수(修)라는 이름의 아들은 착하기 그지없었다.

상냥하고 얌전한 성품인 수는 여행하기를 좋아했으므로 각지를 유람했다. 그는 갈 수 있는 곳이면 어디든지 돌아다니는 성격이었으므로 그가 죽은 후 사람들은 그를 여행의 신(神)으로 제사지내게 되었다.

이른바 조신(祖神)·도조신(道祖神)으로 불리는 자가 바로 이 수이다.

그러다가 후세에 이르러서는 사람들이 먼 길을 떠날 때면 길가에서 조신에게 제사를 지내고 이어서 송별연(送別宴)을 벌이어 그 여행길이 평안하기를 기원했다.

이것이 이른바 조연(祖宴), 조전(祖餞)이다.

宮 嵩

　궁숭(宮嵩)은 낭야(琅琊)[1] 사람이다. 문재(文才)가 있어서 백여 권의 책을 저술했다.

　선인(仙人) 우길(于吉)[2]에게 사사(師事)하고 있었으나 한(漢)의 원제(元帝) 때에 우길(于吉)을 따라갔을 때 곡양(曲陽)[3]의 샘가에서 천선(天仙)을 만났는데 그는 우길(于吉)에게 푸른 비단에 붉은 글씨로 쓴 《태평경(太平經)》[4] 10부(部)를 주었다.

　우길(于吉)은 이를 받아가지고 득도(得道)해서 이것을 궁숭(宮嵩)에게 전했다. 뒤에 이 책을 조정에 올렸는데 그 책은 모두 음양(陰陽)·비태(否泰)·재생(災眚)의 일을 말한 것으로서 천도(天道)·지도(地道)·인도(人道)에 대해서 말하고 나라를 다스리는 자가 이것을 쓰면 장생(長生)할 수가 있으니, 이것이 그 본지(本旨)라고 말하고 있다.

　궁숭(宮嵩)은 운모(雲母)를 복용(服用)하여, 수백 세가 되어도 소년(小年) 같은 안색(顏色)이었다. 뒤에 저서산(紵嶼山)[5]에 드나들다가 선거(仙去)했다.

註
1) 琅琊 : 낭야군(琅琊郡). 산동성(山東省) 제성현(諸城縣) 동남쪽.
2) 于吉 : 한(漢)의 낭야(琅琊) 사람으로서 한(漢)의 성제(成帝) 하평(河平) 2년에 《태평경(太平經)》을 얻었다고 전해지고 뒤에 장각(張角)의 태평도(太平道)의 원류(源流)를 이루었다.

3) 曲陽:《후한서(後漢書)》〈배해전(裵楷傳)〉주(註)에 의하면 윤주(潤州)에도 곡양산(曲陽山)이 있고 정주(定州)에도 곡양산(曲陽山)이 있고, 해주(海州)에도 있고 수주(壽州)에도 있으나, 우길(于吉)과 궁숭(宮嵩)은 모두 낭야(琅琊) 사람이니 동해(東海)의 곡양(曲陽)일 것이다.
4) 太平經: 우길(于吉)의 주(註)에 보라.
5) 紵嶼山: 절강 해상(浙江海上)의 주산군도(舟山郡島)에 있었던 선산(仙山).

복희(伏羲)

《십팔사략(十八史略)》에는,

'태황복희씨(太皇伏羲氏), 풍성(風姓), 수인씨(燧人氏)에게 대신하여 왕이 되다. 사신인수(蛇身人首)'

라고 기록되어 있다.

수인씨는 화식(火食)의 발명자로 알려져 있는데 복희도 그것과 무관하지 않다. 그의 이름은 포희(庖羲) 또는 포희(炮羲)라고도 쓰는데 이런 이름들은 '희생물(犧牲物)을 길러 부엌을 채운다.'든가 '희생물을 포락(炮烙)한다.'는 의미로 풀이되므로 사람들에게 동물의 고기를 삶아서 식용(食用)할 수 있도록 가르친 것은 그의 공헌이라고 할 수 있다.

그는 또 역(易)의 팔괘(八卦)를 만들어서 인사(人事)의 길흉(吉凶)을 점치고 문자를 발명했으며, 그물을 짜서 물고기와 짐승을 잡는 법도 고안해 냈다. 또 여와(女媧)를 아내로 맞이하면서 둘이 혼인 예식법을 정하는 등 문화의 영웅신(英雄神)적인 성격도 지니고 있다.

그러나 사신인수(蛇身人首)로 불리는 그 모습은 지상(地上)의 제왕(帝王)보다는 오히려 신화상(神話上)의 괴신(愧神)을 연상케 했다.

王 眞

　왕진(王眞)의 자(字)는 숙경(叔經), 상당(上黨)[1] 사람이다. 나이 79세에 선도(仙道)를 배워 태식(胎息)[2]의 술(術)을 행하고 곡식을 끊은 지 30여 년, 용색(容色)은 젊어졌으며 걸으면 달리는 말도 따라갈 수가 있고 몇 사람 몫의 힘을 가지고 있었다.
　위(魏)의 무제(武帝)[3]가 이 말을 듣고 불러서 인견(引見)했는데, 30대(代)의 사람으로 보였다. 이것은 거짓이 아니겠느냐고 생각하여 그 향리(鄕里) 사람에게 물어 보았더니 이구 동성(異口同聲)으로 자기 어렸을 때부터 보고 있었다고 말하는 사사 많았다. 왕진(王眞)은 당시에 이미 4백 세가 되어 있었던 것이다.
　이에 무제(武帝)는 그 도를 믿어 존경하고 후하게 대접했다 한다. 극원절(郄元節)[4]은 왕진에게 사사하기 10여 년에 왕진(王眞)은 그에게 증단소이(蒸丹小餌)의 법을 전수했다. 용모는 항상 쇠하지 않고 뒤에 여궤산(女几山)[5]에 올라가서 선거(仙去)했다.

註
1) 上黨 : 상당군(上黨郡). 산서성(山西省) 장치현(長治縣).
2) 胎息 : 행기(行氣). 심호흡법(深呼吸法).
3) 武帝 : 삼국(三國) 때 위(魏)의 조조(曹操).
4) 郄元節 : 공원방(孔元方)의 전(傳)에도 극원절(郄元節)의 이름이 보여, 공원방(孔元方)·좌자(左慈)와 친한 벗이었다고 한다.
5) 女几山 : 하남성(河南省) 의양현(宜陽縣) 서쪽에 있음.

陳 長

진장(陳長)은 저서산(紵嶼山)에 살아서 이미 6백여 세가 되어 있었다.
저서산(紵嶼山) 속의 사람들은 진장(陳長)을 위해서 집을 지어주고 사계절(四季節)마다 희생(犧牲)을 올려 제사를 지냈다. 진장(陳長)은 음식도 먹지 않았으나 안색(顏色)은 60세 사람과 같았다. 여기에 봉사(奉仕)하는 사람은 병이 있으면 즉시 그릇을 가지고 진장(陳長)을 방문(訪問)하여 제사지낸 물을 얻어다가 마시면 즉시 전쾌(全快)했다.
저서산(紵嶼山)에서는 대대(代代)로 이를 전승(傳承)하여 받들어 왔으나 진장(陳長)이 어디서 온 사람인지, 또는 선약(仙藥) 복용(服用)의 유래(由來) 같은 것을 아는 사람은 없었다.
저서(紵嶼)라는 곳은 동해(東海) 가운데에 있다. 오중(吳中)[1]의 주상(周詳)이라는 자가 그 산 속에서 길을 헤매어 3년 동안 머물다가 겨우 돌아와서 말한 것은 다음과 같다.
저서(紵嶼)는 그 산의 둘레가 천 리(里)요, 산 위에는 민가(民家) 천여 호(戶)가 있고, 오곡(五穀)도 잘 익는다. 연대(年代)는 전혀 분명치 않으나 풍속은 오(吳)의 지방과 같았다고 한다.

註
1) 吳中 : 강소성(江蘇省) 오현(吳縣)의 옛 이름.

班 孟

　반맹(班孟)은 어디 사람인지 알려지지 않았다. 일설(一說)에는 여자였다고도 했다. 하루 종일 날아다닐 수가 있고 또 허공(虛空)에 앉아서 남과 이야기할 수도 있었다. 혹은 땅 속에 파고 드는데 처음에는 발에서부터 빠져서 허리에까지, 가슴에까지 이르고 차츰 들어가서 다만 관(冠)만을 남겼다. 그리고 조금 있으면 전신(全身)이 빠져서 보이지 않았다.

　또 손가락 끝으로 지면(地面)을 뚫으면 즉석(卽席)에서 우물이 되어 물이 나왔다. 또 옆집 지붕의 기와를 불면 기와는 금시에 집 안으로 날아왔다. 남의 집에 수천 그루의 뽕나무나 과수(果樹)가 있으면 이것을 모두 모아서 산과 같이 쌓아올렸다. 그러나 10일이 넘게 그대로 두었다가 숨을 불면 저마다 본래의 장소로 돌아갔다. 또 먹을 입에 물고 앞에 종이를 펴놓고 먹을 씹어 부수어서 '후' 하고 불면, 그것이 모두 종이 가득히 글자가 되어 저마다 뜻을 가지고 있었다.

　그 뒤에 주이단(酒餌丹)[1]을 복용하여 나이 4백 세인데도 한층 더 젊게 보였으나 대야산(大冶山)[2]에 들어가서 선거(仙去)했다.

註
1) 酒餌丹 : 술에 섞어서 달인 단약(丹藥).
2) 大冶山 : 호북성(湖北省)에 대야현(大冶縣)이 있으나, 이것은 남당(南唐) 이후의 현명(縣名)이니 분명치 않다.

董子陽

　동자양(董子陽)은 젊어서부터 장생(長生)의 도(道)를 알아 박락산(博落山)[1] 속에 숨어 살기를 90여 년, 오직 복숭아만을 먹고 암청수(岩淸水)를 마시는 것뿐이었다.
　그 뒤에 사마계주(司馬季主)[2]를 만났는데 계주(季主)가 그에게 도선팔방(導仙八方)을 주어서 드디어 초세(超世)하여 선인(仙人)이 되었다.

註
1) 博落山 : 미상.
2) 司馬季主 : 위우산(委羽山)의 서령자도(西靈子都)를 스승으로 하여 득도(得道)한 사람.

東郭延

동곽연(東郭延)은 산양(山陽)[1] 사람이다. 운모산(雲母散)[2]을 복용(服用)하여 밤에도 글씨를 쓸 수가 있었다.

어느 날 수십 명의 사람이 범과 표범을 타고 맞으러 왔다. 이웃 사람들이 모두 이것을 목격(目擊)했다. 그러나 후일 친척과 아는 사람들에게 작별하고 곤륜산(崑崙山)에 간다고 말했다.

註

1) 山陽 : 한(漢)의 산양군(山陽郡). 산동성(山東省) 금향현(金鄕縣) 서북쪽.

2) 雲母散 : 운산(雲散)·운모산(雲母散)·운비산(雲飛散) 등 여러 글에 일치 않다. 《연무제외전(演武帝外傳)》에서는 이소군(李小君)에게서 운비(雲飛)의 술(術) 12가지를 받았고 운비산(雲飛散)을 먹었다고 했다.

戴 孟

대맹(戴孟)의 본성(本姓)은 연(燕), 이름은 제(濟), 자(字)는 중미(仲微)였으며 한(漢)의 명제(明帝) 때 사람이다.

화산(華山)[1] 및 무당산(武當山)[2]에 들어가서 배군(裵君)[3]의 옥패금당경(玉佩金璫經)[4]과 석정금광부(石精金光符)를 받았다. 또 태미황서(太微黃書)[5]를 가지고 능히 명산(名山)을 주유(周遊)할 수가 있었다.

註
1) 華山 : 섬서성(陝西省)의 서악 화산(西嶽華山).
2) 武當山 : 호북성(湖北省) 균주(均州)의 태화산(太和山).
3) 裵君 : 청령진인(淸靈眞人) 배현인(裵玄仁).
4) 玉佩金璫經 : 《진고(眞誥)》와 《운급칠첨(雲笈七籤)》에 보임.
5) 太微黃書 : 《진고(眞誥)》에 의하면 대공(戴公)은 이 책 십수 권을 항상 허리에 차고 있었다고 한다. 또 《운급칠첨(雲笈七籤)》에도 인용되었음.

魯女生

　노여생(魯女生)은 장락(長樂)[1] 사람이다. 처음에는 호마(胡麻)와 삽주〔朮〕를 주식(主食)으로 하고 곡류(穀類)를 끊은 지 80여 년에 날이 갈수록 젊어져서 안색(顏色)은 복숭아꽃과 같았다. 하루에 3백 리를 걷고 달리면 사슴도 쫓아갈 수가 있었다. 역대(歷代)로 그 모습을 보아오기를 3백여 년이나 되었다고 한다.

　뒤에 숭고산(嵩高山)[2]으로 약을 캐러 갔을 때 한 사람의 여인을 만났다. 그 여인은,

　"나는 삼천태상(三天太上)의 시관(侍官)이다."

하고 오악진형도(五嶽眞形圖)[3]를 주면서 또 그 사용법(使用法)도 가르쳐 주었다.

　노여생(魯女生)은 선도(仙道)를 성취(成就)하자 어느 날 아침에 친구와 지기(知己)들과 작별하고 화산(華山)에 간다면서 떠나갔다. 그로부터 50년 후에 전부터 그의 얼굴을 아는 사람이 화산묘(華山廟)[4] 앞에서 여생(女生)을 만났는데 여생(女生)은 백록(白鹿)을 타고 옥녀(玉女) 30명을 데리고 있으면서 향리(鄕里)의 친구들에게 말을 전해 달라고 말하더라는 것이었다.

註
1) 長樂 : 장락군(長樂郡). 하북성(河北省) 기현(冀縣).
2) 嵩高山 : 중악 숭산(中嶽嵩山).
3) 五嶽眞形圖 : 오악(五嶽)을 주부(呪符)의 형체로 만든 것으로서, 악귀(惡

鬼)와 호랑(虎狼)을 피하기 위하여 도사(道士)가 입산(入山)할 때 반드시 가지고 가야 할 부적.
4) 華山廟 : 섬서성(陝西省) 화음현(華陰縣)에 있는데 화산(華山)의 신(神)을 제사지낸다.

> ### 유소씨(有巢氏)와 수인씨(燧人氏)
>
> 수인씨의 이름은 '삼황(三皇)'의 한 사람으로 꼽히는데 여기에 유소씨라고 하는 문화 영웅적(英雄的) 제왕을 추대하여 인간 생활의 진보를 설명해 나간다. 실로 중국다운 합리주의적 신화이다.
>
> 《한비자(韓非子)》오두편(五蠹篇)에 의하면 태고(太古)의 시대에는 백성들이 적었고 맹수와 맹금(猛禽)과 독사의 해(害)가 심하여 사람들은 고생을 많이 했는데 유소씨가 출현하여 사람들로 하여금 나무 위에 둥지를 틀고 그 곳에 살도록 하여 재해를 방지케 했다.
>
> 또 백성들이 풀과 나무 열매, 조개 따위를 날로 먹는가 하면 썩은 것도 먹기 때문에 위장(胃腸)을 상하게 하고 병이 들었다. 그런 때에 수인씨가 출현하여 부싯돌〔燧石〕을 사용해서 불을 일으켰으며 음식을 끓여서 맛있게 먹을 수 있는 요리법을 발명하여 사람들에게 가르쳐 주었다.
>
> 그 덕택에 사람들은 안심하고 생활할 수 있게 되었다고 한다. 즉, 인간의 소거 생활(巢居生活)과 화식 생활(火食生活)의 시작을 상징하는 것이 이 신들이다.

陳子皇

 진자황(陳子皇)은 삽주〔朮〕를 약이(藥餌)로 하는 처방(處方)을 입수(入手)하여 이것을 복용(服用)하여 곽산(霍山)[1]에서 선거(仙去)했다.
 아내 강씨(姜氏)가 병이 있을 때 그 사위가 삽주〔朮〕에 의한 약이요법(藥餌療法)에 의해서 이것을 먹였더니 병은 서서히 평유(平癒)했다. 그 후 170세에 산에 올라서 삽주〔朮〕를 캐가지고 무거운 짐을 지고 돌아왔는데 쉬지도 않고 피로하지도 않았으며, 그 안색(顏色)은 20내(代)의 사람과 같았다.

註
 1) 霍山: 산서성(山西省) 곽현(霍縣) 동남쪽에 있는 곽태산(霍太山).

封 衡

 봉형(封衡)은 자(字)를 군달(君達)이라고 하는데 농서(隴西)[1] 사람이다. 어려서부터 선도(仙道)를 배워서 노장(老莊)의 학문에 통하여 열심히 비결(秘訣)을 찾아 구했다.
 처음에는 황련(黃蓮)[2]을 복용(服用)하기 50년, 그 뒤에 조수산(鳥獸山)[3]에 들어가 약을 채집(採集)했다. 다시 삽주〔朮〕를 복용(服用)하기 백여 년에 향리(鄕里)에 돌아왔을 때는 20대(代)의 사람으로 보였다.
 죽어가는 사람이 있다고 들으면 면식(面識)의 유무(有無)를 묻지 않고 재빨리 허리에 차고 있던 죽통(竹筒) 속의 약을 꺼내어 주기도 하고 혹은 침(鍼)을 놓아 주면 금시에 쾌유(快癒)되었다.
 정력(精力)의 소모(消耗)를 삼가고 무슨 일에나 무리(無理)를 하지 않기도 했다. 어떤 서적(書籍)이나 외우지 못하는 것이 없고 그 위에 노여생(魯女生)을 만나서 환단(還丹)[4]의 비결(秘訣)과 오악진형도(五嶽眞形圖)[5]를 전수(傳授)받아서 드디어 천하를 주유(周遊)하게 되었다. 이리하여 산천(山川)의 신(神)들도 비밀히 나와 맞아서 안부를 묻고 요괴 변화(妖怪變化)는 모두 도망해 숨게 되었다.
 어떤 사람이 여기에 의문(疑問)을 갖고 화살과 칼로 찔러 보았으나 어느 것이나 몸을 상하게 하지는 못했다. 항상 한 마리의 푸른 소를 타고 다녔는데 아무도 그의 이름을 아는 자가 없기 때문에 청우도사(靑牛道士)라고 불렀다.

위(魏)의 무제(武帝)가 양성(養性)의 요령(要領)을 물었을 때, 이렇게 대답했다.

"육체(肉體)는 항상 움직일 것, 먹는 것은 항상 적게 할 것, 노동(勞動)도 도를 지나쳐서는 안 되고 절식(節食)도 공복(空腹)은 안됩니다. 기름기가 많은 것은 먹지 않고 신맛이나 짠맛도 절제(節制)해야 합니다. 사려(思慮)를 감하고 희노(喜怒)의 정(情)을 억제하고, 남과 다투지 않고, 방사(房事)를 삼간다, 이렇게 하면 거의 도(道)에 가깝다고 하겠습니다. 그렇다면 성인(聖人)은 봄과 여름에 양기(陽氣)를 기르고 가을과 겨울에 음기(陰氣)를 길러서, 이로써 자연(自然)의 근원에 순응(順應)하고 이로써 조화(造化)의 묘리(妙理)에 계합(契合)되는 것입니다."

두 사람의 종자(從者)를 데리고 있었는데 한 사람은 나무 상자를 지고 한 사람은 약 상자를 가지고 있었다. 용성양기술(容成養氣術)[6] 12권, 묵자은형법(墨子隱形法)[7] 1편, 영보위생법(靈寶衛生法)[8] 1권을 가지고 있었다. 또 약 상자에는 정제(精製)한 수은(水銀)의 결정(結晶)과 황련(黃蓮)의 분말(粉末)이 들어 있었다.

인간계(人間界)에 있었던 것은 모두 2백여 년이요, 뒤에는 원구산(元丘山)[9]에 들어간 채 모습이 사라졌다.

─── 註 ───────────────────

1) 隴西: 지금의 감숙성(甘肅省) 땅.
2) 黃蓮: 다년생(多年生)의 식물(植物). 뿌리는 몹시 쓴데 약용(藥用)으로 쓴다.
3) 鳥獸山: 조서산(鳥鼠山)의 잘못. 조서동혈산(鳥鼠同穴山)이라고도 한다. 감숙성(甘肅省) 위원현(渭源縣) 서쪽에 있어서 위수(渭水)의 수원(水源)이기도 하다.

4) 還丹 : 단(丹)의 일종. 단사(丹砂)를 태워 수은(水銀)을 만들고 이것을 다시 단사(丹砂)로 환원(還元)한 것.
5) 五嶽眞形圖 : 노여생(魯女生)의 주(註)를 보라.
6) 容成養氣術 : 《열선전(列仙傳)》 용성공(容成公)에 보라.
7) 墨子隱形法 : 《신선전(神仙傳)》 묵자(墨子)에 보라.
8) 靈寶衛生法 : 미상.
9) 元丘山 : 현구산(玄丘山). 실재(實在)하지 않은 선산(仙山)의 이름.

신농(神農)

신농은 '삼황(三皇)'의 한 사람으로 꼽힌다. 신농은 그 이름이 나타내듯이 농업의 신(神)이다. 그는 가래와 괭이를 만들어서 사람들에게 처음으로 농사짓는 법을 가르쳐 준 제왕(帝王)이다.

그 밖에도 그는 일중(日中 : 태양이 중천에 떠오르는 정오)에 사람들을 시장에 모이도록 하여 서로 물품을 교환함으로써 물질 생활을 풍요하게 하는 교역(交易) 방법도 가르쳤다 하여 상업(商業)의 신(神)으로 추앙받기도 한다.

또 그는 오현(五絃)의 금(琴)을 발명했고 팔괘(八卦)도 발명했다 하여 역(易)의 신(神)으로서 점쟁이들이 제사지내기도 한다.

그러나 신농씨는 의사(醫師)와 약사(藥師)의 신으로 더 유명하다. 어느 고전(古典)에 의하면 그는 산야(山野)를 누비고 다니면서 자편(赭鞭 : 신통력을 갖춘 빨간 회초리)으로 온갖 초화(草花)를 두드리면서 그 조화가 약효가 있는지 여부를 분별했고 그 약초로 사람들의 질병 치료에 도움을 주기 시작했다고 한다. 이처럼 신농은 만물박사적인 신으로 추앙받는데 그 대부분은 후세의 분식(粉飾)이라든가 가탁(價托)에 의한 것으로 생각된다.

解 談

 갈홍(葛洪)은 《포박자(抱朴子)》의 저자(著者)로 알려지는데, 서진 시대(西晋時代)에 있어서의 선도학(仙道學)의 제일인자(第一人者)였다.
 그의 저서(著書)의 일종인 《신선전(神仙傳)》 10권은 그의 본전(本傳)이나 《수서(隋書)》 경적지(經藉志)에 수록(收錄)되었을 뿐만 아니라 《포박자(抱朴子)》의 자서(自叙)나 내편(內篇)에도 분명히 기록되어 있기 때문에, 그의 저작(著作)임은 의문의 여지(餘地)가 없다. 또 이는 《포박자(抱朴子)》의 저작 이전 필경 그의 중년기(中年期) 이전에 이미 쓰여졌던 것일 게다.
 이제 이 《신선전(神仙傳)》에는 권수(卷首)에, 진포박자갈홍치천제(晋抱朴子葛洪稚川題) 라고 쓴 서문(序文)이 있어서 본서(本書) 찬술(撰述)의 유래(由來)를 말하고 있다. 거기에는 처음에,
 "나는 내편(內篇)에서 신선(神仙)에 대해서 말한 것이 이미 20권이다."
했고 또,
 "나는 지금 또 옛 선인(仙人)의 선경복식방(仙經服食方) 및 백가(白家)의 서(書), 선사(先師)의 말한 것, 노유(老儒)가 말한 바에 보이는 것을 초집(抄集)해서 이것을 10권으로 해서 진식(眞識)이 있는 자에게 전한다."
고 했으므로 《포박자(抱朴子)》 내편(內篇)이 완성된 뒤에 저작한

것으로도 생각된다. 그렇다면 먼저 내편(內篇) 저작 이전이라고 한 것과 모순(矛盾)이 되지만 책의 서문(序文)이란 책이 완성된 뒤에 쓰는 것이 보통이므로 두 글을 모두 같은 때에 쓴 것이라 보고 억지로 그 선후(先後)를 결정지을 필요는 없다고 생각된다.

본서(本書) 1권에 수록(收錄)되어 있는 노자(老子)와 팽조(彭祖)는 《열선전(列仙傳)》과 중복(重複)되었다. 그러나 적어도 신선(神仙)을 전하는데 이 두 조사(祖師)를 뺄 수는 없다고 해서 제1권에 실린 것일 게다. 사실 《열선전(列仙傳)》의 간략함과는 비교도 되지 않는 장문(長文)으로서 자료(資料)도 풍부하다.

《송사(宋史)》·《예문지(藝文志)》에는 갈홍신선전십권(葛洪神仙傳十卷)이라고 기록되어 있고, 또 송(宋)의 조공무(晁公武)의 《군재독서지(郡齋讀書志)》에도 본서(本書) 10권을 저록(著錄)한 위에 제자 등승(滕升) 운운(云云)의 본서(本書)의 서문(序文)이라고 생각되는 글을 인용(引用)하고 있기 때문에 서문의 맨 머리에 있는 10권본(本)이 송대(宋代)에는 존재했다는 것을 알 수 있으나 그 뒤에 원명 시대(元明時代)에도 과연 원본(元本)으로 세상에 유포(流布)되었는가.

신선도서(神仙道書)에 정통(精通)했던 명(明)의 호응린(胡應麟)의 《옥일피람(玉壹避覽)》에는 만력(萬曆) 임진(壬辰)의 서문(序文)이 있고 많은 선인(仙人)들을 들어 이전(異傳)을 고증(考證)하고 있으나, 그 출처(出處)로는 《태평광기(太平廣記)》·《태평어람(太平御覽)》 및 《진선통감(眞仙通鑑)》을 인용(引用)한 것이 가장 많고 《신선전(神仙傳)》을 든 곳은 겨우 두어 조목일 뿐이다. 더구나 초부(樵夫)가 두 선인(仙人)의 바둑 두는 것을 보다가 도끼 자루를 썩였다는 이야기와 포정(鮑靚)의 이름이나 모영(茅盈)을 동악상경(東嶽上卿)이라고 부르는 따위는 모두 여기에는 보이지 않는다.

또 청(淸)의 기균(紀昀)의 《사고금서총목착요(四庫金書總目捉要)》에 《신선전(神仙傳)》 10권을 수록(收錄)하여 그 유전(流傳)을 고증(考證)한 뒤에 이것은 모진(毛晋)이 간행(刊行)한 것이라 하고, 이의기(李意基)·동봉(董奉)·개상(介象) 등에 관한 서증(書證)을 들어 이는 모두 이 책과 일치(一致)한다고 말하고 있다.

위진(魏晋) 육조(六朝) 이래로 신선도가(神仙道家)의 설(說)이 유행(流行)하여 도교(道敎)라 하여 교세(敎勢)를 확대(擴大)시킴에 따라서 그 실천(實踐)의 자취를 나타내기 위하여 《열선전(列仙傳)》·《신선전(神仙傳)》 두 책을 만들어 집성(集成)하면서, 몇 가지의 선전(仙傳)이 만들어졌다. 이들은 상호(相互) 교섭(交涉)하여 영향(影響)을 주면서 선인(仙人)의 수를 늘려감과 동시에, 또 선인(仙人)의 질(質)도 변화시켜 나갔다.

단약(丹藥)을 민들이 복용하고, 환술(幻術)을 씨서 명산(名山)에 숨어 있던 소박(素朴)한 옛 선인(仙人)도 장차는 도교(道敎)의 신학(神學)에 의해서 관념화(觀念化)된 현원(玄遠) 허령(虛靈)의 〈선진(仙眞)〉으로 변해서 당당한 선관(仙官)의 직명(職名)까지 더해지게 되었다. 일파(一派)를 시작한 도사(道士)도 그 도술(道術)의 신묘(神妙)함에 의하여 선인(仙人)에 끼었던 것이다.

속계(俗界)에 출몰(出沒)했던 걸식(乞食)과 같은 이인(異人)도 그 종적(蹤迹)을 잡을 수 없다는 데에서 선인(仙人)이라고 추앙(推仰)을 받게 되었다. 당송(唐宋)의 전기문(傳奇文)이 또 이것을 문식(文飾)해서 전하는 동안에 소설문학 속에도 신선물(神仙物)의 일파(一派)가 생겨서 또 잡다(雜多)한 민간 전승(民間傳承)과 합해져서 연극이나 통속문학 속에서 여동빈(呂洞賓) 이하의 팔선인(八仙人)으로 정착(定着)하여 금원 시대(金元時代)의 신도교(新道敎), 특히 전진교(全眞敎)에 의해서 이용되었다.

神仙傳

1994년 5월 4일 초판인쇄
1994년 5월 10일 초판발행
著　者/葛洪稚川
譯　者/李民樹
發行者/金東求
發行處/明文堂
등록/1977년 11월 19일 제1-148호
대체구좌/010041-31-0516013
주소/서울시 종로구 안국동 17-8
전화/734-4798(영)

값 5,000원

* 잘못 만들어진 책은 바꾸어 드립니다.
ISBN 89-7270-307-9　　03380